根据《民法典》全新修订

不吃亏 懂点法律

主 编 付晓雷

副主编 国培源

中国政法大学出版社

2020 · 北京

图书在版编目（ＣＩＰ）数据

懂点法律不吃亏/付晓雷主编.—北京：中国政法大学出版社，2020.7（2024.1重印）

ISBN　978-7-5620-6840-2

Ⅰ.①懂…　Ⅱ.①付…　Ⅲ.①法律－基本知识－中国　Ⅳ.①D920.4

中国版本图书馆CIP数据核字(2020)第112039号

书　名	懂点法律　不吃亏 DONGDIAN FALÜ BUCHIKUI
出版者	中国政法大学出版社
地　址	北京市海淀区西土城路 25 号
邮　箱	bianjishi07public@163.com
网　址	http://www.cuplpress.com (网络实名：中国政法大学出版社)
电　话	010-58908466(第七编辑部) 010-58908334(邮购部)
承　印	固安华明印业有限公司
开　本	720mm×960mm　1/16
印　张	22
字　数	335 千字
版　次	2020 年 7 月第 1 版
印　次	2024 年 1 月第 2 次印刷
定　价	98.00 元

编委会

主　编：付晓雷

副主编：国培源

成　员：(按姓氏拼音首字母排序)

作者简介

陈德强，三级公证员，山东省公证讲师。从事公证工作十余年，办理各类公证案件一万余件，无一假证、错证发生。特别是在赋强类公证、合同类公证、继承类公证及公证风险防控等方面有较为深刻的理论研究与较为丰富的实践经验。

段悦秋，北京京平律师事务所征地拆迁业务专职律师。多年来一直致力于专业办理征地拆迁案件，特别是在棚户区改造、房屋拆迁、土地征收领域，积累了丰富的实践经验。微信号：dyq15260812381。

范金远，执业律师。曾在中国贸易促进委员会和中国气象局直属企业任职多年。熟悉国有资产处置、国有企业混合制所有制改革、招标投标和劳动人事法律政策及纠纷处理。

高亦凡，上海丰进立和律师事务所律师。曾就职于新疆某法院，二级法官，多次被评为青年业务骨干和优秀法官。擅长处理房屋买卖合同纠纷、保险合同纠纷、租赁合同纠纷等案件。联系电话：15809930006。

何树亮，执业律师，北京市律师协会会员，曾在北京市建委系统工作多年，具有10年以上房地产行业相关的法律实务工作经验。央视《社会与法》新媒体合作律师。微信号：13520214039。

侯春亮，现任天津市河东区人民法院民二庭二级法官，在法院工作10年以来，一直在审判一线从事审判工作，承办各类民事案件2000余件，始终坚持用实际行动去践行为人民服务的宗旨。

菅磊，北京市律师协会刑民交叉专业委员会委员，现为北京市天沐律师事务所执业律师，具有多年执业经验，能根据案件情况采取灵活、有效的诉讼策略；具有高度的职业精神，全力维护委托人合法利益。联系电话：13811320640。

刘昌硕，北京市盈科律师事务所专职律师。在民间借贷纠纷、婚姻家庭纠纷、商事合同纠纷等民商事纠纷解决及诉讼方面有丰富的实践经验。联系电话：18801147846。

李春昕，执业律师，毕业于中国医科大学法医学专业，从事法医鉴定工作十余年，擅长医疗事故、工伤、交通肇事等涉鉴定纠纷案件处理及涉死涉伤刑事案件的办理。微信号：15645381035。

李　丹，湖南求剑律师事务所副主任，先后获得"湖南省优秀青年律师""湖南省律师行业优秀共产党员""益阳市十佳法律服务工作者""益阳市三八红旗手"等荣誉称号。

李贵生，在北京市顺义区人民法院工作多年，先后任职于执行局、民事审判庭，处理案件共计3000余件。

李　欢，曾任法官，主办或参与审理各类民商事、刑事再审案件和减刑、假释案件；现任职环保公司负责法务风控相关工作，主管投资并购、企业合规管理、诉讼及仲裁等法律事务。

李沛芩，北京东环律师事务所专职律师，专业领域为刑事法律服务及企业法律顾问服务。2019年办理的某法律援助案件被北京市法律援助中心评为优秀法律援助案例。

李又平，员额法官，现为四川省绵阳市中级人民法院知识产权庭庭长，曾担任全国法院干部业余法律大学绵阳分部教师。

梁茂卿，山东德衡（济南）律师事务所执行主任、高级合伙人，济南市司法行政系统十佳青年、济南市优秀律师、山东省律师协会保险法委员会副主任、最高人民检察院民事行政案件咨询专家，擅长复杂商事争议、刑民交叉、重大职务犯罪辩护等重大综合争议案件的解决。

刘冠男，曾任河北省承德市人民检察院员额检察官、承德市纪委监委干部。现为专职律师，执业方向为刑事诉讼、公司企业的刑事合规、反舞弊顾问、经济纠纷等。联系电话：13603140984。

刘俊峰，北京市盈科（烟台）律师事务所专职律师，主要业务领域为房地产与建筑工程纠纷、公司治理、劳动纠纷、婚姻家庭纠纷。电话：

13256938675，邮箱：ahljf2008@163.com。

吕海涛，北京市盈科律师事务所合伙人律师，民商诉讼业务部副主任。专业领域为民商事经济及合同纠纷、企业法律风险管理、民事案件执行及刑事大要案处理。具有丰富的处理民商事纠纷、刑事案件的能力。对各类诉讼业务、法律顾问业务以及处理公司各类纠纷有独到的见解和技能。

孟　圆，执业律师，曾任中国电建房地产集团有限公司法务经理。自加入律师行业以来，代理、参与多起涉及资本市场的商事诉讼、执行案件，在民商事诉讼、财产保全、执行、资本市场争议解决、不良资产处置等方面具有丰富经验。主要业务领域为不良资产处置、公司纠纷、合同纠纷、房地产纠纷、仲裁、执行业务。

蒲　丽，北京市融泰律师事务所执行合伙人，北京市劳动人事争议仲裁委员会兼职仲裁员。2004年开始从事劳动法律工作，曾为北京市总工会公职律师。2004年至今，为上百家企事业单位提供劳动法律咨询工作，代理劳动案件已有近千件。

蒲文昊，现为北京祥文律师事务所律师，专业领域为民商事诉讼、强制执行。

苏　艳，曾在山西省大同市银行、人民法院工作多年，熟悉银行金融业务，民事审判工作经验丰富，年均办案300件。

唐文月，北京天驰君泰律师事务所专职律师。承办500多件不良资产处置案件，熟谙财产保全、担保与执行全流程。擅长与公司有关的诉讼案件及公司治理、股权设计、法律顾问等非诉业务。微信号：15011458418。

王建超，现任职于浙江省金华市婺城区人大法工委，有教师、律师、法官及多个政法机关职业经历。先后在国家、省、市级刊物发表法律类论文10余篇，其他作品100余篇，对刑法、公司法及常见民事诉讼等有较深的研究。微信号：heimao1997。

王建东，曾在河北省石家庄市中级人民法院担任法官多年，其间审理案件上千件，现为盈科律师事务所特聘专家顾问、合伙人律师。专业领域为商事诉讼、无罪辩护、企业风险防控等。

王立强，河北勤有功律师事务所合伙人，分管诉讼业务。在公司法、建设工程业务领域深耕多年，现任河北省律师协会建设工程与房地产法律专业委员会副主任、石家庄市律师协会公司专业委员会委员、破产与重组专业委员会委员。2020年被最高人民检察院聘为民事、行政案件咨询专家。

王　璞，曾在北京市某检察院公诉部门担任检察官，审查起诉600余件刑事案件，后在北京大成律师事务所和腾讯公司工作，现为北京卓纬律师事务所刑事合规部主任。微信号：85753683。

王学堂，历任山东省青州市人民法院、广东省佛山市禅城区人民法院法官。2007年起供职于禅城区法制办，公职律师。著有《离婚为什么》《工伤，伤不起：工伤法律维权自助教程》等法律书籍。

王　永，曾担任北京某法院法官和某大型上市集团法务部经理、副总监，兼具司法机关和企业法务从业经历。现为北京市东卫律师事务所律师，专业领域为民商事争议解决和企业法律顾问服务。电话：18811306532，微信：wangyong152889。

王　择，北京德和衡（武汉）律师事务所专职律师，专业领域为婚姻家事、商事诉讼仲裁、私募基金、投融资并购、人工智能、数据保护、涉外领域。微信号：liejia114。

王长胜，湖北省恩施市人民法院一级法官，长期从事民商事审判和执行工作。

邢　倩，中华全国律师协会及北京市律师协会会员，北京市海淀区律师协会专业委员会委员。专业领域为公司法、合同法等，先后承办过大量的金融、民事、经济合同类纠纷案件及不良资产处置案件。微信号：amulet516。

张逢春，北京市炜衡律师事务所律师（高级顾问），中华女子学院校外导师、北京多元调解发展促进会调解员。2007年至2016年在北京某法院任职，曾担任妇女儿童维权合议庭核心成员、副庭长等职务。从事法律工作14年来，参与审理和承办各类婚姻家事等民商事类案件4000余起。

张　洁，北京市第二中级人民法院员额法官。

张　婷，在北京市顺义区人民法院工作多年，在民事侵权类案件、婚姻家庭继承类案件、合同纠纷类案件处理方面有丰富的审判经验。

张渝英，现为公司法务经理，擅长处理民商事、经济纠纷等案件，有多年人民法院、律师事务所工作经历，诉讼与非诉经验丰富。曾代理过多起诉讼标的额上千万至上亿的金融合同纠纷与民间借贷纠纷等案件。

招　霞，现为北京市炜衡律师事务所专职律师，北京多元调解发展促进会调解员。曾在北京某基层法院工作十余年，后担任某上市地产公司法务副总监，具有丰富的民商事诉讼、非诉经验；擅长处理建设工程、婚姻家事、合同纠纷等争议解决。

郑青玉，现为北京市融泰律师事务所专职律师。先后供职于银行、公证处及律师事务所从事法律工作。擅于处理知识产权、劳动争议、婚姻家事、合同纠纷、交通事故、刑事辩护等各类诉讼及非诉案件。

周浩然，本科毕业于西南政法大学，行政诉讼法方向研究生，浙江光正大律师事务所律师助理，主要从事行政法及行政诉讼法理论研究，旁及公共行政管理、教育法、新型数据管理等研究。

朱　琳，2008 年从西南政法大学民商法专业法学硕士毕业后，一直从事法律工作，擅长处理各类公司法律事务。

修订序言

　　我在做法官以及律师期间，遇到大量法律咨询，这些问题集中在婚姻家事纠纷、劳动争议纠纷、交通事故赔偿纠纷等领域，而且70%以上的问题都是重复的，很多人因为不懂法律常识而吃了亏。为了解决实务中的法律难题，我将执业中常见的法律问题汇总，邀请优秀的法官、检察官、律师和学者一起编写了本书。我们在编写中尽量采用通俗易懂的语言，并非严谨的法言法语，这样做是为了让所有人能读得清楚、看得明白。同时考虑到现实生活中的法律问题层出不穷，每个人的问题都有各自的特殊性，而一本书不可能做到尽善尽美，囊括所有，而我们希望将最合适的解决方案传达给每位读者，为每位购书者提供周全的售后服务，即由我们的法律服务团队与读者充分交流互动，为每位购书者提供贴身的问题解决方案。我们的作者团队也是所有读者的法律服务团队。当你阅读本书还有不解时，请随时联系我们，我们帮您！

一、本书体例

　　全书分为三个部分，第一部分总览介绍了遇到法律问题该怎么办。我邀请了具有法官、检察官、警察、律师工作经验的作者有针对性地撰写此部分内容。例如，律师告诉你，如何聘请律师不吃亏，如何与律师打交道，如何获得免费优质的律师服务；法官告诉你，如何与法官打交道，诉讼案件都应该做什么；检察官告诉你，哪些刑事犯罪容易被忽视，等等。正所谓"知己知彼，百战不殆"，希望大家能更好地了解自己的交流对象，更平等且有效地与之交流对话，以便轻松自如地处理遇到的法律问题。

　　第二部分深入分析了100多个常见的法律问题，提供了数百个法律锦囊，以帮助大家化解法律难题。每个问题从三个方面展开解答，一是法官/律师/公证员对法律问题的法律分析，不求理论高深，但求通俗易懂。二是案例评析，选取与问题类似的案例，原则上这些案例都是在中国裁判文书网可以查询到的。这些案例不仅有一定的借鉴意义，可以帮助大家更好地分析问题，还可以直接作为辅助证据材料提交法官。由于篇幅有限，我们提炼了案例的精华部分，如果您有需要，请联系我们，我们可以给您发送相关案例的完整电子版。三是法条链接，将该问题涉及的关键法条一一列出，方便读者检索并抓取主要信息。

第三部分全面汇总了常见法律文书。我们收录了常见的起诉状、授权委托书、上诉状、答辩状、财产保全申请书等法律文书模板，因法律文书实在太多不可能在书中一一罗列，因此我们在书中只列明了题目，每位购书者都可以联系我们免费获取三份法律文书的电子模板。

二、本书特色

特色一：齐全的法律知识。为了能够解决读者常见的法律疑难问题，本书从三个部分展开论述，既有开头的理论知识，中间的具体法律问题分析解答，又有非常实用的法律文书模板。读者看完此书可以对遇到的法律问题有一个比较清晰的认知，甚至可以自己有理有据地处理法律实务问题。

特色二：强大的实用价值。本书是以实用为中心点进行编写的，每一个问题的提出与解答都紧紧围绕着切实帮助读者解决遇到的法律问题。这是一本有特色的普法书，对于提高公民法律素质，化解社会矛盾，推进我国的普法教育具有独特的实用价值。

特色三：完备的售后服务。本书最大的特色是具有完备的售后服务。虽然本书已最大程度地向读者展示了日常生活中常见法律问题的应对要点，但根据我们的实践经验，多数读者都还不能游刃有余地解决法律问题，还需要有专业人员的帮助才可以顺利解决法律问题。

我们买其他商品都有售后服务，图书为什么没有呢？试想我们读完成功学就能成功吗？不一定。同理，如果我们读完一本普法书，遇到法律难题时还是一头雾水，求助无门，那么这本普法书的价值岂不大打折扣？于是我们大胆地尝试，试图打造这样一本有"售后服务"的普法书。我作为主编，组建了专门的售后法律服务团队，利用现在发达的即时通信工具，赠送所有购书者以下专属售后服务：一是对每位购书者免费提供一次一对一的法律咨询服务；二是如有需求，可以赠送两份书中所涉案例的完整电子版本；三是随时联系售后，免费获取三份所需法律文书的电子模板。通过以上三项售后服务，使读者真正有如下尊贵体验：读一本法律书，解决一个人的法律难题；买一本普法书，免费请一个私人法律顾问。

重要的事情还得说一遍：一般咨询一次律师需要几百甚至上万元律师咨询费，我们这本书只有 98 元。只要购买本书我们将赠送三项福利，即每位购书者可以免费咨询一个法律问题，免费获取两个完整案例以及三份法律文书的电子模板。我们的目的只有一个：平等对待每位购书者，让每位购书者都能得到有效的法律服务。

本书在编写中，得到快手的粉丝王海林先生一千元的出版经费支持，在此表示感谢！正是有这么多热心的粉丝，才让我有动力克服困难将此书完成，并能提供后续售后服务。同时还要感谢本书编写团队所有成员，在新冠疫情期间，大家集思广益、加班加点，诚恳地将自己的法律知识奉献给读者，在此再次表示衷心的感谢！

本书第一版出版后，受到了广大读者的欢迎。而后，《中华人民共和国民法典》出台，很多法律也做了修改，因此，为了提供更与时俱进、更切实有帮助的法律意见，我组织作者团队根据法律的修订做了相应的修改，以便更好地为广大读者服务。

由于作者能力有限，本书还有很多不足之处，希望大家多多指正。

您的律师朋友　付晓雷
2023 年 11 月

扫一扫，获取售后服务

微信号：15600600681

目 录

第二部分　百个法律锦囊，助您化解法律难题

刑事类纠纷　299

第三部分　常见法律文书，轻松解决法律难题

常见法律文书模板　313

法律文书列表 320

第一部分

遭遇法律难题，专业人士来帮您

　　本书第一部分主要从总体上介绍了普通大众遇到法律难题时应该知道的法律常识，主要提供解决问题的方向，以帮助普通大众厘清思路，尽快找到解决问题的方式，更好地维护自身权益。

　　本书邀请了经验丰富的法官、检察官、警察、律师等专业人士撰写此部分文章，例如，警察告诉你如何和警察沟通、如何报案以寻求帮助；检察官告诉你哪些刑事犯罪容易被我们忽视；法官告诉你如何与法官打交道，以及在诉讼案件中都应该做什么；律师告诉你如何聘请律师或者申请法律援助才能不吃亏、如何与律师打交道、如何获得免费优质的律师服务，等等。同时，鉴于目前大家普遍非常关注征地拆迁的相关问题，由于此类问题涉及面广，很难用问答的形式指明解决方式，所以主编特别邀请了专做征地拆迁业务的资深律师从总体上梳理了问题的难点要点，提供了总览性介绍，方便读者全面了解相关内容。

　　本部分主要起到"导航"作用，希望能让读者朋友少走弯路，尽快找到解决问题的合适路径，以最方便快捷的方式实现自身的利益诉求。

扫一扫，我帮您

微信号：15600600681

警察来帮您

如何和警察沟通、报案并寻求帮助？

随着互联网的不断发展，报警方式也呈现出多样化的特点，除了传统的拨打"110"报警方式，不少公安机关还开通了微信、微博等便民服务平台，极大地拉近了警民关系。但是由于地域、时效等诸多局限性因素的存在，新兴报警方式更多时候是作为传统方式的辅助存在，其主要功能在于针对日常警务工作答疑解惑。若遇到紧急情况，建议大家还是及时拨打"110"或者到就近的派出所现场报案。关于报案，有以下几点建议需要注意。

建议一：了解警方职能，明确求助目的。

人们常说："有困难，找警察。"但是警察并不是万能的。我们必须先了解警方职能，明确自己的求助目的，才能尽快地解决问题。警察一般被划分为两大体系（人民警察和武装警察）、三大种类（公安干警、武警、司法警察）。本书主要介绍平时和我们接触最多的公安干警，包括治安警察、户籍警察、刑警、交警、网警、缉毒警等，上述人员都归公安机关（部、部局、厅、局、分局、派出所等）管理。

普通群众接触频率最高、打交道最多的是公安干警。发生一般纠纷、矛盾时打"110"；发生交通事故或者刑事案件时，也需由他们处理。但是一般的家事矛盾或者狗丢了、钥匙不见了等鸡毛蒜皮的小事，尽量不要找公安干警处理。滥用警力，会对真正需要警察帮助的人造成影响。

建议二：紧急情况下报警要学会正确表达。

在日常生活中，我们难免会遇到一些紧急情况，及时正确地报警是帮助我们处理紧急情况的首要环节。一旦报警出现失误，不仅会使公安机关失去"战机"，而且还会使受害者遭受更大的损失。因此大家应该熟练掌握几种最常用的报警、求助方法，谨记一些注意事项。

（1）及时拨打"110"。"110"是警方为了更及时地打击犯罪而设置的独立的报警服务台，全天候接受公民的报警和求助。

（2）报警内容要具体确切。报警的主要内容有：发现发生案件的时间、地点；现场的原始状态；有无采取措施；犯罪分子或可疑人员的人数、特点、作案工具、相关的车辆情况（颜色、车型、牌号等）、携带物品和逃跑的方向，等等。报警内容陈述得越详细对破案就越有利。报警时还要讲清你所在的位置、联系方式。

（3）就近迅速报警。如果你身边没有电话，或者遭遇了危急侵害情况，要到距自己最近或最方便的公安机关报警，包括随处可见的移动警务车、巡逻民警。如果在报警途中遇到巡逻值勤的巡防员，也可以向他们求助。这样既可以节省时间，也便于警方出警，及时抓获犯罪嫌疑人。

（4）灵活机动报警。如果你因遇到歹徒的袭击等特殊情况无法报警，或因身体行动不便不能第一时间报警，请一定不要慌张，要学会利用一切可以利用的物品或者机会进行报警。

（5）正确保护现场。报警完毕后，被侵害人或目击者应在现场等候警方。对一些如盗窃等可能留有痕迹的案件现场，还要及时采取保护措施，在公安干警到来之前，除因抢救伤员需要外，不让任何人进入案件现场。

建议三：非紧急情况下报警要尽量把报案材料准备齐全，做到厘清证据、客观描述、积极配合。

对于一些非紧急情况，当受害人意识到了自己的权益已经受到侵害时，请不要急于报案，应首先仔细梳理自己手中掌握的有关证据，特别是在电信诈骗等犯罪案件中，犯罪现场存在于网络空间，无法具象化描述，那么就必须依靠证据说话。

（1）要梳理证据，制作报案材料。先把案件事实情况详细描述并记录在报案材料中，包括案件发生时各个独立事件的先后顺序，每个独立事件都有哪些证据或者异常情况等。当警察看到报案材料时，就能够很快明确案件性质，在制作笔录时与报案材料相对照，能够节省大量时间，并且报案材料本身就是重要的书证。在提交证据时，要尽量详尽，对于具体证据的效力问题，受害人无须担心，警方会依法进行鉴别以确定其对案件的实际价值。

（2）报案笔录制作完成后，报案程序也已经完成，此时，警方一般会让受害人先回去等待消息。这不是拖延时间，而是警方有案前侦查的工作程序。仅有受害人的主观陈述，并不足以认定案件的实际性质，警方必须开展取证工作，以明确该案件是否符合立案条件，对符合立案条件的案件才会予以正式立案并开展侦查。

建议四：积极配合警方询问，注意保留法律文书。

（1）遭遇实时犯罪并当场报警的，现场描述完毕之后，按照法定程序，警方要为你制作《询问笔录》。如果是刑事案件，第一次制作笔录时还会出具一份《受害人权利义务告知书》。这时候要仔细阅读，明确受害人的权利和义务，以便更好地配合警方的工作。第一次笔录制作是非常重要的，警方需要对案件的时间、地点、人物、具体行为、嫌疑人特征，包括案件的起因、经过、结果等内容进行逐一详细地询问。请务必保持耐心，不要催促警方。实践中有一些受害人可能会说："案件情况都告诉你们了，做什么笔录，为什么不赶紧去抓人？"但是如果没有这一份笔录，报案程序就无法完成，警方就不能采取后续的侦查及抓捕措施。

（2）公安机关受理治安案件报案一般只做简单登记，不会给予报案人立案文书。而刑事案件正式立案后，警方须出具《立案回执》，要记得向公安机关主动索要并保留好。

总的来说，无论是用传统的"110"报警方式，还是到就近公安机关或移动警务车现场报警，或者运用微信、微博等新型媒介与警方联系、进行求助，都应目的明确，尽可能地准备好证据材料，对案件事实进行详细描述，如此才能及时有效地解决问题，达到自己的目的。

律师提醒：如果报警后你认为没有达到你的目的或者没有满足你的诉求，可以向公安机关或者人民检察院以及行政监察机关投诉举报。受理投诉的机关会及时查处，并将结果通知举报人。不能对办案公安干警进行辱骂、推搡或者采取其他暴力行为，否则可能需要承担行政乃至刑事处罚。

（吕海涛律师）

检察官来帮您

■ 检察院的作用是什么？哪些犯罪容易被忽略？

对于公检法司等机关而言，大家对公安机关最为熟悉，对法院工作也比较清楚，但对于检察院的职责，大家可能都不太清楚。总的来说，人民检察院是法律监督机关。具体来讲主要有以下四方面的职能。

（1）侦查监督。监督刑事立案、侦查活动；审查批准逮捕犯罪嫌疑人；审查、决定是否延长侦查羁押期限；审查决定是否提起公诉或者不起诉。侦查监督的主要对象是公安机关、国家安全机关、监察委员会和其他有侦查权机关的侦查活动。

（2）审判监督。出庭支持公诉；审查人民法院的判决、裁定，对确有错误的判决、裁定，依法提出抗诉。审判监督的主要对象是人民法院的审判活动。

（3）监所监督。对刑事判决、裁定的执行和监管活动进行监督。主要监督监狱、看守所、拘留所等监所的监管活动。

（4）控告申诉。处理来信来访；统一受理报案、控告、举报、申诉和犯罪嫌疑人投案自首；初核举报线索；办理有关控告案件；开展举报奖励工作；进行法律宣传和咨询活动。

经国家监察体制改革，原属检察院的反贪污贿赂、反渎职和职务犯罪预防职能都已移交同级监察委员会。

普通群众需要详细了解的是检察院的抗诉职能。抗诉是指人民检察院对人民法院作出的判决、裁定，认为确有错误的，依法向人民法院提出重新审理要求的诉讼活动。抗诉被分为两种：一是按上诉程序提出的抗诉；二是按审判监督程序提出的抗诉。在实践中，检察机关提出抗诉主要基于以下理由：（1）原裁判认定事实确有错误；（2）原裁判定案证据不确实、充分；（3）原裁判适用法律有错误；（4）原裁判量刑畸轻畸重；（5）审判中有严重违反诉讼程序或徇私舞弊枉法裁判的行为，可能影响判决、裁定的公正性。作为案件的当事人、关系人，如果你认为有抗诉的必要性和一定的证据时，就可以通过向检察院提出控告申诉，请求启动抗诉。

在司法实践中，很多当事人直到被追究刑事责任时都不知道自己究竟触犯了什么法律，犯了什么罪，会面临哪些处罚。普通人因为不懂法而犯罪的情形非常常见。下述情形日常生活中经常发生，请大家一定要高度警惕，以下行为可能会触犯刑法，导致牢狱之灾！

情形一：信用卡套现牟利要不得。

崔某在沈阳市和平区、铁西区等地先后为翟某、薛某等多人使用商户名称为某经销部的 POS 机从事非法刷卡套现业务，并从中收取一定金额的手续费。经鉴定，崔某参与刷卡套现金额为人民币 5 186 229 元。检察机关经审查认为崔某以虚构交易向信用卡持卡人直接支付现金，情节严重，应以非法经营罪定罪处罚。后崔某被判处有期徒刑五年。

检察官提醒：使用 POS 机和信用卡时请一定严格遵守相关法律法规，在授权范围内合法使用。

情形二：网上售卖影视资源涉嫌侵犯知识产权犯罪。

刘某等三人建立并运营高清影视网站，在运营期间未经著作权人授权许可，向公众传播他人影视作品，从中获取经济利益。检察机关认为刘某等三人以营利为目的，未经著作权人许可，在网络上发行他人影视作品，证据确凿，侵权作品数量总计 1305 部，达到需依法追究刑事责任的"五百份"之标准，构成侵犯著作权罪。最终，刘某被判处有期徒刑一年六个月，缓刑二年。

检察官提醒：网上的资源不要以为自己下载了就是自己的，利用自己下载的未经授权的影视资源进行牟利是一种侵权行为，达到一定程度，就会构成知识产权犯罪。

情形三：QQ 群、微信群群主管理不到位可构成共同犯罪。

胡某自建了一个 QQ 群，该群人数众多。因群友吴某等人在该 QQ 群里发淫秽视频 146 个被公安机关查获，公安机关对胡某也采取了强制措施。检察机关认为胡某作为群主，对 QQ 群内会员大量转发淫秽视频没有进行制止，致使大量淫秽视频在群内传播。胡某与吴某等人构成了共同犯罪，应以传播淫秽物品罪定罪处罚。其后，吴某被法院判处有期徒刑十个月，胡某被判处有期徒刑一年，缓刑二年。

检察官提醒：当群主有风险，发现群里有违法行为，应当及时制止，切莫引火烧身！

情形四：欠钱不还可能构成拒不执行法院判决、裁定罪。

孟某甲向支某借款 16.66 万元，约定一年后还本付息，月利率为 2%，由孟某乙担保。后因孟某甲到期未还钱，支某遂起诉至法院，法院判决后孟某甲和孟某乙仍然拒不还钱。支某申请法院强制执行，法院经调查后认为孟某甲和孟某乙有能力履行判决书确定的义务而拒不履行，最终认定其构成拒不执行法院判决、裁定罪，分别判处两人有期徒刑一年和有期徒刑七个月。

检察官提醒：欠债还钱，天经地义。有钱不还，恐要坐牢。

情形五：找人替考和代人考试均可能构成犯罪。

虎某报名参加全国研究生招生考试，但感觉自己心里没底，就通过王某找到"枪手"——学霸侯某，并答应事后重金感谢。在侯某参加管理类联考综合能力科目时，被监考人员当场发现其替考行为。虎某得知后意识到问题的严重性，最终决定向公安机关投案自首。虎某因犯代替考试罪，被判处拘役一个月，并处罚金人民币 8000 元；侯某和中间人王某也分别被判处刑罚。

检察官提醒：作为学生一定要恪守诚信，想要好成绩，还是需要通过自己的努力好好学习，切不可剑走偏锋。学霸也不可任性，替人考试也可能构成犯罪。

情形六：售卖"大烟"壳粉卤制肉品可能构成生产、销售有毒、有害食品罪。

熊某以摆摊卖卤菜为生，为了提高销量，在明知"大烟"（学名罂粟）壳粉为有毒有害原料的情况下，仍然在卤制鸭脖、鸭肠等卤菜中添加该原料，并将这些卤制品在其摊位售卖并从中牟利。检察机关认为熊某的行为已构成生产、销售有毒、有害食品罪。最终，熊某被判处有期徒刑七个月。

检察官提醒：顾客是"上帝"，罂粟壳粉是毒品。经营生意要靠双手，切不可为了蝇头小利，危害"上帝"的健康。

情形七：贪小便宜也可能触犯刑法。

权某为了贪图便宜，以 2500 元（市场价 3800 元）的价格购得无手续二手摩托车一辆，该摩托车实为被盗窃车辆。用了一段时间后，权某又以 2000 元的价格将该摩托车转卖给杨某，后被公安机关查获。检察机关认为权某、杨某的行为已构成掩饰、隐瞒犯罪所得罪。经法院审理，权某被判处拘役三个月，缓刑三个月；杨某被单处罚金 1000 元。

检察官提醒：千万要记住，购买价值较大的物品时一定要到正规门店。没有正规手续的物品很有可能是赃物。买东西也可能构成犯罪！

情形八：拖欠员工工资的老板要小心。

刘某开了一家装饰工程公司，雇用了 40 多名员工。后因经营管理不善，拖欠史某等 40 余名工人工资共计人民币约 59 万元。刘某为逃避支付员工劳动报酬而中断联系并逃匿。经人力社保局催告，刘某仍未支付拖欠工资。后刘某被抓捕归案，检察机关以拒不支付劳动报酬罪对刘某提起公诉。最终，刘某被法院判处有期徒刑一年。

检察官提醒：打工者不容易，赚的都是辛苦钱。当老板不能太"黑心"，千万不要拖欠员工工资。

情形九：焚烧垃圾可能构成污染环境罪。

赖某得知焚烧废电路板元器件提炼金属铝可以获得巨额利润，遂购买设备对购买的废电路板元器件焚烧提炼金属铝。后被县环境保护部门查获，赖某共焚烧废电路板元器件 34 吨。检察机关以污染环境罪对赖某提起公诉，赖某被法院判处有期徒刑十一个月。

检察官提醒：环境污染已成为威胁人类健康的大敌。焚烧垃圾一定要小心，不该焚烧的咱千万别乱烧。

情形十：报假警可能面临牢狱之灾。

朱某酒后无聊，打"110"报警电话谎称自己是某超市工作人员，在超市入口储物箱内发现定时炸弹。接到警情后，公安机关即组织一百余名警力赶赴现场开展处置，封闭现场，疏散群众，实行交通管制，对现场开展搜爆，经排查未发现爆炸物。后朱某被抓获。检察机关认为，朱某编造虚假恐怖信息，致使该超市停止营业，损失惨重，并给周边多家商铺造成了不同程度的经济损失，朱某的行为已构成编造虚假恐怖信息罪。最终，朱某被法院判处有期徒刑一年六个月。

检察官提醒："110"可不是拿来开玩笑的！一个玩笑导致这么大的损失，自己还要坐牢一年半。估计朱某在监狱里肠子都悔青了！

情形十一：微信上编造传播谣言代价太沉重。

赵某编造虚假事实，称其买通了某地幼儿园、福利院工作人员后，对幼儿进行性侵，并多次通过微博私信、微信等方式向不特定对象传播图像及视频。随后该虚假事实被全国多家媒体转载，引发了大量网民对涉事地区治安状况及教育、民政、公安等部门的强烈不满，造成了涉事当地群众的极大恐慌。检察机关认为赵某编造并传播虚假警情，已构成编造、故意传播虚假信息罪。最终，赵某被判处有期徒刑六年。

检察官提醒：千万不要为了显摆而去传播未经核实的谣言，更不能编造谣言。否则，你可能会付出不可想象的代价。

情形十二：殴打警察构成妨碍公务罪。

韩某在家中殴打老婆，其丈母娘报警。随后公安干警邢某与协警杨某到现场出警，在控制被告人韩某的过程中，韩某挥手击打杨某头部，把杨某头戴的作训警帽打掉在地，并踹了杨某腹部一脚，导致杨某脸部和腹部受伤。之后邢某和杨某合力将韩某制服。检察机关认为韩某暴力袭警，已构成妨碍公务罪。最终，韩某被法院判处有期徒刑一年，缓刑二年。

检察官提醒：警察是代表国家执行公务的人员，干扰正常的执法活动，暴力袭击警察都是妨碍公务的行为，达到一定程度将触犯刑法。

（王建超检察官）

法官来帮您

如何到法院立案、提交证据及开庭？

1. 如何到法院立案

在没有律师协助的情况下，当事人想自行启动并完成一个民事诉讼案件的立案，法官一般有以下几点建议。

建议一：确认原告、被告和法院管辖是否正确。

第一，确认自己是否有原告资格，可以查阅民事诉讼法或者咨询法律专业人士，判断自己是否有资格做案件原告，避免法院审查后，以主体不适格为由驳回起诉。

第二，确认被告是否适格，判断方法与判断原告的方法一致。

第三，确定管辖法院的一般原则为原告向被告所在地法院起诉，还有一些特殊情形，可随时咨询我们。

建议二：准备手续资料，留有备份。

原告是自然人的，起诉时要向法院提交身份证复印件（原件携带备查）。原告是公司法人等的，起诉时要向法院提交营业执照复印件加盖公章、法定代表人身份证明原件加盖公章、法定代表人身份证复印件（原件备查）加盖公章；公司员工代为立案的，提交授权委托书原件加盖公章、员工劳动合同复印件（原件备查）、社保缴纳证明、员工身份证复印件（原件备查）。

被告是自然人的，提交身份证复印件最佳，无法提供身份证复印件的，能提供准确姓名、地址和联系方式亦可。被告是公司法人等组织的，提交营业执照复印件或者登录国家企业信用信息公示系统（http://www.gsxt.gov.cn）查询打印企业工商信息。

第三人的手续材料参照被告要求进行准备。

建议三：准备起诉状和证据材料。

起诉状：根据被告若干份（按照被告人数确定）、法院2份、自己备份加总得出起诉状的最终份数；起诉状内容要包含原告和被告的主体信息、联系地址、联系电话、诉讼请求和事实理由，文书的篇幅不可过长（1~2张A4纸即可）。起诉状一定要明确诉讼请求和基础事实理由，不宜有带有感情色彩的冗长叙述，法院立案大厅和法院官网一般都会公布文书模板，直接按照模板起草起诉状更为合适；起诉状落款处要书写工整可辨的签字（企业要盖章清晰，法定代表人签字清晰），务必如实填写落款日期。

证据目录及证据材料：根据被告若干份（按照被告人数确定）、法院2份、自己备份加总得出最终份数，立案时无须提供原件，提交复印件即可，且证据材料不用签字或者盖章确认。

证据目录要根据材料的时间顺序进行分类，并与诉讼请求予以对应编写，证据目录上需有自然人签字或者企业加盖公章，并在落款处书写明确的签字日期，在证据目录中体现证据材料编排页码，便于开庭时查找翻阅。除特殊原因外，最好一次性提交全部能提交的案件证据资料，避免证据突袭和"挤牙膏"式提交证据，否则会延长审理期限，也会增加法官的工作量。

建议四：网上立案或现场取号排队等候立案的注意事项。

提交立案材料：现场取号时要咨询现场的工作人员，每个窗口的工作职能不一样，避免做无效排队，现在有些地区开通了网上法院 App，有的地区法院可以在网上完成立案和诉讼费预缴，原告邮寄立案材料即可。

正确填写送达地址确认书：无论是现场窗口立案还是网上立案，都需要填写准确的送达地址和联系电话。如果是网上立案，特别注意是否同意电子送达（一般通过电子邮件）。实践操作中，一般采用由邮政 EMS 邮寄法律文书的送达方式。建议当事人向法院邮寄材料时，在有条件的情况下，也使用邮政 EMS 邮寄，并妥善保存纸质邮寄回单凭证。电子凭单和数据在网络上的保留时间一般为 1 年，之后便很难查询，调取后台数据的手续也非常烦琐。

索要收取文件清单：向法院提交立案资料后，法院一般会提供一个已收取材料的清单给原告，如果法院立案窗口没有给此清单，记得向法院索要。

如果委托律师代理立案工作，还应当提供律师事务所所函原件、律师执业证复印件（法院一般不接受实习律师独立立案，与律师一同立案还应提交实习律师证复印件和身份证复印件）、授权委托书。自然人本人是原告的，要求本人到场立案，本人不方便到场或者本人在外地的，将身份证原件和上述授权手续邮寄给律师，由律师代为完成立案。

2. 立案后需要做什么

立案后的调解期：案件立案后，除涉及督促程序、公示催告程序、破产还债程序的案件，以及婚姻关系、身份关系确认案件等特殊案件外，一般的民事案件都会遵循"调解优先，调判结合"的原则先行调解。调解时，法官或者书记员会通过电话通知或者传票通知，要求当事人按时到达指定地点参加调解。参加调解务必携带身份证原件，以便法官或者调解员核实身份。调解的期限最长不超过60天且不计入审限，在调解期间达成和解协议或者调解成功的，法院可以依申请制作调解书，之后，案件不会进入正式庭审程序。

不同意调解或者调解期结束未达成调解后的准备工作：在调解程序结束，进入正式庭审程序后，如果法院没有通知领取开庭传票或者邮寄传票的，可以电话咨询（拨打"12368"，前缀是法院所在地区号），申请网上立案的可以登录网页查询。法院会通过立案时预留的电话发送通知短信，应留意查看短信。

法院邮寄的内容一般有开庭传票、举证通知书、诉讼风险须知、被告人答辩状及证据。如果被告的答辩状和证据有对自己不利之处，需要及时在举证期限内向法院提交补充证据。取证困难的，要向法院提交延长举证期限的申请或者申请法院依职权调取相关证据。

判断案件是否已经立案的标志就是案号，例如（2020）京0491民初9038号。可以拨打电话"12368"，根据案号查询承办法官、联系电话和案件进展情况。

准备好银行卡或者充足的现金，如果案件调解不成法官会通知预缴诉讼费，一般不涉及财产类的案件的诉讼费为每件100~500元、离婚案件不涉及财产的案件的诉讼费为每件50~300元（对于涉及财产的案件，对其标的额超过20万元的部分，按照0.5%的标准收取诉讼费）、人格权案件的诉讼费为每件100~500元（损害赔偿金5万~10万元收取1%的诉讼费；超过10万元部分收0.5%的诉讼费）、劳动争议案件的诉讼费为每件10元、行政案件的诉讼费为每件50元，其他涉及财产的案件按照诉讼请求的数额的一定比例收取。

3. 法院开庭流程及注意事项

建议一：核对开庭时间及地点。

法院一般通过传票的形式送达开庭通知；立案的法院和审判的法庭很可能不在一个地方。如果因为看错地址或者时间未到庭，并且在法官电话联系或者等待一段时间后仍不到庭的，将直接按照原告撤诉处理。

如果找不到被告，可以申请法院公告送达，公告期满 3 个月后视为被告已知道开庭通知，被告接到开庭通知（视为接到开庭通知）后以明示或者默示的方式不出庭的话，法院可以进行缺席审理，这时意味着被告放弃了答辩和质证的诸项诉讼权利。

建议二：开庭时务必携带身份证原件，以便法官核实身份。

建议三：按照之前提交的证据目录，核对资料并携带原件开庭。

避免原件缺失无法质证的情况出现。忘带原件法官很可能会当庭严厉训诫，也就意味着还要再次组织开庭，这样会浪费司法资源。

建议四：提前到达开庭地点。

预留时间排队安检，避免因为安检耽误开庭时间。

建议五：准备辩论意见及其电子版。

如果证据繁多，也要准备相应的证据目录电子版，以备书记员索要，方便书记员录入庭审笔录。

建议六：了解一般的开庭程序。

一般的开庭程序为：书记员查明诉讼当事人是否到庭并宣布法庭纪律——审判长及审判员出庭（书记员会指导礼节起立）——法官核对当事人身份、介绍案件基本情况、介绍审判人员基本信息、告知当事人享有的诉讼权利和是否申请回避——法庭调查（举证、质证）——法庭辩论——最后陈述。有时法官会在征得双方同意的情况下，合并法庭调查和法庭辩论。最后陈述意味着庭审结束，法官会告知当事人在庭审笔录上签字后就可离开。在核对庭审笔录时要认真核对书记员记录是否准确，如需要修改，在询问书记员后，可以手写修改并签字，必要时可在征得书记员同意后用手机拍下庭审笔录。

建议七：如果不服一审判决，需要上诉，注意上诉流程。

如果法官没有安排下次开庭的通知，一般会在合议后作出宣判。判决书可能是邮寄送达或者通知到庭领取。实务中很少有当庭宣判的案件。如果对一审判决不服，上诉期为 15 日，自收到判决书后的第二日起算。对一审法院作出的不予受理、驳回起诉、管辖异议的裁定书不服的，上诉期为 10 日，自收到裁定书的第二日起算。当事人需要在上诉期内向原一审法官提交上诉状，并由一审法官将上诉状连同一审案卷移交至二审法院。

（张逢春律师）

律师来帮您

■ 律师告诉你，如何寻找合适的律师以及申请法律援助？

1. 寻找合适的律师

现今，每个人都可能遇到法律问题。正所谓，专业的事情交给专业的人去做。化解这些法律专业问题，需要依靠专业人士即律师介入处理。如何找到一个合适的律师才不会吃亏可能是让大家有些不知所措的事情。以下是寻找律师的几点建议。

建议一：树立成本意识。

律师的法律服务是要付出成本的，请律师时需要正视付费服务。上述观点并没有从律师牟利的角度出发。在北京地区，单次咨询费大概是 200 元/小时~20 000 元/小时。很多律师在接受付费咨询后，可能会根据案件情况减少咨询费或者如果遇到一些情况特殊，甚至会直接免除咨询费。在一些劳动争议和离婚诉讼中，律师一般会对弱势一方减免收费，对一些重大的刑事案件，有的律师甚至会免费代理。

建议二：树立时间意识。

虽然现在大多数人都有很强的时间观念，也懂得尊重他人的时间，但是遇到紧急情况难免会慌乱，提出立马约见律师的要求。建议提前预约，给约见留出时间，这样可以保证律师有充分的时间来了解情况，做好初步方案，从而提高沟通的效率，更好地解决问题。

建议三：树立甄别意识。

传统的与律师对接的方法无非熟人介绍、律师主动提供服务、电话咨询这三类。随着互联网的发展，出现了"全矩阵"的新推广模式，即可通过百度搜索、头条新闻、抖音短视频等所有可以产生"流量"的平台获得律师信息。不管从哪种渠道寻找律师，不管是需要法律咨询或者案件代理，在确定约见或者委托前，一定要验证承办律师的信息。

甄别方法有：其一，询问律师的姓名、级别和专业方向。律师一般分为实习律师（不能以律师名义独立承办案件）、律师、合伙人律师、高级合伙人律师等，主要根据专业水平和执业年限予以划分。根据案件的复杂程度和专业领域，选取专业对口、合适的律师，才是最好的选择，并不是所有案件都需要高级别的律师来处理。其二，在律师所在律所的官方网站查询核对律师信息和简介。其三，在律师所在地的律协的网站上查询律师执业信息，避免选取的律师有无证经营和不良记录等情况。其四，直接用律师的姓名进行网络检索，获得律师的社会评价、主要观点和主要业务方向，确定律师是否与自己的案件情况契合。其五，登录中国裁判文书网（http://wenshu.court.gov.cn）搜索律师承办案件的情况，可以基本判断律师的基本业务发展状况。

建议四：树立契约意识。

在结束法律咨询或前期了解后，就需要签署案件代理协议。为避免无良律师的陷阱和新纠纷的产生，签协议时要关注以下几点：律所信息和联系人信息；律师能够提供哪些法律服务；律师费；违约责任和费用退还（律师没有尽到忠实尽责义务或者案件没有实质进展的，需要注意费用的退还）；争议的解决方式；合同保存（一般合同一式多份，务必在双方签字盖章后保存好原件）。

律师费是大家关注的重点，根据国家发展改革委和司法部联合出台的

《律师服务收费管理办法》（发改价格〔2006〕611号）的规定，律师费采用行政指导价和市场调节价。北京地区目前全部采用市场调节价。律师代理费有两种收取方式：一种是固定代理费，主要是婚姻继承案件、社保低保待遇案件、赡养抚养费案件、工伤赔偿案件、劳动报酬案件、刑事案件和行政案件等其他协商一致的案件；另一种是风险代理费，这类收费方式为，"前期固定费用+后期风险费用"，固定费用一般为1万元~100万元不等，风险费用的收取按照实际获得利益或者减少损失的一定比例收取，一般是3%~15%不等，固定费用为零时，称为"全风险代理"。除特殊情况外，律师行业一般不接受全风险代理，另外，在合同类案件中，风险代理费不得超过合同约定标的的30%。

2. 申请法律援助

为了保障公民合法权益、发展社会公益事业，我国还设立了法律援助制度，即对因经济困难或者其他因素而难以通过一般意义上的法律救济手段，如聘请收费律师保障自身权利的社会弱者，减免收费，提供法律帮助的一项法律保障制度，这项制度在国家的司法体系中占有十分重要的地位。关于法律援助有以下几点需要注意。

（1）哪些人和哪些案件可以申请法律援助？

法律援助是政府提供的一种无偿社会服务，是政府购买法律服务无偿提供给困难人群的方式，费用列入政府的预决算，司法局通常设有法律援助中心，主管法律援助工作的开展。法律援助是法定的援助，并不是有求就援助。当你在生活中遇到纠纷时，想起诉又没钱请律师，自己又不太懂法律知识，不太会操作程序，就可以请求法律援助吗？这种情况下可以请求法律援助，但要符合法律上规定的"弱势情形"才可能得到援助批准，详情要咨询案件管辖所在地的司法局法律援助中心。

①公民对下列需要代理的事项，因经济困难没有委托代理人的，可以向法律援助中心申请法律援助：请求国家赔偿的；请求给予社会保险待遇或者最低生活保障待遇的；请求发给抚恤金、救济金的；请求给付赡养费、抚养费、扶养费的；请求支付劳动报酬的；因家庭暴力、虐待、遗弃，合法权益受到侵害，请求司法保护的；因交通事故、工伤事故、医疗事故、产品质量

事故以及其他人身伤害事故造成人身伤害请求赔偿的；因签订、履行、变更、解除和终止劳动合同导致合法权益受到侵害而主张权利的；因征地、拆迁导致合法权益受到损害并在民事诉讼中主张权利的；法律、法规及规章等规定的其他法律援助事项。

另外，根据北京市关于法律援助的相关规定，对符合经济困难条件或免于经济困难条件审查的军人军属，在上述事项范围的基础上，如申请下列需要代理的事项，应给予法律援助：请求给予优抚待遇的；涉及军人婚姻家庭纠纷的；因医疗、交通、工伤事故以及其他人身伤害案件造成人身损害或财产损失请求赔偿的；涉及农资产品质量纠纷、土地承包纠纷、宅基地纠纷以及保险赔付的。此项规定是为了响应国家拥军优属政策的号召。

②公民申请法律援助的经济困难条件，按照国家和省市低收入家庭认定标准执行。

③农民工因请求支付劳动报酬或者工伤赔偿申请法律援助的，不受相关条例规定的经济困难条件的限制。

④公民因实施见义勇为行为致使自身合法权益受到损害的，可以申请法律援助，不受相关条例规定的经济困难条件的限制。见义勇为行为的认定，依照国家和省市的有关规定执行。

⑤犯罪嫌疑人、被告人因经济困难或者其他原因没有委托辩护人的，本人及其近亲属可以向法律援助机构申请法律援助。对符合法律援助条件的，法律援助机构应当指派律师为其提供辩护。

犯罪嫌疑人、被告人是盲、聋、哑人，或者是尚未完全丧失辨认或者控制自己行为能力的精神病人，没有委托辩护人的，人民法院、人民检察院和公安机关应当通知法律援助机构指派律师为其提供辩护。

犯罪嫌疑人、被告人可能被判处无期徒刑、死刑，没有委托辩护人的，人民法院、人民检察院和公安机关应当通知法律援助机构指派律师为其提供辩护。

⑥未成年犯罪嫌疑人、被告人没有委托辩护人的，人民法院、人民检察院和公安机关应当通知法律援助机构指派律师为其提供辩护。

⑦人民法院审理强制医疗案件，应当通知被申请人或者被告人的法定代理人到场。被申请人或者被告人没有委托诉讼代理人的，人民法院应当通知

法律援助机构指派律师为其提供法律帮助。

（2）如何申请法律援助？

提交的基本资料（司法局及其网站上有格式文本）：①法律援助申请表；②申请人身份证明；③代理人身份证明（代理人代为申请的必须提供）；④有代理权证明（代理人代为申请的必须提供）；⑤经济状况证明表；⑥与所申请法律援助事项有关的案件材料。

申请法律援助的基本流程见图1。

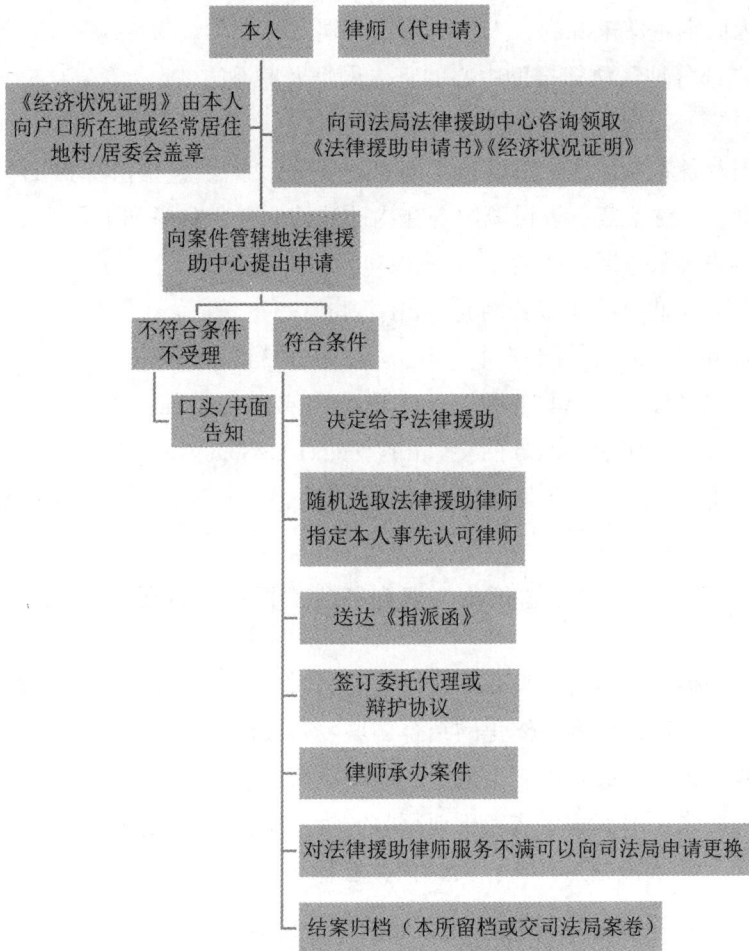

图1　申请法律援助基本流程

在此提醒大家注意以下事项。有些地区可以网上完成申请法律援助。《经济困难证明》由申请人住所地村/居委会、街道办事处、乡镇人民政府出具，北京地区要求乡镇人民政府出具，其他地区由村委会或居委会出具《经济困难证明》。详情咨询当地司法局法律援助中心。《经济困难证明》应当包括申请人家庭人口状况、就业状况、家庭人均收入等信息。申请人能够证明有下列情形之一的，法律援助机构可以直接认定其经济困难，无需提供经济困难证明：属于农村"五保"供养对象的；领取最低生活保障金或者生活困难补助金的；在社会福利机构由政府供养的；重度残疾或者患有重大疾病且无固定生活来源的；人民法院给予司法救助的。

（3）部分地区法律援助中心的官方网址及联系方式。

全国统一咨询电话：12348（使用前缀区号咨询）。

全国及各省自治区、直辖市都有服务网站，提供包括法律援助、公证、法律咨询、司法鉴定、人民调解等在内的法律服务，列举如下：

中国法律服务网：http://www.12348.gov.cn；

北京市（北京法律服务网）：http://bj.12348.gov.cn；

上海市（上海法律服务网）：https://sh.12348.gov.cn；

江苏省（江苏法律服务网）：http://js.12348.gov.cn；

重庆市（重庆法律服务网）：http://cq.12348.gov.cn。

（张逢春律师）

征收拆迁律师告诉你，遇到征收、拆迁时怎么办？

征收、拆迁，本身不具有普适性，它是时代造就的产物，但随着我国社会、经济的发展，城乡一体化的结合，城乡建设的进一步需求，农村集体土地的征收、拆迁，或是国有土地上的房屋征收，已然不是罕事，有的人可能不只遇到一次。遇到房屋或者土地征收、拆迁时，被征收人、被拆迁人（也称被征迁人）最该知道什么？又最该关心什么呢？

问题一：明确被征迁房屋或土地的"土地性质"。

在我国，土地所有权的持有者只有国家和集体，个人仅享有土地的使用权，所以我们的房屋都建设在"国有土地"或者"集体土地"上，那么怎么确定自己的房屋是建设在"国有土地"还是"集体土地"上的呢？我们认为要看产权证明。"国有土地"上的房屋一般都拥有《房屋产权证》，即如今的《不动产权证》，产权证书上注有土地性质；"集体土地"上的房屋一般都拥有《集体土地使用证》（或《集体土地建设用地使用证》《宅基地证》《乡村建设规划许可证》等），其是基于农村集体经济组织成员身份所享有的宅基地等土地的使用权。通俗地说，城市市区的房屋属"国有土地"上的房屋，农村和乡镇郊区的房屋属"集体土地"上的房屋。

为什么要明确被征迁房屋或土地的"土地性质"呢？因为在我国，国有土地上的房屋与集体土地上的房屋的征迁，适用不同的征收程序、不同的法律法规，补偿标准和依据也完全不同。举例来讲，如果按照"国有土地"上的房屋征收程序来征迁"集体土地"上的房屋，这就意味着其在规避有权机关的审批，显然是违法的。

问题二：农村集体土地上的房屋如何征迁？

农村集体土地上的房屋征迁，包括房屋和房屋等地上附着物占用的土地，实际上是征收集体土地（大部分是宅基地），房屋等地上附着物作为地上物进行拆迁，一并给予补偿安置。整个征迁程序比较复杂。简单地说，大致可分为：申请征收土地阶段——作出征地批准文件阶段——组织实施征地阶段。

（1）申请征收土地阶段：县级以上地方人民政府，确需征收农民集体所有的土地的，只能出于公共利益。何为公共利益？现行的《中华人民共和国土地管理法》第四十五条共列举六种形式，并规定所有征收集体土地的建设活动，都应当符合国民经济和社会发展规划、土地利用总体规划、城乡规划和专项规划；其中，由政府组织实施的扶贫搬迁、保障性安居工程建设需要用地的和在土地利用总体规划确定的城镇建设用地范围内，经省级以上人民政府批准由县级以上地方人民政府组织实施的成片开发建设需要用地的，应当被纳入国民经济和社会发展年度计划；成片开发应当符合国务院自然资源主管部门规定的标准。

县级以上地方人民政府，为了公共利益的需要，拟申请征收土地的，应当发布征收土地预公告，对拟征收范围、土地现状、征收目的、补偿标准、安置方式和社会保障等进行征地补偿安置公告，公告张贴在拟征收土地的乡镇和村、村民小组范围内，公告时间不得少于三十日，目的是听取被征地的农村集体经济组织及其成员、村民委员会和其他利害关系人的意见。

多数被征地的农村集体经济组织成员认为征地补偿安置方案违法的，县级以上地方人民政府应当组织召开听证会，并根据法律、法规的规定和听证会情况修改方案。征地补偿安置方案确定后，政府组织相关部门与拟征收土地的所有权人、使用权人就补偿、安置等签订协议，不能达成协议的，应当在申请征地时作出说明。

（2）作出征地批准文件阶段：需要经国务院或者省级人民政府批准才可以征收农村集体土地为国有，征收土地的类型、面积决定了批准机关的层级。征地批准文件的作出，需进行拟征地公告、以书面形式告知被征地农村集体经济组织和农户征地情况、确认征地调查结果、组织征地听证、地方自然资源部门和人民政府逐级上报"一书四方案"等材料至批准机关，省级政府或国务院依照相关法律法规进行审核，审核内容包括：是否符合"公共利益"的法定征收前提；是否符合当地的土地利用总体规划；是否符合相应的城乡建设指标；征收程序是否合法，报批材料是否合法完整，补偿、安置是否公平合理，是否达到了确需征收土地的必要性、合理性等，至作出征地批文，再逐级下发至地方政府部门，地方政府才有权力和资格实施征收行为。

（3）组织实施征地阶段：征地批准文件作出之后，县级以上人民政府要在收到该批准文件之日起，十五个工作日内在拟征收土地所在的乡镇和村、村民小组范围内发布征收土地公告，并依法组织实施。征迁人和被征迁人已经顺利签订征地补偿安置协议的，由政府部门给予补偿，被征迁人交出房屋和土地。征迁人和被征迁人未能签订征地补偿安置协议的，可能会出现两种情况：第一种情况是县级以上人民政府对未达成征地补偿安置协议的被征迁人作出征地补偿安置决定，在司法实践中，也会由当地自然资源部门对被征迁人作出"责令交出土地决定"（或限期腾地决定等），被征迁人可以在法定期限内请求行政救济（包括行政复议和行政诉讼），通过行政救济，如征地补偿安置决定、责令交出土地决定被依法撤销，那么就要重新协商补偿安置问题；如果被征迁人未在法定期限内提起行政复议或者诉讼，则征地补偿安置决定、责令交出土地决定生效，被征迁人就要按照决定内容交出房屋和土地，拒不交出的，征收部门可以申请人民法院强制执行，人民法院裁定强制执行的，属于合法拆除。第二种情况，在长久协商不成的情况下，可能会面临非法强拆，这部分在本节第八点详细阐述。

问题三：农村集体土地上的房屋征迁，如何补偿？

我国地大物博，各地的发展程度都具有明显差异，这导致集体土地上的房屋征迁没有全国统一的补偿标准，但可以明确的是，影响补偿标准最重要的因素包括：房屋、土地和户口，这些会直接影响补偿的方式和金额。

虽然全国没有统一的补偿标准，但按照我国法律的规定，征收土地应当给予公平、合理的补偿，要保障被征地农民原有生活水平不降低、长远生计有保障。征收土地应当依法及时足额支付土地补偿费、安置补助费以及农村村民住宅、其他地上附着物和青苗等的补偿费用，并安排被征地农民的社会保障费用。

补偿方式一般有三种，即提供安置房、重新安排宅基地建房、货币补偿。农村征地拆迁，会导致集体经济组织成员丧失对宅基地的使用权，因此会按照被拆迁房屋的面积，结合人口因素，为被征迁户提供产权安置，产权安置可以是商品房，但大部分是回迁安置房；重新安排宅基地建房是指在别的地方重新安置住宅用地，供被拆迁人建设房屋，自行拆迁安置，这种补偿方式比较少见；货币补偿是最普遍的补偿方式。具体的补偿方式要看征地补偿安置方案的规定。

一般来讲，被征迁的所有物品，除可移动且不影响原有使用性能的物品以外，都应给予补偿，主要包括：房屋本身的补偿、房屋内部装饰装修的补偿、不可移动物品的补偿、院落等地上附属物的补偿、享有合法土地使用权的土地的补偿、"住改非"房屋的营业性损失补偿、搬迁费、临时安置费等。

需要强调的是，征迁农村村民住宅，应当按照先补偿后搬迁、居住条件有改善的原则，尊重农村村民意愿，给予公平、合理的补偿，保障农村村民居住的权利和合法的住房财产权益。

问题四：农村集体土地征收如何补偿？

农村集体土地，除包含集体经济组织成员享有的宅基地等建设用地以外，还有农村集体经济组织所有的土地，通常征收较多的是农用地中的承包地、菜地等。因为集体经济组织的土地仍然属于集体土地，征收为国有时，也需要按照法定的征收程序，与上述征收农村集体土地上的房屋的程序基本一致，不同的是，承包地、菜地的征收，其地上附着物不再是房子，而变成了农作物。具体补偿标准，应当按照该地区的区片综合地价来确定征地补偿费和安置补助费。

问题五：城市国有土地上的房屋如何征收？

国有土地上的房屋，本身就建设在国有土地上，根据"地随房走"的市场理论，房屋的价值已经包括了土地的价值，所以对国有土地上的房屋的征收，仅是对房屋的征收。国有土地上的房屋的征收程序，主要包括：作出房屋征收决定及征收补偿方案阶段、评估协商阶段、作出房屋征收补偿决定阶段。

（1）房屋征收决定及征收补偿方案阶段。房屋征收决定适用于其征收范围内的所有房屋，征收补偿方案是征收决定的附件内容，两者是一体的。房屋征收决定是一个行政决定，其作出需要满足很多前置程序，主要包括：要符合"公共利益"的法定征收前提，征收房屋的建设活动要符合"四规划一计划"，拟定、修改征收补偿方案，进行社会稳定风险评估，对被征收房屋的基本情况进行调查登记，对未经登记的建筑进行调查、认定和处理，调查征收补偿费用是否足额到位、专户存储、专款专用等。房屋征收决定在公告之后，被征收人认为该决定侵权的，可以在法定期限内提起行政救济（行政复议或诉讼）。

（2）评估协商阶段。房屋征收决定公告之后，被征收人协商选择评估机构进行评估，制作评估报告，没有异议的，征收人和被征收人可以签订征收补偿协议。最终通过协商不能达成协议的，由市、县级人民政府作出补偿决定并公告。

（3）作出房屋征收补偿决定阶段。补偿决定作出后，被征收人有在法定期限内请求行政救济的权利，如果未在法定期限内提起行政复议或者行政诉讼，在补偿决定规定的期限内又不搬迁的，市、县级人民政府可向人民法院申请强制执行。

问题六：城市国有土地上的房屋征迁，如何补偿？

（1）补偿内容。城市国有土地上的房屋征收的补偿内容主要包括：被征收房屋本身的价值，室内的装修装潢价值，因为征收造成的搬迁费用、临时安置费用，征收经营性房屋造成的停产停业损失，相应的补助和奖励等。

（2）补偿方式。我们认为有两种补偿方式，一是货币补偿，二是房屋产权调换。需要强调的是，因旧城区改建征收个人住宅的，征收人应当提供改建地段或者就近地段的房屋给予产权调换。

（3）评估确定房屋价值。被征收房屋的价值，由具有相应资质的房地产价格评估机构来评估确定，评估价格不得低于房屋征收决定公告之日被征收房屋类似房地产的市场价格。

问题七：房屋评估价值远远低于房屋市场价，怎么办？

国有土地上的房屋征收，是通过评估的方式来确定房屋的价值，如果评估报告作出的评估价格远远低于房屋的市场价时，该怎样提出质疑，维护自己的合法权益呢？

评估价格不合理、评估报告的制作不符合法律规定的，被征收人可以在收到评估报告之日起十日内，向原房地产价格评估机构书面申请复核评估，对复核评估结果仍有质疑的，可以在收到复核结果之日起十日内，向被征收房屋所在地的评估专家委员会申请鉴定。如果对鉴定结果仍有异议，在征收补偿方案确定的签约期限内又达不成补偿协议的，由市、县级人民政府作出补偿决定并公告。

问题八：房屋遭遇"违法强拆"，怎么办？

虽然法律法规、国家政策三令五申不允许违法行政、不能实施违法强拆，但现实中，违法强拆的现象仍屡禁不止。

（1）为什么会出现违法强拆？违法强拆主要针对集体土地上的房屋拆迁。在协商补偿安置问题的过程中，经过多次协商，仍然无法达成协议时，因项目急用地或者一些"效率政策"等原因，在时间上来不及走"责令交出土地"的法定交地程序的，就会出现将被征收房屋先行拆除的情况。

（2）遭遇违法强拆时，我们认为最合适的办法就是立即报警，请求出警处理。因为公安机关具有维护社会治安秩序，保护公民人身、财产安全的法定职责。报警的同时也要做好取证工作，取证方向是房屋被拆除的事实和拆除主体。

问题九：住了几十年的房屋，怎么就变成"违法建筑"了呢？

在房屋征迁的过程中，时常会出现以下类似情况，比如，被拆迁的房屋已经居住使用了几十年，在拆迁谈补偿时，却被说成"违法建筑"；有些房屋在修建时无人问津，拆迁时就变成"违法建筑"等。怎么认定房屋是不是"违法建筑"呢？"违法建筑"在征地拆迁中又扮演着什么样的角色呢？我们给出以下意见。

（1）没有产权证明的房屋不一定是"违法建筑"。合法的房屋须有房屋产权证明，但在房屋建造的过程中，由于各种各样的原因，房屋的产权形式表现各异。一般来讲，城市的房屋，要有《房地产权证》《不动产权证》《国有土地使用证》，农村的房屋要有《集体土地使用证》《宅基地证》《乡村建设规划许可证》《规划选址意见书》等。

但没有产权证明的房屋并非"违法建筑"。比如世代居住的祖屋，可能没有任何产权证明；比如在部分农村地区，因村里人口不断增多，宅基地数量有限，所以经过村委会批准在农用地上开垦出一块地用作宅基地，建设住宅；比如因为家庭人口增多，房屋不够居住，在自己的宅基地上加建房屋且在加建时，已经被行政处罚的；比如房屋已经取得了选址意见书和规划许可，但因房产部门要收取一定费用，没有办理产权证明的；比如集资建房，在办理产权证明过程中，因为行政机关的过失丢失房屋的用地规划许可证和工程规划许可证原件，以致不能办理产权证明等。对于没有产权证明的房屋，特别是对因为历史遗留因素造成的无产权证明房屋，更要谨慎对待。

（2）"违法建筑"在征地拆迁中扮演怎样的角色？"违法建筑"频发于征地拆迁时代，往往出现在征地拆迁开始之前，双方不能达成补偿协议，僵持不下的时候。很显然，无论你的房屋是不是违法建筑，行政机关一旦作出认定违法建筑的行政决定，都会对你产生不得已签约的压力和可能得不到补偿的风险。

在征迁的案件中，两类违法建筑比较常见：一种是非法占地建筑房屋，即没有取得合法的用地权或者违反法律强制性规定建筑房屋，比如在承包地上建设房屋是违法的；另一种是违反城乡规划或工程规划建设的房屋，即没有依法办理相关的规划许可证，或者没有按照所办理的规划许可证的要求进行建设，比如规划许可证表明应建设两层建筑，实际建设了七层，这显然已违反规划。既然能够认清"违法建筑"在征地拆迁中所扮演的角色，就应当理性对待"违法建筑"认定结果，在法定期限内及时提起行政复议或者行政诉讼，积极进行协商。

问题十：在征迁的过程中，介入主体有哪些？彼此之间又是什么关系？

如果面临征迁，或者已经开始征迁的，被征迁人应当对自己的房屋和土地有初步的认识。同时我们要明白，征收拆迁是由"人"来具体操作的，所以简要介绍一下，在征收拆迁过程中一般会遇到什么样的"人"。

"我"的房屋被征迁，"我"是被征迁人；"谁"在征迁土地房屋，"谁"就是征迁人；批准集体土地征收为国有的权力机关是国务院或者省级人民政府；组织实施征地行为的是县级以上地方人民政府。

在征迁过程中，还会跟以下单位打交道：自然资源部门、规划住建部门、房屋征收部门、某某拆迁指挥小组、某某征迁领导办公室、街道社区、乡镇政府、村委会、拆迁公司、评估公司、施工单位，等等。整个征迁过程也是一个协商的过程，明确各个单位的设立主体以及职责和权利，积极应对不躲避，会对协商征迁补偿的整个过程起到事半功倍的效果。

律师提醒：征收是法定职权，不以个人意志为转移。权利人不是拒绝在补偿协议上签字，就能避免征收。面对征收拆迁，要有一个正常的心态，积极面对，积极协商，及时了解征迁信息，积极争取更合理的补偿。

整个拆迁过程，实际上就是一个协商的过程，协商补偿贯穿于每个环节，如果经过多次协商，仍然满足不了自身的合理诉求，或者面临人身、财产安全的威胁，依靠自己的力量已经无法解决问题的时候，应当考虑及时寻求法律途径，向专业的拆迁律师咨询、请求维权帮助。

（段悦秋律师）

民事诉讼律师告诉你，什么样的证据会被法官作为定案依据？

证据涉及民事诉讼的实体内容，也是一个诉讼案件的核心所在，与当事人实体权利的保护和人民法院裁判结果的客观公正密切相关。当事人主张于己有利的事实，应当提供证据证明，这就是我们常说的"谁主张，谁举证"，反之，当事人主张于己不利的事实，则构成"自认"，这就免除了对方当事人的举证责任。需要说明的是，自认不是证据，而是举证责任的例外，是当事人处分自己权利的结果，也是法院认定案件事实的方法。下文将从民事诉讼中的证据种类、证据性质和举证责任、举证期限、认定的原则等方面，说明什么样的证据会被法官认可，并作为认定案件事实的依据。

1. 民事诉讼中的证据材料种类（见表1）

表1 民事诉讼中的证据材料种类

序号	种类	释义	内容
1	当事人的陈述	指当事人在诉讼中就与案件有关的事实，向法院所作的陈述	口头陈述、书面陈述、自认
2	书证	以文字、符号所记录或表示的内容，能在特定的材料上客观显现，用以证明待证事实的文书	合同、书信、红头文件、票据、借条、判决书等
3	物证	用物的外形、特征、质量等说明待证事实的一部分或全部的物品	发霉的食物、有缺陷的家具、撞坏的山地车、摔碎的玉镯等
4	视听资料	指用录音、录像的方法记录下来的有关案件事实的材料	电话录音、监控录像、手机录像等。但是，随着科技的发展，视听资料的数字化程度非常高，该证据种类与电子数据的界限逐渐模糊
5	电子数据	以电子形式存在的，或借助电子技术或电子设备而形成的能准确地储存并反映有关案件情况的数据材料	网页、博客、微博、手机短信、电子邮件、微信（群）等即时通信信息、注册信息、身份认证信息、电子交易记录、登录日志、数字证书、图文影音电子文

续表

序号	种类	释义	内容
			件、计算机程序以及其他数字化的信息资料
6	证人证言	指知晓案件事实并应当事人的要求和法院的传唤到法庭作证的人	口头作证、书面证言
7	鉴定意见	指鉴定人运用专业知识、专门技术对案件中的专门性问题进行分析、鉴别、判断后作出的结论	亲子医学鉴定意见、文书（签名）鉴定意见、痕迹鉴定意见、产品质量鉴定意见、行为能力鉴定意见、伤残等级鉴定意见、房产价值评估鉴定意见等
8	勘验笔录	指人民法院审判人员在诉讼过程中，为了查明一定的事实，对与案件争议有关的现场、物品或物体亲自进行或指定有关人员进行查验、拍照、测量后的记录	书面形式

2. 民事诉讼证据材料的认定

民事诉讼证据材料被提交到法庭之后，法官依照法定程序对证据进行审查判断，即从证据的真实性、关联性到合法性，从证据形式到证据内容逐项全面、客观地予以审查。审查的手段包括聆听、阅读、核对、提问、反问、勘验、鉴定和休庭调查取证等。对于经上述审查后不能排除疑点或矛盾的证据，作出不予采纳或不予采信的处理。民事诉讼证据的采信其实就是一个"筛选"证据的过程。证据材料只有经过筛选程序，并综合其证明力，才能被法官认可，作为定案的依据。在实践中我们可以初步判断哪些证据材料的采信度高。

（1）证据要符合三个特征：客观性、关联性、合法性。

客观性，是指证据所反映的事实必须是客观存在的事实，是真实的，而不是主观想象的、虚构的、捏造的。

关联性，是指证据与案件有关联。法官不会审查与案件没有相关性的证据，比如在借款合同纠纷案件中提供债务人受过刑事处罚的证据，法官不会采纳。

合法性，是指收集证据的合法性以及证据形式的合法性。比如，私家侦探侵犯隐私权收集的证据不合法。

（2）举证责任分配。

举证责任分配具有法定性，一般原则是"谁主张，谁举证"，而"举证责任倒置"和"法官公平分配举证责任"为例外。实体法包含了举证责任分配的内容，举证责任原则上由法律分配而非法官予以分配，只有在极特殊的情况下，按照法律分配的举证责任导致显失公平时，才允许法官根据诚实信用和公平原则等分配举证责任。总体要限制法官的自由裁量权，举证责任分配后，如果当事人提供不了相应的证据，可能就会面临不利的后果，举证责任分配的列举见表2。

表2　常见的举证责任分配列举

序号	案件类型	举证责任分配
1	期货业务委托代理案件	客户怀疑经纪人是否按指令入市操作时，应当由经纪人负举证责任
2	产品存在缺陷造成人身、财产损害案件	生产者应当承担赔偿责任，对于生产者免责事由的举证责任，应当由生产者承担
3	优先购买权案件	当事人应当就优先购买权的成立承担举证责任
4	夫妻共同债务案件	夫妻一方对外借债，债权人主张是夫妻共同债务的，债权人负有举证责任
5	侵犯消费者权益纠纷案件	消费者主张商品经营者提供的商品存在品质问题，并提供了相应证据的，商品经营者如主张该商品不存在品质问题的，商品经营者应对其主张承担举证责任
6	劳动争议案件	用人单位以劳动者不胜任工作，经转岗后仍不胜任工作为由，解除劳动合同的，应对此负举证责任

序号	案件类型	举证责任分配
7	民间借贷案件	出借人就借款本金和利息的事实、支付的凭证（收据）、催款的事实负有举证责任
8	离婚案件	主张离婚并要求对方赔偿损失的一方，就夫妻感情破裂和对方有出轨、家暴等过错负有举证责任

（3）举证期限。

2022 年修正的《最高人民法院关于适用〈中华人民共和国民事诉讼法〉的解释》，对举证期限作出了明确规定（见表 3），逾期提交证据的，可能会受到法院罚款的处罚。如果一方企图通过"挤牙膏"式提交证据和突袭式提交证据，以此来拖延审判时间和让对方措手不及，就会干扰司法秩序和法官正常审判。在审理中，除不能自行调取的证据外，应将案件有关证据及时完整地提交法院审查。

表 3　举证期限

类型	举证期限
协定期限	双方当事人协商，并经法院准许
指定期限	一审普通程序不得少于 15 日
	在二审中提出新证据的不得少于 10 日
	适用简易程序审理的案件不得超过 15 日
	小额诉讼案件一般不超过 7 日

（4）证据证明力大小的判断。

在遵循上述规则后，证明力大的证据更容易被法官认可，下面列举一些常见的证据材料证明力的判断标准（见表 4）。

表4　常见的证据材料证明力判断标准列举

序号	证明力的判断标准	备注
1	国家机关以及其他职能部门依职权制作的公文书优于其他书证	需要注意的是仲裁机构作出的裁决书是私文书，效力低于法院的判决书
2	物证、档案、鉴定意见、勘验笔录或者经过公证、登记的书证，其证明力一般大于其他书证、视听资料和证人证言	公证的遗嘱效力大于自书遗嘱和代书遗嘱的效力
3	有鉴定资质的机构和个人出具的鉴定意见优于无鉴定资质的机构和个人出具的鉴定意见	
4	双方委托或者法院摇号指定的鉴定机构的鉴定意见效力大于一方委托的鉴定意见	
5	储存在第三方中立平台的数据资料效力大于储存在一方控制平台的数据资料	大数据、云储存和区块链技术的发展，类似保存在微信（群）上的数据由于其不可重新编辑的属性，且会存储在不同的手机终端设备上，可以相互印证，具有较强的客观性，其效力大于存储在能被一方控制、编辑的软件上的数据资料
6	原件证明力一般大于复印件和复制件	
7	法庭主持勘验所制作的勘验笔录优于其他部门主持勘验所制作的勘验笔录	
8	其他证人证言优于与当事人有亲属关系或者其他密切关系的证人所提供的对该当事人有利的证言	
9	出庭作证的证人证言优于未出庭作证的证人证言	
10	数个种类不同、内容一致能形成证据链的证据群优于一个孤立的证据	合同对应的银行转账记录、验收单、对账单、发票形成的证据链效力大于一张货款欠条的孤证

（张逢春律师）

百个法律锦囊，助您化解法律难题

　　第二部分汇总了100多个常见的法律问答，用最简洁易懂的语言给普通大众提供最实用的"法律锦囊"，以期帮助大家化解法律难题，营造和谐的社会氛围。

　　这些问题都是主编付晓雷律师在与其粉丝交流中遇到的常见法律问题。大致可分为婚姻家事纠纷，劳动争议纠纷，教育、交通及医疗等纠纷，财产性纠纷及消费者权益保护，房产及环境污染纠纷，保险、公证及强制执行，刑事类纠纷七大类。每个问题都从三方面展开：一是法官、律师、公证员的意见，他们对法律问题进行法律分析，不求理论高深，但求解答到位，通俗易懂；二是案例评析，作者选取了典型案例，且每一个案例都可以在中国裁判文书网进行查询，这些案例在大家进行诉讼时可以直接作为证据材料提交给法官，非常具有实用性；三是法条链接，将涉及的关键法条遴选列出，能帮助读者更好地适用法律规范。

　　此部分旨在为读者提供各式各样的实用工具，帮助读者解决各类法律方面的"疑难杂症"，同时还提供"售后服务"，即每位购书者可联系本书的法律服务团队获取一次免费咨询的机会，切实帮助读者走出困境。

扫一扫，我帮您

微信号：15600600681

婚姻家事纠纷

1 同居后分手，需要去法院诉讼解除同居关系吗？财产如何分割？

法官意见

由于种种原因，现实生活中经常发生未领取结婚证即共同生活的情形，更有不少老百姓由于法律意识淡薄，自以为按照习俗操办了婚礼便是合法夫妻。还有一些情况，如开始共同生活时尚不满足法定结婚年龄，无法领取结婚证，但待满足条件可以领取结婚证时又迟迟不领取。

同居关系是指男女双方持续、稳定地共同居住，但不符合《中华人民共和国民法典》的法定条件的两性结合。在解除同居关系时，双方由于同居关系存续期间共有财产的分割或子女抚养权等问题产生纠纷。

根据我国《最高人民法院关于适用〈中华人民共和国民法典〉婚姻家庭编的解释（一）》的规定，对于在1994年2月1日民政部《婚姻登记管理条例》公布实施以前，男女双方已经符合结婚实质要件的，按事实婚姻处理，即承认他们的夫妻关系成立，而对于在1994年2月1日民政部《婚姻登记管理条例》公布实施以后，仍旧没有补办结婚登记的，按同居关系处理，也就是说在法律上不承认其夫妻关系。

在同居关系中，由于双方之间的身份关系不受法律保护，因此除解除有配偶者与他人同居情形中的"非法同居关系"外，当事人起诉请求解除同居关系的，人民法院不予受理。从我国现行民事案由相关规定来看，也没有"解除同居关系"这一案由，故而双方只要自行协商一致，离开对方即可解除同居关系，无须到法院寻求诉讼解决。同居关系的双方当事人因不存在婚姻关系这一事实基础，所以对其同居期间的财产不能适用有关夫妻共同共有财产的法律规定作出处理。但对同居期间所得财产能认定为共有的，可以依照共有财产的形成及处理原则予以分割。

基于同居关系进行析产时，需要特别注意一个问题——该财产是否属于同居期间所得财产。如果确系同居期间所得财产，应予分割；反之，如果属于一方同居前或解除同居后所得财产，则属于一方个人财产，不能对其进行分割。对于同居期间所生子女，法律上系非婚生子女，双方可以在同居关系纠纷中一并处理子女抚养权问题，对非婚生子女的抚养、教育和财产分割，应本着照顾妇女、儿童的利益的原则及根据双方过错程度予以妥善处理，非婚生子女享有与婚生子女同等的权利，任何人不得侵害其权利和歧视非婚生子女。

在解除同居关系时，要按照同居关系析产的相关规定，处理同居期间形成的共有财产。

要点一：同居期间产生共有财产的几种常见情形。

（1）共同买房。这是最典型的共有。共同购买房屋的情形本身比较复杂，共同出资是其中最简单的形式，包括各自均有出资、一方出资买房一方出资装修或者购买家具、一方出资双方共同还贷、一方出资和还贷一方承担生活费用等。只要双方均有提供金钱的行为，通常就可认为房屋购买由双方共同出资，并基于共同出资，形成共有。

（2）共同经营、收益构成共有。此类共有常见于共同创业、共同经营公司，共同经营淘宝网店等事实，因双方对收益均有贡献，形成共有。

（3）基于赠与形成共有。例如对于一方出资购买的房屋或者一方的婚前个人房屋，将另一方登记为共同房主，此系法律上的赠与。另外还有一方或双方父母对双方的赠与，包括赠与款项、房屋、车辆等。

要点二：同居期间共有财产与夫妻共同财产的区别。

结婚和同居的最大区别是，婚姻保护了夫或妻一方平等的财产所有权，只要是在婚姻存续期间取得的财产，如无例外情形，一律视为夫妻共同财产。同居形成的共有财产不产生自动成为共同财产的法律效果，这里必须明确一点，同居期间的财产分为两种，一种仍然是个人财产，比如个人的收入存款，个人的住房公积金等；一种是基于共有才会形成的共有财产。拿工资、住房公积金举例。登记结婚后，任何一方的工资、社会保险、住房公积金等收入，均为夫妻共同财产，离婚时可以进行依法分割。但是同居期间不产生这种法律效果，同居一方名下的工资、住房公积金，仍然是其个人财产,进行同居析产纠纷诉讼时不得予以分割。

律师提醒:同居析产分割案件的审判实践中多考虑按照两人对财产的贡献大小进行分割,对于在直接出资方面弱势一方的保护力度要比婚姻关系中弱势一方的保护力度小得多。这是恋爱中的年轻人以及双方的父母在出资时应当慎重考虑的事情。

案例评析

刘某诉张某同居关系析产纠纷案*

刘某与张某于 1992 年开始同居,并于 1999 年生育一女张某萍。2008 年,以刘某、张某及女儿张某萍作为共同申请人,以刘某作为购买人,由刘某、张某二人共同出资,购得北京市丰台区经济适用房一套(正式购房合同签订于 2011 年)。2014 年,刘某以离婚纠纷为由将张某诉至法院,在诉讼过程中,刘某与张某就"婚姻关系"存续期间的收入、支出各自提出证据,要求予以分割,一审法院判决双方离婚。张某不服,提起上诉,二审法院经审理发现,该案中关于婚姻关系是否存在这一事实存在重大疑点,不足以证明二人为合法夫妻关系,遂发回一审法院进行重审。一审法院经过重新审理,最终裁定驳回刘某的起诉。后刘某以同居关系析产纠纷为由再次诉至法院,要求分割同居期间的收入及购置的财产。对双方所育一女的抚养问题,双方均未在该案中予以主张。

一审法院经审理,认定涉案房屋系张某与刘某在同居期间共同出资购买,属于二人的共有财产,故而刘某要求对该房屋进行分割并无不当,法院最终判决由刘某与张某按份共有,刘某与张某各享有百分之五十的份额。同时,结合二人同居期间的生活、抚育子女的情况,对于二人同居期间的其他财产也进行了分配。

二审法院经审理,裁定维持原判。

---

* (2018)京 0106 民初 26885 号。

法条链接

《最高人民法院关于适用〈中华人民共和国民法典〉婚姻家庭编的解释（一）》

第三条　当事人提起诉讼仅请求解除同居关系的，人民法院不予受理；已经受理的，裁定驳回起诉。

当事人因同居期间财产分割或者子女抚养纠纷提起诉讼的，人民法院应当受理。

第二十二条　被确认无效或者被撤销的婚姻，当事人同居期间所得的财产，除有证据证明为当事人一方所有的以外，按共同共有处理。

（李贵生法官、菅磊律师）

2 我和女友分手后，曾经给女友花的钱能合法追回吗？

律师意见

情侣之间表达爱意的方式有很多种，有送鲜花的，有赠送精心准备的礼物的，也有直接转账发红包的。两个人的感情基础稳固，你侬我侬时上述表达爱意的方式自然会成为两人情意的桥梁，而当情侣之间感情破裂甚至面临分手时，能否将转给"前任"的钱要回来呢？

我们认为，恋爱期间转给"前任"的钱能否要回需根据以下几种情况分别处理。

要点一：恋爱期间，以结婚为目的向"前任"进行大额转账的，分手时可以将上述大额转账资金要回。

恋爱期间，一方以结婚为目的向另一方进行大额转账的，该大额转账在法律上被视为附条件赠与。即该赠与生效的前提系双方应办理结婚登记。如办理结婚登记这一条件没有成就，则赠与条件不成就，此时，赠与行为不生效，一方有权请求另一方返还该赠与财产。

要点二：恋爱期间，日常小额无条件转账，一般视为赠与，无法要回该转账资金。

恋爱期间，一方不定期通过微信、支付宝等方式向另一方进行小额资金转账，该转账在法律上通常会被认定为无条件赠与。因为转账资金额较小，法院一般不会认定其为附条件赠与或借款。所以在一般情况下该转账资金无法要回。一方为表达爱意所进行的具有特定含义（如"520""1314"）的金额转账，金额数目谐音与情侣之间示爱语言高度一致，因此上述转账极易会被认定为表达爱意的无条件赠与行为，所以分手后主张返还此类转账的，很可能不会得到法院支持。

律师提醒：恋爱期间，情侣双方经济来往比较频繁且较为随意，一旦产生经济纠纷便很难认定财产归属。为切实维护自身合法权益，情侣双方对于大额金钱或贵重财物的处置，要注意保存可证实真实意思表达的证据。

案例评析

王某与徐某民间借贷纠纷案 *

王某与徐某在恋爱期间，经常通过微信或支付宝相互转账。自 2016 年 8 月至 2018 年 2 月，徐某多次转款给王某，金额分别为：380 元、500 元（两笔）、520 元（两笔）、521 元（三笔）、1000 元（六笔）、1200 元、1314 元（两笔）、2000 元、3000 元（两笔）、5000 元、5200 元（三笔）、10 000 元（六笔）、40 000 元、130 000 元。后双方产生矛盾，直至终止了恋爱关系。分手后，徐某向法院起诉要求王某偿还转账的所有资金。

一审法院认为在恋爱期间，情侣之间互相表达爱意所进行的具有特定含义的钱款往来不宜被认定为借款。故徐某转给王某的 520 元（两笔）、521 元（三笔）、1314 元（两笔）以及王某转给徐某的 1314 元系众所周知的恋人之间表达爱意的转款，视为赠与，故互相不予返还。双方当事人之间其他 2000 元以下的转款结合如今的消费水平来看，数额不大，可视为赠与，不予返还。徐

---

　*（2018）皖 12 民终 2689 号。

某曾三次转款 5200 元给王某，因其金额较大不符合情侣之间常规表示爱意的方式，且结合双方之间的通话录音，不宜认定这三笔转账资金为赠与，应认定为借款。一审法院判决王某于判决生效之日起十日内偿还徐某上述借款。

一审法院判决后，王某上诉至法院，认为 5200 元转账系基于赠与关系并非债权债务关系。二审法院认为：5200 元转账系特殊节日表达爱意的特殊金额，不应认定为借款，因此，在徐某不能进一步证明两笔转账系借款的前提下，无论王某是否收到三笔 5200 元，均不应承担偿还借款的义务。综上，王某的部分上诉理由成立，对其上诉请求合理部分，法院予以支持。

法条链接

《中华人民共和国民法典》

第一百五十八条　民事法律行为可以附条件，但是根据其性质不得附条件的除外。附生效条件的民事法律行为，自条件成就时生效。附解除条件的民事法律行为，自条件成就时失效。

第六百五十七条　赠与合同是赠与人将自己的财产无偿给予受赠人，受赠人表示接受赠与的合同。

（刘昌硕律师）

3　婚姻存续期间，哪些财产属于夫妻一方的个人财产？

律师意见

婚姻既意味着身份关系的缔结，实质上也包含了契约关系的内容，即拥有婚姻关系的两个人，会形成一种合伙或者合作关系。为了维护合伙或者合作的稳定性，平等保护婚姻关系中的每一个主体，《中华人民共和国民法典》婚姻家庭编对于夫妻共同财产的认定采取了"无特别规定的，均为夫妻共同财产"的原则。《中华人民共和国民法典》婚姻家庭编规定，夫妻在婚姻关系存续期间所得的工资、奖金、劳务报酬，生产、经营、投资的收益，知识产权的收益，继承或者受赠的财产（但《中华人民共和国民法典》

第一千零六十三条第三项规定的除外），其他应当被视为共同所有的财产均为夫妻共同所有。只要法律没有例外规定，对婚姻存续期间取得的财产，均推定为夫妻共同财产。如果一方主张非夫妻共同财产，则需举证证明为个人财产，或者法律规定为个人财产。

婚姻存续期间的夫或妻一方的个人财产主要来源于以下途径。

（1）一方的婚前财产。一方在结婚之前取得的财产均为个人财产，不因结婚而改变其财产归属。但是，一方以个人财产婚后进行投资所获收益，则为夫妻共同财产。比如一方婚前购买的房屋为个人财产，但是婚后出租该房屋取得了租金收益，且二人均参与了出租房屋管理的，则房屋租金收益为夫妻共同财产。一方用婚前存款在婚后进行股票、债券等投资，所获分红、利息等投资收益也视为夫妻共同财产。这里要区分投资收益和自然增值，如个人存款存入银行，并未购买理财产品，则存款期间自然产生的利息是自然增值，该增值属于个人财产。房价随着市场行情自然上涨，涨价收益并非双方或一方操作的结果，也属于自然增值，因此房价上涨所获收益也属于个人财产。

（2）一方因受到人身损害获得的赔偿或者补偿。该类费用的共同特征是其具有补偿性，是为了补平受伤害一方的利益受损，并非属于正常收入之外的额外收益，因而不构成夫妻共同财产，另一方不得主张分割。

（3）遗嘱或者赠与合同中确定只归一方的财产。此规定是普通人容易产生认知偏差的一项法律规定。比较常见的遗嘱的写法是：我的某项财产由我的儿子（女儿）某某继承。这种表述并不产生遗产成为该继承人个人财产的法律效力，通常仍然被认定为夫妻共同财产。如果要发生由一方继承，并成为一方个人财产的法律效果，遗嘱或者赠与（包括遗赠）应当明确表明"由某某一个人继承，是某某的个人财产"。

（4）一方专用的生活用品。该规定保护的是一方个人专用物品的效益性、稳定性，离婚时如果作为夫妻共同财产进行分割，既无必要，也不合理。该项物品被限定为生活用品，假借个人物品名义购买的价值较大的物品，如投资品等，因为并非生活用品，所以在离婚时仍会被法院当作夫妻共同财产进行分割。

（5）其他应当归一方的财产。这类财产通常属于其他法律规定为个人财产的财产，主要包括：军人的伤亡保险金、伤残补助金、医药生活补助费；一方婚前由父母出全款购买的房屋，或者婚前父母为二人购买房屋所赠与的资金。婚前一方父母的出资因二人此时尚未具备婚姻关系，从情理上被推定为父母对子女一方的个人赠与，因而在法律上定性为父母对子女一人的赠与，构成个人财产，除非父母明确表示赠与双方的。

律师提醒：可以通过以下方式维护个人财产的合法权益。

（1）婚前的个人财产要来源清晰，不要和婚后的收入混同。

（2）父母赠与自己的出资，要留下证据表明是父母对子女的个人赠与。

（3）如果对方有对自己实施赠与行为，要履行法律规定的赠与生效的条件，动产要转移交付，不动产要及时进行变更登记。

（4）用个人财产在婚后继续进行投资的，自己个人处理投资事务，不要双方共同参与投资。

（5）婚内如有对夫妻财产分割的约定，要签订书面协议。

案例评析

韩某诉王某离婚纠纷案[*]

韩某（女）与王某（男）结婚之前，韩某母亲生病去世，韩某继承了一套房屋。王某以自己名义购买房屋，支付了首付款，婚后工资主要用于还房贷，韩某承担大部分家庭开支。在离婚诉讼中，韩某主张分割王某名下房屋，理由为王某的工资用于还贷，自己承担了绝大部分家庭开支，故王某的房屋为夫妻共同财产。王某主张韩某名下房屋为婚后购买，是夫妻共同财产，应当进行分割。

经审理，法院认为王某房屋为男方个人财产，"根据双方婚后共同还贷的情况，酌定被告补偿韩某20万元"。韩某所购房屋"为原告的婚前个人财产在婚后发生的形态变化，不应导致所有权发生变化，仍应认定为原告的个人财产"。

---

[*]　（2018）京 0105 民初 33143 号。

法条链接

《中华人民共和国民法典》

第一千零六十二条 夫妻在婚姻关系存续期间所得的下列财产，为夫妻的共同财产，归夫妻共同所有：

（一）工资、奖金、劳务报酬；

（二）生产、经营、投资的收益；

（三）知识产权的收益；

（四）继承或者受赠的财产，但是本法第一千零六十三条第三项规定的除外；

（五）其他应当归共同所有的财产。

夫妻对共同财产，有平等的处理权。

第一千零六十三条 下列财产为夫妻一方的个人财产：

（一）一方的婚前财产；

（二）一方因受到人身损害获得的赔偿或者补偿；

（三）遗嘱或者赠与合同中确定只归一方的财产；

（四）一方专用的生活用品；

（五）其他应当归一方的财产。

《最高人民法院关于适用〈中华人民共和国民法典〉婚姻家庭编的解释（一）》

第二十九条 当事人结婚前，父母为双方购置房屋出资的，该出资应当认定为对自己子女个人的赠与，但父母明确表示赠与双方的除外。

当事人结婚后，父母为双方购置房屋出资的，依照约定处理；没有约定或者约定不明确的，按照民法典第一千零六十二条第一款第四项规定的原则处理。

（菅磊律师）

4 夫妻之间签订的忠诚协议有效吗？如何签？

律师意见

有些夫妻基于维护婚姻长期稳定的考虑，会寻求用协议等外在约束为自己寻求一份保障，比如与伴侣签订忠诚协议，约定如果一方出轨，赔偿对方一定金额。为行文方便，将此类协议暂且简称为忠诚协议。

并非所有协议都能得到法律认可，《中华人民共和国民法典》合同编第四百六十四条规定，合同是民事主体之间设立、变更、终止民事法律关系的协议。婚姻、收养、监护等有关身份关系的协议，适用有关该身份关系的法律规定；没有规定的，可以根据其性质参照适用本编规定。由此可以看出，基于身份关系所签订的协议可能不会适用一般意义上的合同法，即便有合同、协议的外在形式，也不必然产生约束力，合同是否有效取决于是否符合婚姻法、民法等法律关于身份关系的规定。

就签约主体而言，情侣之间签订类似协议，此协议不符合《中华人民共和国民法典》关于合同的规定，同时两人又不具备婚姻关系等人身关系，所以可以认定情侣之间签订的类似协议无效。

夫妻之间签订的忠诚协议的效力，要视具体情况而定。《中华人民共和国民法典》规定了婚姻自由的婚姻制度，规定夫妻应当互相忠实、互相尊重，同时规定自愿离婚的，准予离婚。由此可以看出：

（1）相互忠诚是法律赋予夫妻的法定义务，即便没有忠诚协议，双方也必须忠实于对方，否则便违反了法定义务，要承担相应的法律责任，比如在离婚时以少分或者不分财产，惩罚违反义务的一方，以多分财产的形式保护无过错方。

（2）婚姻自由包括离婚自由，离婚采取自愿原则，其内在含义必然包括不得以剥夺或者限制财产的形式限制对方的婚姻自由。这与前面一项内容并不冲突，法律不支持个人限制他人的离婚自由，但是法律支持无过错方通过诉讼等法律手段维护自己应得的利益。

此外，忠诚协议还涉及夫妻共同财产或者一方个人财产的认定和处理问题。如果对方没有个人财产，即便签订忠诚协议，也会因对方无财产可供履行而使忠诚协议名存实亡，毫无意义。

某女诉某男离婚纠纷案 *

婚姻存续期间，某男与第三者发生不正当关系，后某女跟随某男进入某男与第三者的住处，要求男方交出手机，女方从男方手机中看到男方与第三者的照片，将手机页面进行拍照。男女双方当场签订了离婚协议，载明男方出轨，现二人自愿离婚，男方名下的房屋归女方所有。

二人并未立即办理离婚登记。后女方起诉离婚，要求男方名下房屋归女方所有。男方辩称不存在出轨导致离婚的事实，离婚协议系被迫签订。

法院认为，"夫妻应当互相忠实，互相尊重，在双方的离婚协议书中被告对其出轨行为表示认可，法院有理由认定被告的上述不忠实于原告的行为，现原告要求离婚，应当认为被告对于离婚具有明显过错"，"双方虽然签订了离婚协议书，但并未根据协议约定办理离婚手续，故该离婚协议不发生法律效力"。房屋系男方婚前个人购买，为男方个人财产，但是男方应当给予女方适当补偿，遂判决男方补偿女方20万元。

二人所签离婚协议与忠诚协议性质接近，均包含了对出轨一方的惩罚性内容，但是离婚协议签订后没有办理离婚登记，且离婚协议以离婚为条件，所以限制了对方的财产权和离婚自由，未能起到当事人签订离婚协议时想要达到的效果。对此，可以采取的补救措施是主张对方存在出轨的重大过错，请求判决少分财产。只要过错证据充分，法院通常都能支持无过错方适当多分财产，以此来惩罚过错方违反婚姻忠实义务的行为，衡平无过错方的利益。

《中华人民共和国民法典》

第一千零八十七条　离婚时，夫妻的共同财产由双方协议处理；协议不成的，由人民法院根据财产的具体情况，按照照顾子女、女方和无过错方权

---

* （2018）京0105民初33143号。

益的原则判决。

对夫或者妻在家庭土地承包经营中享有的权益等，应当依法予以保护。

第一千零九十一条　有下列情形之一，导致离婚的，无过错方有权请求损害赔偿：

（一）重婚；

（二）与他人同居；

（三）实施家庭暴力；

（四）虐待、遗弃家庭成员；

（五）有其他重大过错。

《最高人民法院关于适用〈中华人民共和国民法典〉婚姻家庭编的解释（一）》

第六十九条　当事人达成的以协议离婚或者到人民法院调解离婚为条件的财产以及债务处理协议，如果双方离婚未成，一方在离婚诉讼中反悔的，人民法院应当认定该财产以及债务处理协议没有生效，并根据实际情况依照民法典第一千零八十七条和第一千零八十九条的规定判决。

当事人依照民法典第一千零七十六条签订的离婚协议中关于财产以及债务处理的条款，对男女双方具有法律约束力。登记离婚后当事人因履行上述协议发生纠纷提起诉讼的，人民法院应当受理。

（菅磊律师）

5　领取结婚证后，妻子迅速闹离婚，我可以要求返还彩礼吗？

法官意见

结婚，泛指适龄男女按照《中华人民共和国民法典》在经济生活、精神物质等方面的自愿结合，双方共同生产生活并组成家庭的一种社会现象。我国婚姻制度原则上要求夫妻应当互相忠实、互相尊重、互相帮助，提倡平等、和睦、文明的婚姻家庭关系。

彩礼是男女双方在订立婚约的过程中，男方依照本地习俗向女方给付的数额较大的金钱或交付的贵重物品。法律并未对彩礼有规范性定义。司法实践中，一般将给付彩礼的行为视为以结婚为目的或生效条件的附条件赠与行为，即如果双方成功缔结婚姻，则赠与行为生效，彩礼归受赠人所有；未成功缔结婚姻的，即视为接受彩礼一方未完成所附条件，接受彩礼一方应返还彩礼。

意见一：关于彩礼的认定问题，核心是以缔结婚姻为目的。

现实生活中，无论是经人介绍认识还是自由恋爱，在婚前交往及结婚过程中都必然发生一定程度的金钱及财物往来，显然，其中为培养感情而发生的互相赠与与彩礼有本质的区别。因此，不明显具备以结婚为目的的金钱给付和贵重物品交付不能被称为彩礼。一般情况下，彩礼往往数额比较巨大或物品比较贵重，认定"数额比较巨大"或"物品贵重"要参照当事人所在区域的经济水平、习俗等因素判断。另外，与之密切相关的一个问题是彩礼的范围问题，该问题直接关系返还彩礼的范围。此时，需要注意彩礼的使用，如果彩礼在筹备婚礼过程中、共同生活中被消耗了，那么被消耗的部分原则上不应再归为返还的范围。

意见二：关于彩礼在何种情况下应予返还问题，关键在于接受彩礼一方是否实质上履行了结婚的义务。

如前所述，在司法实践中，彩礼给付一般被视为附条件的赠与行为，所附条件即接受彩礼一方与给付彩礼一方缔结婚姻；反之，接受彩礼一方应予以返还。至于如何才能称为已经缔结婚姻，从形式上要符合法律规定的办理结婚登记的要件，实质上要进行共同生活。据此，如果双方未办理结婚登记，或虽然办理了结婚登记却未共同生活的，给付彩礼一方均可主张返还彩礼；如果双方虽未办理结婚登记，但已经共同生活甚至生儿育女，双方分手后一方主张返还彩礼的，则应结合彩礼的使用情况、共同生活的时间、抚育子女的情况、当地风俗习惯等因素综合考量，酌情予以返还。最后，由于在某些地区，彩礼已经成为一个家庭的重要负担，甚至有"因彩礼而返贫"的说法，所以为了对这种情况进行救济，法律规定婚前给付并导致给付人生活困难的，接受彩礼一方应当返还彩礼。

意见三：诉讼程序中，一般应以夫妻双方或未办理婚姻登记手续的男女双方当事人为诉讼当事人。

之所以强调这个问题，是因为在现实生活中，彩礼的给付方和接受方往往是男方和女方所在的家庭，直接给付和接受的一般是双方亲属，而不只是男女双方本人。在司法实践中，为方便案件事实的查明和纠纷的解决，以及最大限度保护公民的财产权利，很多地方以男女双方作为诉讼主体。

律师提醒：《中华人民共和国民法典》明确规定禁止借婚姻索取财物。我国大部分情况下，男性是家庭的经济支柱，丈夫给妻子财物也是较为常见的情况，特别是在我国一些地方还存在男方须给女方大额彩礼的社会习俗。但是，如果女方以索要彩礼、财物为目的与男方结婚的，则不构成真正意义上的婚姻关系，此时所缔结的婚姻只是掩盖其违法行为的手段，即虚构与他人结婚的事实而实际以非法占有他人财物为目的，此类行为涉嫌构成诈骗罪，俗称"骗婚"。最典型的例子就是婚前索要彩礼、婚后索要各种财物，把男方家里掏空后就立即提出离婚转而投向下一个目标。

案例评析

董某（男方）与张某（女方）离婚纠纷案[*]

董某与张某于 2015 年经人介绍相识，并于当年 10 月 8 日登记结婚，10 月 18 日举行了婚礼。张某系再婚，董某系初婚，二人婚后未生育子女。据董某自述，在结婚过程中，男方给付女方彩礼 30 000 元、购买首饰费用 12 000 元、改口费 10 100 元，另外，为了结婚，董某向潘某举债 50 000 元；女方虽给付董某改口费 9999 元，但董某在收到改口费后交给了张某保管。二人婚前曾在张某父母家居住，结婚后，双方仅共同生活两天，从婚前到婚后都没有发生过夫妻关系。后张某以离婚纠纷为由将董某诉至法院，要求与董某解除婚姻关系，别无其他诉讼请求。诉讼过程中，董某提起反诉，同意离婚，但要求张某返还男方给付女方的彩礼 30 000 元、购买首饰费用 12 000

---

[*] （2016）京 02 民终 5582 号。

元、属于自己的改口费 9999 元，同时承担因结婚而举借外债的 25 000 元。针对董某提起的反诉，张某在诉讼中认可了收到彩礼 30 000 元、购买首饰费用 12 000 元、改口费 10 100 元的事实，但张某主张双方已经结婚和共同生活，且收到的各项费用均已被用于自己家中装修，故不同意返还；对于 50 000 元的外债，张某表示不知情，且不能确定借款是否发生以及所借钱款是否用于夫妻共同生活，故而不同意认定其为夫妻共同债务。

一审法院经审理后，准予双方离婚。认定男方给付的彩礼和购买首饰费用属于彩礼范畴，二人虽已登记结婚且举行了结婚仪式，但双方没有形成正常、稳定的共同生活关系，对于董某主张的返还请求部分予以支持；根据当地习俗，对改口费用的返还请求，未予支持。

二审法院经过审理，维持了一审判决。

法条链接

《中华人民共和国民法典》

第一千零四十二条第一款 禁止包办、买卖婚姻和其他干涉婚姻自由的行为。禁止借婚姻索取财物。

《中华人民共和国刑法》

第二百六十六条 诈骗公私财物，数额较大的，处三年以下有期徒刑、拘役或者管制，并处或者单处罚金；数额巨大或者有其他严重情节的，处三年以上十年以下有期徒刑，并处罚金；数额特别巨大或者有其他特别严重情节的，处十年以上有期徒刑或者无期徒刑，并处罚金或者没收财产。本法另有规定的，依照规定。

《最高人民法院关于适用〈中华人民共和国民法典〉婚姻家庭编的解释（一）》

第五条 当事人请求返还按照习俗给付的彩礼的，如果查明属于以下情形，人民法院应当予以支持：

（一）双方未办理结婚登记手续；

（二）双方办理结婚登记手续但确未共同生活；

（三）婚前给付并导致给付人生活困难。

适用前款第二项、第三项的规定，应当以双方离婚为条件。

《最高人民法院、最高人民检察院关于办理诈骗刑事案件具体应用法律若干问题的解释》

第一条　诈骗公私财物价值三千元至一万元以上、三万元至十万元以上、五十万元以上的，应当分别认定为刑法第二百六十六条规定的"数额较大"、"数额巨大"、"数额特别巨大"。

各省、自治区、直辖市高级人民法院、人民检察院可以结合本地区经济社会发展状况，在前款规定的数额幅度内，共同研究确定本地区执行的具体数额标准，报最高人民法院、最高人民检察院备案。

（李贵生法官、王璞律师）

6　夫妻分居满二年就会自动离婚吗?

律师意见

经常有人向我求证，根据《中华人民共和国民法典》的规定，是不是夫妻分居二年就代表自动离婚了呢? 听到这样的问题，我总是丈二和尚摸不着头脑。对于这一问题，必须明确的是，我国目前的婚姻制度中是不存在"自动离婚"这一规定的。在我国，离婚仅有两种途径: 一是到民政部门办理离婚登记手续，领取离婚证; 二是向法院提起诉讼，由法院以判决书或调解书的形式解除双方的婚姻关系。

但是，大家的疑惑从何而来呢?《中华人民共和国民法典》第一千零七十九条第三款第四项规定，因感情不和分居满二年的，如感情确已破裂，调解无效，应准予离婚。分居二年便自动离婚的出处或许就在于此。根据《中华人民共和国民法典》规定，因感情不和分居满二年的，只是法院判决离婚的理由，而解除双方的婚姻关系只能经过法院的判决或民政部门的离婚登记手续，不会因为出现"分居满二年"这一法律事实而导致自动离婚，自行解除双方的婚姻关系。

据我国法律规定可知，夫妻因感情不和分居满二年，一般来说可以构成夫妻感情破裂的事实证明。但适用此条款，夫妻必须是因感情不和而分居。

首先，双方客观上处于分居状态，即双方不共同生活，不存在互相关照等行为。即使夫妻双方住在同一屋檐下，但没有实质上的共同生活，也构成客观上的分居状态。如果夫妻分别在两地工作，因相隔遥远而没有同居条件，这种夫妻分居，因为并不是由感情不和而造成的，所以即使分居的时间再长，也不符合"因感情不和而分居"的法定应准予离婚的情形。有些夫妻，他们感情尚好，不愿离婚，但由于某种原因，自愿实行分居的，也不符合"因感情不和而分居"的法定应准予离婚的条件。其次，分居必须是连续的，且已满二年。从夫妻实际分居的第二日算起，到向法院提起诉讼时为止，分居时间必须满二年，且分居状态必须是持续的。如果分居后又同居，则应从同居后又分居的次日起重新计算。不能把前后几次分居的时间累加计算。最后，作为法定应准予离婚的夫妻分居的实质在于，夫妻因感情不和而互不履行夫妻生活之义务，并持续长达二年。

"夫妻分居满二年"须以证据证明。《中华人民共和国民法典》虽然将"因感情不和分居满二年"规定为法定的可以准予离婚的情形之一，但是，在实践中要想以这条规定而达到离婚之目的着实不易。要想证明夫妻分开居住容易，但要证明夫妻之间连续满二年未有夫妻生活，谈何容易？特别是在一方坚决要求离婚，而另一方坚持不离的情形下，这种个人隐私性极强的证据，就更难以举出。

法院审理离婚诉讼时，判决"准予离婚"的唯一条件是"夫妻感情确已破裂"。"分居二年"的情形，只是作为衡量夫妻感情如何的一个标尺存在，而不能就此认定"夫妻感情确已破裂"。关于"只要分居满二年，当事人想离准判离"的说法，毫无法律依据。况且，法院审理离婚案件时都要先进行调解。即使"因感情不和分居二年"而导致感情确已破裂的，也必须是在调解无效后才能准许离婚。

律师提醒：不是一定要分居满二年才能离婚，不满二年或没有分居但有足够的证据证明感情确已破裂的，也可以判决离婚。"因感情不和分居满二年"并不导致婚姻关系自动解除，而仅意味着成就了一个可以诉讼离婚的条件。该条件既非必要，亦非充分。

案例评析

闫女士与孙先生离婚纠纷案*

闫女士就其与孙先生离婚纠纷一案向湖北省高级人民法院申请再审时称，其与孙先生二人感情已破裂，孙先生不思进取，以赌博为生，经常实施家庭暴力，曾因家暴被公安机关关押，孙先生对家庭、孩子很少给予关心、照顾，夫妻二人已分居三年，夫妻关系名存实亡，感情已完全破裂。综上，请求法院依法再审判决离婚。

湖北省高级人民法院认为：其一，离婚与结婚都是双方的合意，孙某不同意离婚，表明双方尚未就离婚达成一致意见。其二，在夫妻一方不同意离婚的情况下，1950 年《中华人民共和国婚姻法》第三十二条规定，男女一方要求离婚的，可由有关部门进行调解或直接向人民法院提出离婚诉讼。人民法院审理离婚案件，应当先行调解；如感情确已破裂，调解无效的，应准予离婚。本案中，闫女士在原审中并没有就具有法定情形进行举证，其应承担举证不能的不利后果。其三，家庭完整对未成年子女的身心健康和成长教育具有不可替代的作用，完整的家庭是为孩子遮风避雨的"天堂"。故原审不予准许闫女士与孙先生离婚的判决于法于情于理有据。综上，裁定驳回闫女士的再审申请。

法条链接

《中华人民共和国民法典》

第一千零七十九条　夫妻一方要求离婚的，可以由有关组织进行调解或者直接向人民法院提起离婚诉讼。

人民法院审理离婚案件，应当进行调解；如果感情确已破裂，调解无效的，应当准予离婚。

有下列情形之一，调解无效的，应当准予离婚：

（一）重婚或者与他人同居；

_____

* （2018）鄂民申 481 号。

（二）实施家庭暴力或者虐待、遗弃家庭成员；

（三）有赌博、吸毒等恶习屡教不改；

（四）因感情不和分居满二年；

（五）其他导致夫妻感情破裂的情形。

一方被宣告失踪，另一方提起离婚诉讼的，应当准予离婚。

经人民法院判决不准离婚后，双方又分居满一年，一方再次提起离婚诉讼的，应当准予离婚。

（王学堂律师）

7　结婚两年后，妻子和别人跑了，无法与妻子取得联系，离婚必须双方都出庭吗？

法官意见

一般来讲，离婚有两种途径：一是协议离婚，这种方式需要双方自愿达成离婚协议且亲自去婚姻登记机关办理离婚手续。二是诉讼离婚，即夫妻双方无法通过协议离婚，当事人直接向人民法院提起离婚诉讼。如果妻子跟别人跑了而且无法联系的，丈夫想要离婚只能走诉讼离婚途径了。如果出现这种情况，法院会受理离婚诉讼吗？法院受理后双方都要出庭吗？如果一方不出庭，法院会判决离婚吗？

首先，法院会受理这类案件。因为婚姻自由不仅包括结婚自由，还包括离婚自由，离婚也是每个公民的权利，法院没有理由拒绝受理这类案件。

其次，法院开庭时主动提起离婚的一方必须出庭，而另一方如果无法与其联系的，法院会公告送达相关诉讼文书，简单地说，法院会通过登报的方式通知另一方出庭，至于另一方是否出庭对于法院是否开庭审理毫无影响。相反地，一方未到庭的，法院会视为其已放弃自己的诉讼权利。当然，像该类离婚案件，法院一般也会予以慎重处理，比如通过到当事人的住所、居民委员会、村民委员会等地走访了解情况。

最后，虽然被起诉一方不出庭不影响法院的审理，但这并不意味着法院一定会支持起诉的一方判决离婚。《中华人民共和国民法典》第一千零七十九条规定了应当判决离婚的情形，如重婚或者与他人同居；实施家庭暴力或者虐待、遗弃家庭成员；有赌博、吸毒等恶习屡教不改；因感情不和分居满二年等。所以法院是否判决离婚应由法官根据具体案情综合判断。如果第一次起诉时，法院判决不准离婚的，也不必担心，《中华人民共和国民法典》第一千零七十九条同时规定了经人民法院判决不准离婚后，双方又分居满一年，一方再次提起离婚诉讼的，应当准予离婚。

案例评析

殷某诉曲某离婚纠纷案*

在原告殷某诉被告曲某离婚纠纷一案中，海城市人民法院自立案受理后，依法组成合议庭适用普通程序公开开庭审理。原告殷某到庭参加诉讼，被告曲某经法院公告送达未到庭。

原告殷某诉称，其与被告于 1992 年举行结婚仪式，当时未办理结婚登记，后于 1998 年 5 月 20 日生育男孩曲某某，在 2005 年 1 月 18 日在岫岩满族自治县办理结婚登记。原被告双方婚后经常因家庭琐事发生口角。被告于 2013 年 8 月 1 日离家出走，原告在公安局进行了失踪人员登记，现今被告仍是音信全无，夫妻感情彻底破裂，故提起诉讼，请求法院依法判令离婚。

法院认为，婚姻关系能否存续，是以夫妻感情为基础的。本案中，原告提供的证据能够证明其与被告曲某的夫妻关系符合 1950 年《中华人民共和国婚姻法》第三十二条的规定，因此法院支持原告提出的与被告离婚的诉讼请求。综上，法院判决准予原告殷某和被告曲某离婚。

法条链接

《最高人民法院关于适用〈中华人民共和国民事诉讼法〉的解释》

第二百一十七条　夫妻一方下落不明，另一方诉至人民法院，只要求离婚，不申请宣告下落不明人失踪或者死亡的案件，人民法院应当受理，对下

---

* （2017）辽 0381 民初 6652 号。

落不明人公告送达诉讼文书。

（韩世勇法官）

8 "假离婚"，弄假成真怎么办?

律师意见

当前，当事人为特定目的而"假离婚"的情况呈现增多趋势，如为获取购房资格、规避限购政策、多分拆迁补偿款等目的而选择离婚，"假离婚"以逃避政府调控措施，享受政策优惠的情形时有发生。其中亦不乏弄假成真，导致"被骗离婚"，后诉诸法院，要求确认离婚无效的情况。

按照我国法律规定，从无"假离婚"一说，无论是出于何种目的，只要双方办理了合法的离婚手续，双方之间的婚姻关系在法律上就已经消灭，法律上一律认定为"真离婚"。即使双方离婚不离家，一直共同生活，也因没有再办理结婚登记，仍被认定为不存在法定婚姻关系。

如果离婚协议中关于财产分割的条款不利于一方的，受损失一方为了挽回损失，在协议签订后一年内，通过证明签订协议时对方存在欺诈、重大误解的情形（举证有一定难度），可以请求法院重新分割夫妻共同财产。同样，如果离婚后发现对方还有协议中未列明的（对方隐藏的）夫妻关系存续期间的共同财产的，一方可以请求法院再次分割夫妻共同财产，以保护自身合法权益。

律师提醒：结婚、离婚都是人生中很重要的仪式和程序，不能儿戏，不能想当然自作主张，最好要听取律师等专业人士的意见后再做决定。

案例评析

周某诉王某离婚后财产纠纷案*

周某与王某于 2006 年 1 月 26 日登记结婚。2016 年 6 月 25 日双方协议

---

* （2019）京 02 民终 10676 号。

离婚，签署了离婚协议书，且对协议条款均无争议，承诺对该协议书的字词义非常清楚，并愿意完全履行该协议书所规定的条款，不存在受胁迫、欺诈、误解等情形。后周某向一审法院起诉：以双方系"假离婚"为由请求确认双方所签订的离婚协议书无效，以及协议中关于财产分割的条款无效。

经审理，一审法院未支持周某诉讼请求。后周某上诉，主张离婚协议为双方当事人共同之虚假意思表示。二审法院认为，虽然双方当事人在离婚前后确有卖房、买房之行为及相应的协商，当事人也确因生效的离婚行为而享受了优惠购房政策，但不能从上述事实得出离婚协议中除离婚之外的其他条款无效的结论，上诉人关于其与王某办理离婚的原因，并不能否定离婚协议的法律效力。双方当事人未对财产作出过有别于离婚协议的其他书面约定，被上诉人未对财产作出过有别于离婚协议的承诺，故上诉人要求确认离婚协议无效，要求重新分割协议中已经涉及的财产的诉讼请求，不符合法律规定。二审裁定驳回其诉讼请求，维持原判。

法条链接

《中华人民共和国民法典》

第一千零九十二条　夫妻一方隐藏、转移、变卖、毁损、挥霍夫妻共同财产，或者伪造夫妻共同债务企图侵占另一方财产的，在离婚分割夫妻共同财产时，对该方可以少分或者不分。离婚后，另一方发现有上述行为的，可以向人民法院提起诉讼，请求再次分割夫妻共同财产。

《最高人民法院关于适用〈中华人民共和国民法典〉婚姻家庭编的解释（一）》

第六十九条　当事人达成的以协议离婚或者到人民法院调解离婚为条件的财产以及债务处理协议，如果双方离婚未成，一方在离婚诉讼中反悔的，人民法院应当认定该财产以及债务处理协议没有生效，并根据实际情况依照民法典第一千零八十七条和第一千零八十九条的规定判决。

当事人依照民法典第一千零七十六条签订的离婚协议中关于财产以及债务处理的条款，对男女双方具有法律约束力。登记离婚后当事人因履行上述协议发生纠纷提起诉讼的，人民法院应当受理。

第七十条　夫妻双方协议离婚后就财产分割问题反悔，请求撤销财产分割协议的，人民法院应当受理。

人民法院审理后，未发现订立财产分割协议时存在欺诈、胁迫等情形的，应当依法驳回当事人的诉讼请求。

第八十三条　离婚后，一方以尚有夫妻共同财产未处理为由向人民法院起诉请求分割的，经审查该财产确属离婚时未涉及的夫妻共同财产，人民法院应当依法予以分割。

（王择律师）

9 婚前房产，婚后增值部分在离婚时可以要求分割吗？

律师意见

根据我国法律规定，一方婚前购买的房产，属于其法定个人财产。夫妻一方个人财产（婚前房产）在婚后产生的孳息和自然增值，也属于一方个人财产。离婚时对婚前所购房屋的婚后增值部分不予分割。如果一方的房产婚后用于出租经营等情形，配偶也为此付出了一定劳动的，可以认为该租金收益属于夫妻共同财产，在离婚时可以主张分割。

如果一方在婚前以个人财产购买房屋并按揭贷款，房产登记在其名下，婚后双方共同还贷的，此按揭房仍为一方婚前个人财产，在离婚时不予分割，对双方婚后共同还贷支付的款项及其相对应的财产增值部分，离婚时应根据《中华人民共和国民法典》第一千零八十七条第一款规定的原则，由产权登记一方对另一方进行补偿。

最高人民法院民一庭对此总结了补偿金额的计算公式：

补偿金额＝共同还贷金额×诉争房产现值/（结婚时房产价值+夫妻共同已还利息+其他费用）×50%

但据此计算出的补偿数额并不是绝对的，双方婚后共同还贷支付的款项及其相对应的财产增值部分的计算方式，在审判实践中并非唯一计算方式，法官可根据案件实际情况行使一定的自由裁量权，按照照顾子女和女方权益的原则，公平合理地解决纠纷。

案例评析

陈某与于某离婚后财产纠纷案*

陈某与于某已诉讼离婚。于某在婚前购置房产一套并登记在自己名下，婚后于某用个人公积金进行还贷，而个人公积金亦属于婚姻存续期间的共同财产，故符合用共同财产进行还贷的情形。在本案中，苏州市吴江区人民法院分割共同财产还贷的房地产增值部分的思路为：首先根据购房合同和贷款合同的实际履行情况，计算房产的实际总购买价（计算方法：首付款+总贷款本息），其次计算因双方婚后共同还贷相对应的增值部分（计算方法：婚后共同还贷本息部分÷房产实际购买价×离婚时房产增值价格），该增值部分应作为双方的共同财产予以分割，分割比例为50%。

法条链接

《中华人民共和国民法典》

第一千零八十七条　离婚时，夫妻的共同财产由双方协议处理；协议不成的，由人民法院根据财产的具体情况，按照照顾子女、女方和无过错方权益的原则判决。

对夫或者妻在家庭土地承包经营中享有的权益等，应当依法予以保护。

《最高人民法院关于适用〈中华人民共和国民法典〉婚姻家庭编的解释（一）》

第二十六条　夫妻一方个人财产在婚后产生的收益，除孳息和自然增值外，应认定为夫妻共同财产。

第七十八条　夫妻一方婚前签订不动产买卖合同，以个人财产支付首付款并在银行贷款，婚后用夫妻共同财产还贷，不动产登记于首付款支付方名下的，离婚时该不动产由双方协议处理。

依前款规定不能达成协议的，人民法院可以判决该不动产归登记一方，

---

*　（2017）苏 0509 民初 4516 号。

尚未归还的贷款为不动产登记一方的个人债务。双方婚后共同还贷支付的款项及其相对应财产增值部分，离婚时应根据民法典第一千零八十七条第一款规定的原则，由不动产登记一方对另一方进行补偿。

（王择律师）

10 **离婚后，子女的抚养费如何计算？如果对方不给抚养费该怎么办？**

律师意见

夫妻双方因感情破裂而离婚，通常都需要解决双方婚生子女后续的抚养问题。《中华人民共和国民法典》第一千零八十五条规定，离婚后，子女由一方直接抚养的，另一方应当负担部分或者全部抚养费。由此可知，未得到子女抚养权的一方，应承担必要的子女抚养费。针对现实生活常困扰大家的一系列问题在此予以解答。

要点一：子女的抚养费到底给多少？

因子女所处家庭的家庭环境、父母经济负担能力等各有不同，因此子女所花费的教育投资、生活花费、医疗费用等也不尽相同，子女抚养费的数额，可根据子女的实际需要、父母双方的负担能力和当地的实际生活水平确定。当双方对于子女的抚养费无法达成共识时，我国法律规定了子女抚养费的统一标准：有固定收入的，抚养费一般可按其月总收入的百分之二十至百分之三十的比例给付。负担两个以上子女的抚养费的，可适当提高比例，但一般不得超过月总收入的百分之五十；无固定收入的，抚养费的数额可依据当年总收入或同行业的平均收入，参照上述比例确定。

要点二：抚养费支付到什么时候就不用支付了？

根据我国法律规定，抚养费的支付义务一般持续到子女成年为止。即抚养费的给付期限，一般至子女十八周岁为止。对于十六周岁以上不满十八周岁的子女，以其劳动收入为主要生活来源，并能维持当地一般生活水平的，父母可停止给付抚养费。

要点三：如果应履行支付抚养费义务的一方拒不履行支付义务时，如何寻求救济？

双方已就抚养费的支付数额、支付期限进行协商达成一致意见，或者就抚养费支付数额、支付期限等问题协议不成，经人民法院审理依法作出判决的，如应履行支付抚养费义务的一方拒不履行支付抚养费义务，另一方可以向人民法院提起诉讼进行追索或向人民法院申请强制执行。

案例评析

耿甲（子）与耿乙（父）抚养费纠纷案*

2014年11月26日，耿乙与耿甲的母亲李某离婚，耿甲由李某抚养，耿乙每月支付抚养费1500元。但随着物价的上涨，耿甲因上学、看病及生活开支需要，每月1500元的抚育费已远远不够，加之李某的收入有限，独立承担耿甲的抚养费非常困难。鉴于此，耿甲向法院起诉要求耿乙每月支付抚养费3000元。经法院调查：耿乙2016年的月平均工资为7000元，全年需偿还房屋抵押贷款和支付物业费3万元左右。耿甲称现在其正在初中学习，无须交纳学费，但还有学校组织活动，购买衣物、学习用品，交通费，午餐费，平时生活费等多项支出。

法院根据耿甲提交的证据和主张的支出情况，以及耿乙的负担能力及每月收入、支出情况，判令耿乙每月向耿甲支付抚养费2000元，直至耿甲年满十八周岁且能独立生活时为止。

法条链接

《中华人民共和国民法典》

第一千零八十五条　离婚后，子女由一方直接抚养的，另一方应当负担部分或者全部抚养费。负担费用的多少和期限的长短，由双方协议；协议不

---

* （2017）京0105民初31883号。

成的，由人民法院判决。

前款规定的协议或者判决，不妨碍子女在必要时向父母任何一方提出超过协议或者判决原定数额的合理要求。

《最高人民法院关于适用〈中华人民共和国民法典〉婚姻家庭编的解释（一）》

第四十九条　抚养费的数额，可以根据子女的实际需要、父母双方的负担能力和当地的实际生活水平确定。

有固定收入的，抚养费一般可以按其月总收入的百分之二十至三十的比例给付。负担两个以上子女抚养费的，比例可以适当提高，但一般不得超过月总收入的百分之五十。

无固定收入的，抚养费的数额可以依据当年总收入或者同行业平均收入，参照上述比例确定。

有特殊情况的，可以适当提高或者降低上述比例。

（刘昌硕律师）

11 丈夫与第三者有了孩子，第三者起诉我丈夫要求其支付抚养费，我可以不让我丈夫支付抚养费吗？

律师意见

非婚生子女是"婚生子女"的对称，是指没有合法婚姻关系的男女所生的子女。我国确立了法律面前人人平等的原则，婚生子女和非婚生子女同等对待，并且以保护未成年子女的利益为优先价值。

意见一：非婚生子女享有与婚生子女同等的权利。

根据婚姻法的规定，非婚生子女享有与婚生子女同等的权利，都有要求生父母对其抚养教育的权利，如果生父母任何一方不履行抚养教育义务，未成年以及不能独立生活的成年子女，都可以向法院起诉，强制要求父母给付抚养费和教育费。此外，非婚生子女与婚生子女在继承其生父母遗产方面，也有同等权利。

意见二：生父母对非婚生子女有抚养教育的权利和义务，其他人不得以任何理由妨碍。

婚外性关系甚至婚外生育子女，不可避免地会对配偶和当下家庭成员造成伤害，因此在现实生活中，如果生父母与非婚生子女之间来往过于密切，或者不断提供经济支持，往往会受到当前家庭成员的反对甚至阻止。但是，抚养教育非婚生的未成年子女，为他们提供必要的物资支持，创造良好的生活成长条件，不仅是生父母的合法权利，也是他们必须履行的法律义务，不能以任何理由逃避义务或拒绝承担责任。即使生父母与他人重新组建新的家庭之后，对于其非婚生子女，仍需支付抚养费，直至子女能够独立生活。

案例评析

缪女士与石先生抚养费纠纷案*

2009年2月，29岁的缪女士与石先生开始同居生活。但是刚同居半年多，二人就出现了感情危机，虽然缪女士发现自己已经怀孕了，但还是选择与石先生分手。不久之后，缪女士与王先生登记结婚。

2010年2月，缪女士生下一女孩，取名王某某，孩子一直跟随缪女士和王先生生活。2019年6月，缪女士向法院提起诉讼，要求石先生支付非婚生女王某某的抚养费。经缪女士申请和法院委托，司法鉴定机构对石先生和王某某进行亲子鉴定，确认石先生为王某某的生物学父亲。但是，石先生家人认为，石先生和缪女士之间属于非法同居的婚外关系，而且分开那么长时间了，不应该再给付抚养费；石先生也觉得，小孩已随外人之姓，没有资格再向他要求抚养费。

法院经审理认为，父母对子女有抚养教育的义务，王某某自出生以来，一直由母亲缪女士抚养，生父石先生并未尽抚养义务，应承担一半抚养费。根据当地的实际生活水平及石先生的经济能力，法院判决石先生向缪女士支付2010年2月至2019年6月的子女抚养费近5万元，并从2019年7月份起

---

* （2019）赣07民终3039号。

每月支付抚养费 500 元直至王某某年满十八周岁为止。

此案说明，虽然石先生的家人不满缪女士的起诉，石先生对王某某随王先生姓氏也十分反对，但是仍需履行作为父亲的抚养义务。这既是为了保护未成年人的生存权，也是婚生子女和非婚生子女享有同等权利的体现。

法条链接

《中华人民共和国民法典》

第一千零六十八条　父母有教育、保护未成年子女的权利和义务。未成年子女造成他人损害的，父母应当依法承担民事责任。

第一千零七十一条　非婚生子女享有与婚生子女同等的权利，任何组织或者个人不得加以危害和歧视。

不直接抚养非婚生子女的生父或者生母，应当负担未成年子女或者不能独立生活的成年子女的抚养费。

（王永律师）

12 儿子和儿媳离婚了，孩子由儿媳抚养，儿子去世之后，儿媳不让爷爷奶奶探望孩子，怎么办?

律师意见

民间有句俗语叫"隔辈儿亲"，意思是说，爷爷奶奶、外公外婆等祖辈人，往往会对孙子女更加宠爱。一旦小孩父母的婚姻关系发生变故，孩子的抚养权和探望权问题就会成为离婚夫妻之间乃至两个家族之间"斩不断、理还乱"的难题。尤其在孩子的父母离婚后，爷爷奶奶、外公外婆等祖辈人提出要探望孙子女或外孙子女的要求时，该不该探望、如何探望，这些问题往往会成为双方家庭纠缠不清的新矛盾。

意见一：夫妻离婚后，不直接抚养子女的一方享有探望权。

父母离婚之后，不直接抚养孩子的一方可以要求定期探望子女，另一方应该予以配合，以尽量维系父母与子女之间的亲情关系。

夫妻离婚时，可以对子女抚养和探望问题进行协商，综合考虑双方的实际情况，从子女最大利益角度出发，确定由父亲或母亲一方直接抚养子女，或者由双方轮流抚养。不直接抚养子女的一方，可以对子女进行定期的探望，为子女提供物质支持和情感陪护。具体的探望时间、方式等，可以由夫妻双方协商确定或者法院判决。

意见二：祖辈在特殊情况下，可以要求对孙辈的探望权。

《中华人民共和国民法典》仅规定，不直接抚养子女的父母一方享有探望权，没有明确其他人可以享有探望权，但也没有禁止其他人享有探望权。一般情况下，要求对子女进行探望，需要由子女的父母提出，但在孩子的父亲或母亲死亡或丧失行为能力的情况下，祖辈可以直接要求对孙辈进行探望。

律师提醒：祖孙之间具有直系血亲关系，允许祖辈代替已经死亡或者丧失行为能力的子女对孙辈进行探望，可以弥补单亲家庭子女父爱或母爱的缺失，更好地满足未成年人的物质、精神等方面的需求，有利于其健康成长，尤其是利于其健康人格的形成。而且，探望孙辈是丧子老人获得精神慰藉的重要途径，也是老年人应当享有的权益。

> **案例评析**

张某、秦某与陶女士探望权纠纷案 *

张先生是张某、秦某的独生子，2006 年 5 月，张先生经人介绍与陶女士相识并结婚，并生育了女儿张某某。

但婚后不久，夫妻二人就因为家庭琐事常常发生矛盾争执，陶女士与公公婆婆之间的关系也比较紧张。后来，张先生与陶女士协议离婚，女儿张某某由陶女士抚养，张先生可以每月探望三次。

2015 年，张先生因病去世。张先生病故之后，张某、秦某十分伤心，孙女张某某就成了他们唯一的情感寄托。作为爷爷奶奶，张某、秦某要求探

---

* （2017）苏 12 民终 1348 号。

望孙女，虽然多次与陶女士进行沟通，但因为之前积怨太深以及存在财产分割争议，每次协商都因双方互相指责而不欢而散。

在不得已之下，张某、秦某将陶女士起诉到人民法院，请求确认张某、秦某依法享有对张某某的探望权，每月可以探望两次，每次2天，法定节假日也可以将张某某带回张家短暂生活。

法院经过二审审理认为，祖父母与孙子女具有特殊血缘情感，在孩子父亲去世时，应予支持祖父母探望孙子女的主张，这样能够满足祖父母对孙子女的关心、抚养、教育的需要，可以在一定程度上弥补逝者在子女关爱上的缺位。法院遂最终判决，张某、秦某可每月探望张某某两次，每次探望时间以三小时为限。

法条链接

《中华人民共和国民法典》

第二十七条 父母是未成年子女的监护人。

未成年人的父母已经死亡或者没有监护能力的，由下列有监护能力的人按顺序担任监护人：

（一）祖父母、外祖父母；

（二）兄、姐；

（三）其他愿意担任监护人的个人或者组织，但是须经未成年人住所地的居民委员会、村民委员会或者民政部门同意。

第一千零八十六条 离婚后，不直接抚养子女的父或者母，有探望子女的权利，另一方有协助的义务。

行使探望权利的方式、时间由当事人协议；协议不成的，由人民法院判决。

……

（王永律师）

13 丈夫去世后，我要改嫁，公婆不让我带走孩子，怎么办?

律师意见

未成年子女的抚养权、监护权纠纷，一直是婚姻家庭案件的主要争议类别。无法就未成年子女的抚养问题达成一致意见是双方当事人无法达成离婚协议的原因之一。我国婚姻家庭法律的立法理念是男女平等，父母双方都是孩子的监护人，都有权利和义务抚养未成年子女。如果未成年人的父母有抚养、监护能力的，应当优先由未成年人的父母行使监护权。

意见一：父亲去世后，母亲必然是未成年子女的监护人，有权利也有义务抚养、监护未成年子女。

我国法律以年龄和智力、精神健康状况来区分民事行为能力。年满十八周岁的为成年人，成年人为完全民事行为能力人，可以独立实施民事法律行为。八周岁以上但未满十八周岁的未成年人为限制民事行为能力人，实施民事法律行为由其法定代理人代理或者经其法定代理人同意、追认，但是可以独立实施纯获利益的民事法律行为或者与其年龄、智力相适应的民事法律行为。不满八周岁的未成年人为无民事行为能力人，由其法定代理人代理实施民事法律行为。未成年人的监护人为其法定代理人。

《中华人民共和国民法典》规定，父母对未成年子女负有抚养、教育和保护的义务。同时，父母是未成年子女的监护人。只有未成年人的父母已经死亡或者没有监护能力，并且祖父母、外祖父母有监护能力的情况下，才可以由祖父母、外祖父母担任未成年人的监护人。因此，丈夫去世后，妻子当然是未成年子女的监护人，有权利更有义务抚养、监护未成年子女。

意见二：如果母亲与祖父母就未成年子女的监护权发生争议，建议首先进行协商、沟通，如无法协商解决，可以诉诸法院，通过诉讼确定监护权，并要求祖父母配合行使监护权。

现实中存在未成年子女与祖父母长期共同生活，祖父母阻挠未成年子女的母亲履行抚养、照看孩子的情况。虽然父亲已经去世了，但祖父母与孙子

（女）之间的血缘关系仍然存在，为了给孩子营造和谐的成长环境，建议首先通过沟通、协商解决监护权问题。如果确实无法沟通、协商解决，还可以通过起诉确定母亲对孩子的监护权，并要求法院判令祖父母配合母亲行使监护权。

案例评析

霍某、曹某甲诉孙某监护权纠纷案*

霍某与曹某甲为夫妻关系，为曹某乙的父母。曹某丙为曹某乙与被告孙某之子，2009年1月17日出生。曹某乙于2009年5月去世，孙某抚养曹某丙至2010年4月，就将曹某丙送往辽宁抚顺，由爷爷曹某甲、奶奶霍某抚养至今。曹某丙患有脑结节性硬化引起的癫痫和脑水肿，为一级残疾。

霍某、曹某甲认为孙某一直未对曹某丙尽抚养义务，也不曾给曹某丙治病，即使2012年法院把孩子的监护权判给了孙某，但是孙某依然拒绝履行抚养义务，也不和孩子见面。为了更好地照顾曹某丙，继续为曹某丙治疗，霍某、曹某甲要求变更曹某丙的监护人为其二人。

法院审理后认为，认定监护人监护能力，应当根据监护人的身体健康状况、经济条件以及与被监护人在生活上的联系状况等因素确定。承担监护职责并非享受权利，而是履行保护被监护人的身体健康，照顾被监护人的生活，管理和保护被监护人的财产，代理被监护人进行民事活动，在被监护人的合法权益受到侵害或者与人发生争议时，代理其进行诉讼的法定职责。曹某丙的法定监护人是其父母，其母孙某在健康状况、经济状况上均具备抚养曹某丙的条件。原告霍某、曹某甲主张撤销孙某的监护权，但其提交的证据材料并不足以证实孙某符合法定的撤销监护权的条件，因此法院判决不予支持霍某、曹某甲要求变更监护人的诉讼请求。

---

* （2015）西少民字第00045号。

法条链接

《中华人民共和国民法典》

第二十六条 父母对未成年子女负有抚养、教育和保护的义务。

成年子女对父母负有赡养、扶助和保护的义务。

第二十七条 父母是未成年子女的监护人。

未成年人的父母已经死亡或者没有监护能力的，由下列有监护能力的人按顺序担任监护人：

（一）祖父母、外祖父母；

（二）兄、姐；

（三）其他愿意担任监护人的个人或者组织，但是须经未成年人住所地的居民委员会、村民委员会或者民政部门同意。

（招霞律师）

14 什么情况下可以收养孩子？

律师意见

《中华人民共和国民法典》和《中国公民收养子女登记办法》是我国收养子女的法律依据。我国法律规定，收养登记机关为县级人民政府民政部门。我国对收养子女实行严格的审查、登记制度，对收养人、送养人及被收养人的条件，收养人、送养人提交申请的材料等，均作出了明确规定。符合条件的收养人，只有按照要求交齐申请材料，才能进行收养登记，收养人才能获得收养登记证。

意见一：年满 30 周岁，无子女或者只有一名子女，有经济能力，身体健康且无相应违法犯罪记录的中国公民，可以收养孩子。

《中华人民共和国民法典》第一千零九十八条规定："收养人应当同时具备下列条件：（一）无子女或者只有一名子女；（二）有抚养、教育和保护被收养人的能力；（三）未患有在医学上认为不应当收养子女的疾病；

（四）无不利于被收养人健康成长的违法犯罪记录；（五）年满三十周岁。"以上为收养人应当满足的一般条件。但无配偶者收养异性子女的，收养人与被收养人的年龄应当相差四十周岁以上。

下列未成年人，可以被收养：丧失父母的孤儿、查找不到生父母的未成年人、生父母有特殊困难无力抚养的子女。

《中华人民共和国民法典》第一千一百条规定，满足条件的收养人，无子女的收养人可以收养两名子女；有子女的收养人只能收养一名子女。如果收养孤儿、残疾未成年人或者儿童福利机构抚养的查找不到生父母的未成年人，可以不受前款和本法第一千零九十八条第一项规定的限制。

法律法规对于送养人、被收养人的条件作出了明确规定。有送养资格的主体包括孤儿的监护人、儿童福利机构、有特殊困难无力抚养子女的生父母。儿童福利机构为送养人的，应当提交弃婴、儿童进入社会福利机构的原始记录，公安机关出具的捡拾弃婴、儿童报案的证明，或者孤儿的生父母死亡或者宣告死亡的证明。收养非社会福利机构抚养的查找不到生父母的弃婴、儿童的，收养人还应当提交公安机关出具的捡拾弃婴、儿童报案的证明。监护人为送养人的，应当提交实际承担监护责任的证明，孤儿的父母死亡或者宣告死亡的证明，或者被收养人生父母无完全民事行为能力并对被收养人有严重危害的证明。被收养人是残疾儿童的，应当提交县级以上医疗机构出具的该儿童的残疾证明。

意见二：应通过正规途径收养儿童，依法办理收养手续，避免构成收买被拐卖儿童罪。

我国对拐卖儿童犯罪采取严厉打击、零容忍的态度。近年来，除严厉打击拐卖儿童的犯罪行为外，国家加大了对收买被拐卖儿童的犯罪行为的刑罚惩罚力度。《中华人民共和国刑法》（2011年修正）第二百四十一条第六款规定，"收买被拐卖的妇女、儿童，按照被买妇女的意愿，不阻碍其返回原居住地的，对被买儿童没有虐待行为，不阻碍对其进行解救的，可以不追究刑事责任"。《中华人民共和国刑法修正案（九）》将此条款修改为："收买被拐卖的妇女、儿童，对被买儿童没有虐待行为，不阻碍对其进行解救的，可以从轻处罚；按照被买妇女的意愿，不阻碍其返回原居住地的，可以从轻或者减轻处罚。""可以不追究刑事责任"被修改为"可以从轻或者减轻处罚"，即收买被拐卖的妇女、儿童的将一律入刑，排除了收买被拐卖儿童可以不追究刑事责任的可能性。

律师提醒：应当通过正规渠道收养儿童，收养人、领养人应当依法向属地人民政府的民政部门提交收养申请，办理收养登记，领取收养登记证；切不可私下随便领养儿童，更不可借收养名义给予所谓的"送养人"高额费用。

案例评析

余某拐卖儿童、黄某收买被拐卖儿童案*

2015 年 9 月，被告人余某的妻子周某某怀孕，余某因家庭经济条件不好无力养育孩子，所以不想生下该婴儿，但自称害怕流产后妻子无法再次怀孕，故未做引产手术。2015 年底，余某遇见被告人高某，称其妻子已怀孕，请高某寻找需要婴儿的人家，余某要求对方给予 60 000 元的高额"营养费"。按照余某要求，高某找到被告人黄某询问其是否想收养该婴儿。黄某因儿媳结婚多年未育有子女，遂表示可以收养婴儿，但认为 60 000 元数额较高。经协商，双方同意以 56 000 元的价格将婴儿"送"给黄某。2016 年 6 月 21 日，余某在医院办理了住院手续，当日周某某产下一名男婴。6 月 22 日，在未向医院告知的情况下，余某与周某某私自离开医院回到家中。6 月 23 日，余某又以抱小孩洗澡为由，将该男婴通过高某"送"给黄某，收取黄某 56 000 元"营养费"。黄某将男婴带至家中抚养。2016 年 6 月 25 日 9 时许，周某某到公安局报案，公安机关解救出被拐卖的男婴，黄某未曾虐待该男婴，也未阻止公安人员解救该男婴。

法院审理后认为，余某以非法获利为目的，出卖亲生子，高某以出卖为目的，居间介绍买卖儿童，二人的行为均已构成拐卖儿童罪。黄某对拐卖的儿童予以收买，其行为构成收买被拐卖的儿童罪。最终，法院判处余某犯拐

---

* （2017）皖 06 刑终 27 号。

卖儿童罪，判处有期徒刑五年，并处罚金三万元；高某犯拐卖儿童罪，判处有期徒刑三年，缓刑三年，并处罚金一万元；黄某犯收买被拐卖的儿童罪，判处有期徒刑六个月，缓刑一年。

法条链接

《中华人民共和国民法典》

第一千零四十四条 收养应当遵循最有利于被收养人的原则，保障被收养人和收养人的合法权益。

禁止借收养名义买卖未成年人。

第一千零九十三条 下列未成年人，可以被收养：

（一）丧失父母的孤儿；

（二）查找不到生父母的未成年人；

（三）生父母有特殊困难无力抚养的子女。

第一千零九十八条 收养人应当同时具备下列条件：

（一）无子女或者只有一名子女；

（二）有抚养、教育和保护被收养人的能力；

（三）未患有在医学上认为不应当收养子女的疾病；

（四）无不利于被收养人健康成长的违法犯罪记录；

（五）年满三十周岁。

第一千一百零四条 收养人收养与送养人送养，应当双方自愿。收养八周岁以上未成年人的，应当征得被收养人的同意。

第一千一百零五条 收养应当向县级以上人民政府民政部门登记。收养关系自登记之日起成立。

收养查找不到生父母的未成年人的，办理登记的民政部门应当在登记前予以公告。

收养关系当事人愿意签订收养协议的，可以签订收养协议。

收养关系当事人各方或者一方要求办理收养公证的，应当办理收养公证。

县级以上人民政府民政部门应当依法进行收养评估。

第一千一百一十一条　自收养关系成立之日起，养父母与养子女间的权利义务关系，适用本法关于父母子女关系的规定；养子女与养父母的近亲属间的权利义务关系，适用本法关于子女与父母的近亲属关系的规定。

养子女与生父母以及其他近亲属间的权利义务关系，因收养关系的成立而消除。

（招霞律师）

15　我们都70岁了，三个子女都不管我们，我们能向法院起诉要求子女承担赡养义务吗？

律师意见

孝敬父母、赡养老人不仅是中华民族的传统美德，也是法定义务。对于年老、体弱、生病而生活不能自理的父母，子女应当进行照料和侍奉，支付赡养费。在此需要强调的是，赡养老人并不仅限于支付赡养费，根据老年人权益保障法的规定，赡养除有经济上的供养外，还包括对老年人生活上的照料和精神上的慰藉，只有在经济、生活、精神三个方面都尽到了责任，才是全面地履行了赡养义务。

子女不履行赡养义务的，父母可以向居委会、村委会或者子女所在的单位反映，要求有关部门进行调解，对于借故逃避赡养义务的子女，有关组织、单位应当给予批评教育，促使其改正错误，依法履行赡养老人的义务。

经过有关组织、单位调解但是子女拒不接受、拒不改正的，父母可以向人民法院提起诉讼，要求子女履行赡养义务。人民法院在处理赡养纠纷时，会坚持保护老年人的合法权益的原则，通过调解或者判决使子女依法履行赡养义务。子女拒不执行人民法院有关支付赡养费的判决、裁定的，父母可以请求人民法院强制执行。

如果子女仍然拒绝赡养，并且由于遗弃而致父母重伤、死亡的，因被遗弃而生活无着、流离失所、被迫沿街乞讨的，因遗弃而使父母走投无路被迫自杀的，因子女屡经教育拒绝改正等情况而使父母的生活陷入危难境地的，父母可以向公安机关报案，要求公安机关以遗弃罪追究子女刑事责任。

张某诉刘某赡养费纠纷案 *

2014 年，张某以自己年老体弱、生活难以自理为由将其子刘某诉至法院要求判令其子被告刘某每月给付其赡养费 1000 元。被告刘某同意支付原告赡养费，但认为 1000 元过高。

法院经审理认为，子女对父母有赡养扶助的义务。子女不履行赡养义务时，无劳动能力或生活困难的父母，有要求子女付给赡养费的权利。原告现年老体弱、生活难以自理，并需要支出生活、医疗等各项日常费用，且随着社会经济发展，物价调整，其所需费用也相应增加，故对原告要求被告给付赡养费的请求，法院予以支持；关于给付数额，法院结合了当地平均生活水平、原告的健康状况、原告和被告的收入状况予以确定，最终判决被告每月支付刘某赡养费 200 元。

不少子女面对老人赡养诉讼请求会提出各种各样的理由，但多数拒绝理由均没有法律依据，这些理由都将难以得到法院认可。此外，法院在审理赡养纠纷时将酌情考量被赡养人的身体情况、日常生活水平、当地消费水平、赡养人是否可以正常工作等情况对赡养费数额予以酌定。尤其在存在多名赡养人的情况下，因为经济条件的不同，赡养义务人可能将承担不同金额的赡养费。

法条链接

《中华人民共和国民法典》

第一千零六十七条　父母不履行抚养义务的，未成年子女或者不能独立生活的成年子女，有要求父母给付抚养费的权利。

成年子女不履行赡养义务的，缺乏劳动能力或者生活困难的父母，有要求成年子女给付赡养费的权利。

---

*　（2014）西民初字第 17201 号。

《中华人民共和国刑法》

第二百六十一条　对于年老、年幼、患病或者其他没有独立生活能力的人，负有扶养义务而拒绝扶养，情节恶劣的，处五年以下有期徒刑、拘役或者管制。

《中华人民共和国老年人权益保障法》

第七十六条　干涉老年人婚姻自由，对老年人负有赡养义务、扶养义务而拒绝赡养、扶养，虐待老年人或者对老年人实施家庭暴力的，由有关单位给予批评教育；构成违反治安管理行为的，依法给予治安管理处罚；构成犯罪的，依法追究刑事责任。

（吕海涛律师）

16 写遗嘱时应注意哪些事项呢？

法官意见

随着人民生活水平的日益提升和财富的积累，传统继承观念也随之改变，如何在生前将财产处理得当成为一个不可回避的话题。一般情况下，遗嘱应包括以下内容：遗产的名称和数量；指定遗嘱继承人或受遗赠人；遗产的分配方法、分配份额；遗产的用途和使用目的以及遗嘱执行人。不同的遗嘱有不同的要求及法律效力。

要点一：遗嘱的几种形式。

（1）公证遗嘱，由遗嘱人经公证机构办理。

（2）自书遗嘱，由遗嘱人亲笔书写，签名，注明年、月、日。签署日期不全的自书遗嘱无效，电子打印的遗嘱也不属于自书遗嘱。

（3）代书遗嘱，应当有两个以上见证人在场见证，由其中一人代书，并由遗嘱人、代书人和其他见证人签名，注明年、月、日。见证人不能是以下人员：无民事行为能力人、限制民事行为能力人以及其他不具有见证能力的人；继承人、受遗赠人；与继承人、受遗赠人有利害关系的人。

（4）打印遗嘱，应当有两个以上见证人在场见证。遗嘱人和见证人应当在遗嘱每一页签名，注明年、月、日。

（5）以录音录像形式立的遗嘱，应当有两个以上见证人在场见证。遗嘱人和见证人应当在录音录像中记录其姓名或者肖像，以及年、月、日。遗嘱人在危急情况下，可以立口头遗嘱。口头遗嘱应当有两个以上见证人在场见证。危急情况消除后，遗嘱人能够以书面或者录音录像形式立遗嘱的，其所立的口头遗嘱无效。

要点二：遗嘱的效力。

就遗嘱效力而言，公证遗嘱效力最强。未经公证的有效遗嘱中，后订立的遗嘱内容效力优先于先订立的遗嘱内容，最后一份遗嘱被撤销后，在先的遗嘱不当然恢复效力。

实践中，比较常见的情形有：通过遗嘱的方式，祖父母或外祖父母让孙子女或者外孙子女继承其财产。此时，由于孙子女或外孙子女已经超出了法定继承人的范围，祖父母或者外祖父母虽然形式上采用了遗嘱的方式处分了财产，然而该行为实质上属于遗赠。根据法律规定，受遗赠人应当在知道受遗赠后六十日内，作出接受或者放弃受遗赠的表示。到期没有作出表示的，视为放弃受遗赠。

案例评析

原告张某甲与被告张某乙、张某丙、张某丁法定继承纠纷案*

被继承人张某、刘某共有四个子女，分别为张某甲、张某乙、张某丙、张某丁。张某名下有一套房屋。2009 年 12 月 21 日刘某去世；2010 年 11 月 18 日张某去世。被告张某丙向法庭出示父亲张某的自书遗嘱，原告张某甲及被告张某乙、张某丁均认可书写内容为张某的笔迹，但不认可证明目的；同时被告张某丁认为，母亲先于父亲去世，故对于母亲依法对涉案房屋享有的份额，父亲无权予以处分，且遗嘱形成时间不明，以前亦未曾见过，遗嘱应属无效。根据被告张某丙出示的该份证据显示，该遗嘱系自书遗嘱，落款处加盖张某名章，落款未注明遗嘱作出时间。

---

* （2016）京 0102 民初 20669 号。

　　法院审理认为，从涉案房屋的取得过程来看，应属被继承人张某、刘某夫妻的共同财产。刘某于 2009 年 12 月 21 日去世，去世时对属于个人财产部分未留有遗嘱，因此发生法定继承，由其配偶张某、本案原被告共同继承。2010 年 11 月 18 日张某去世，诉讼中被告虽出示了张某的自书遗嘱，但该份遗嘱未留有张某签名，亦未注明年、月、日，现被告张某丁表示不清楚遗嘱形成时间，不知晓遗嘱的存在，不认可遗嘱效力。根据我国继承法的相关规定，自书遗嘱应由遗嘱人亲笔书写，签名，注明年、月、日，故张某的遗嘱不符合自书遗嘱的法定形式要件，法院不予确认其效力，该案应按法定继承处理，判决原告和三名被告各继承涉诉房屋百分之二十五的产权份额。

法条链接

《中华人民共和国民法典》

　　第一千一百三十三条　自然人可以依照本法规定立遗嘱处分个人财产，并可以指定遗嘱执行人。

　　自然人可以立遗嘱将个人财产指定由法定继承人中的一人或者数人继承。

　　自然人可以立遗嘱将个人财产赠与国家、集体或者法定继承人以外的组织、个人。

　　自然人可以依法设立遗嘱信托。

　　第一千一百四十一条　遗嘱应当为缺乏劳动能力又没有生活来源的继承人保留必要的遗产份额。

　　第一千一百四十二条　遗嘱人可以撤回、变更自己所立的遗嘱。

　　立遗嘱后，遗嘱人实施与遗嘱内容相反的民事法律行为的，视为对遗嘱相关内容的撤回。

　　立有数份遗嘱，内容相抵触的，以最后的遗嘱为准。

（张婷法官）

17 父母去世了，作为女儿的我要求平等享有继承权，哥哥说我没有继承权，且拿出一份假遗嘱，我该怎么办？

律师意见

众所周知，继承权纠纷往往会破坏家人之间的亲情，导致昔日亲人变成仇人。所以，处理继承问题时最好先进行协商，协商不成再通过法律手段解决问题。

意见一：各继承人协商处理。

继承纠纷发生后，继承人可以在完全自愿的基础上，通过互谅互让，就遗产分割的时间、办法和份额协商达成一个各继承人都愿意接受的协议，然后按协议分割遗产。所以笔者建议先进行协商，争取能就遗产分割问题达成一致。

意见二：调解解决意见。

如果各继承人协商不成的，可以申请人民调解委员会调解。人民调解委员会以《中华人民共和国民法典》为依据，通过说服教育的方法来调解纠纷，促使当事人在自觉自愿的基础上，互相谅解，互相让步，达成协议。人民调解委员会的调解协议达成以后，各当事人都应当自觉遵守和履行。

意见三：向人民法院提起诉讼。

继承人不同意协商或者经协商不成时，可以向人民法院提起诉讼，也可以不经调解直接向人民法院提起诉讼。根据《中华人民共和国民法典》的相关规定，子女对父母的遗产享有平等的继承权利，如果怀疑父母遗嘱是假的，可以搜集父母生前的笔迹，开庭的时候申请法院对父母遗嘱的笔迹进行鉴定，如果鉴定结论是假的，不仅可以依法分得应该由自己继承的遗产，还可以依法追究对方提供虚假证据的法律责任，更好地维护自身合法权利。

案例评析

陈某乙、陈某丙与被告马某甲、马某乙继承纠纷案[*]

1981 年 8 月 8 日，陈某与张某结婚，二人均系再婚。陈某与前妻育有一子一女，系本案原告陈某乙和陈某丙。张某与前夫生有二子，系本案被告马某甲和马某乙。马某乙与陈某之间属于继子女关系。陈某于 2016 年去世，张某于 2018 年去世。1993 年，陈某与张某取得 303 号房屋，该房屋登记在陈某名下。现两原告向法院提起诉讼，要求依法分割 303 号房屋，被告协助办理前述房屋产权变更手续。

庭审中，马某乙提交了陈某的代书遗嘱，遗嘱中写明 303 号房屋是陈某与张某的夫妻共同财产，在陈某去世后，上述财产中属于自己的份额，将由其继子马某乙一人继承，别人无权干涉。

法院委托鉴定机构对遗嘱鉴定，鉴定意见为遗嘱下方"立遗嘱人"处的"陈某"签名字迹与样本上的"陈某"签名字迹并非同一人所写。法院认为，两位见证人均没有听见陈某对遗嘱内容的复述，不符合代书遗嘱的见证程序。在继承纠纷中，原则上应由持有遗嘱并主张遗嘱真实的一方对遗嘱真实性承担举证证明责任。因两被告均未能提交有效证据以证明其所提交的前述证据的真实性，故法院对其提交的代书遗嘱真实性不予认可，依照法定继承来处理陈某的遗产。最后法院判决 303 号房屋由两原告和两被告继承，具体份额为：两原告各占八分之一份额，两被告共占四分之三份额（其中八分之一份额为马某乙单独所有，另八分之五份额由两被告共同共有）。

法条链接

《中华人民共和国民法典》

第一千一百二十三条　继承开始后，按照法定继承办理；有遗嘱的，按

---

[*]　（2017）京 0115 民初 3424 号。

照遗嘱继承或者遗赠办理；有遗赠扶养协议的，按照协议办理。

第一千一百二十五条 继承人有下列行为之一的，丧失继承权：

……

（四）伪造、篡改或者销毁遗嘱，情节严重的；

……

（吕海涛律师）

18 父亲因车祸去世获得的死亡赔偿金属于遗产吗？

律师意见

我国很多法律法规规定了关于死亡赔偿金的相关事项，但对赔偿金的性质及归属没有予以明确。根据目前的相关规定以及审判实践可知，交通事故中的死亡赔偿金不是遗产，其理由如下：

（1）根据《中华人民共和国民法典》规定，遗产是自然人死亡时遗留的个人合法财产，也就是说遗产是自然人生前或死亡时存在的个人合法财产。死亡赔偿金是在受害人死后才产生的，在此之前并不现实存在，故不符合遗产的法律特征。

（2）死亡赔偿金是一种特殊的财产，填补的是受害人近亲属因受害人死亡导致的生活资源的减少或丧失，是对受害人家庭损失的弥补，对死者家庭利益的赔偿，不应属于死者的遗产范围。死亡赔偿金的受益人只能是死者的近亲属。

（3）从死亡赔偿金产生的法理分析，如受害人没有死亡，便不会产生死亡赔偿金；受害人一旦死亡，则其民事主体资格消亡。既然死者不再是权利主体就无须对其进行救济，近亲属依其与受害人之间的亲属关系，直接享有相关损害赔偿请求权。受害人已经死亡，如果将死亡赔偿金作为其遗产，就可能意味着死者本人取得了财产。向不存在的民事主体赔偿，既不符合逻辑，在法学理论上也存在障碍。

（4）2005年3月22日，最高人民法院就《广东省高级人民法院关于死亡赔偿金能否作为遗产处理的请示》作出了《最高人民法院关于空难死亡赔偿金能否作为遗产处理的复函》，内容为：空难死亡赔偿金是基于死者死亡对死者近亲属所支付的赔偿。获得空难死亡赔偿金的权利人是死者近亲属，而非死者。故空难死亡赔偿金不宜认定为遗产。从该规定可以看出，死亡赔偿金是专属于死者近亲属的财产。该复函虽系个案答复，但也充分体现出死亡赔偿金不宜被认定为遗产的价值导向，对审判实践具有重要的参考价值。

（5）死亡赔偿金主要用于对近亲属的赔偿，可参照《中华人民共和国民法典》的法定继承人确定参与分配人员，由死者配偶、子女、父母按照与受害人共同生活的紧密程度等因素确定应分得的相应份额。

案例评析

林某与陈某共有纠纷案*

2007 年，林某与陈某诉讼离婚，调解书确认女儿归陈某抚养，陈某负担抚养费。离婚之后，林某多次因违法犯罪被处罚并被长期限制人身自由。2013 年，女儿因车祸去世，获赔死亡赔偿金、丧葬费等费用共计 120 万元。林某诉至法院请求分割死亡赔偿金。

法院认为：（1）涉案赔偿款包含了"死亡赔偿金（含被抚养人生活费）、丧葬费、精神损害抚慰金、一次性救助金等"款项，其中关于所包含具体项目系概括的，并非仅指死亡赔偿金，且各项目金额亦未逐一明确，但其他各项赔偿费用均可比照死亡赔偿金予以定性。（2）参照福建省高级人民法院《关于审理人身损害赔偿纠纷案件疑难问题的解答》相关规定，死亡赔偿金系对赔偿权利人因受害人死亡而导致的未来收入减少的赔偿。其虽系按"继承丧失说"确定损失，但其本身不属于遗产，如近亲属之间请求分割的，在同一顺位中，原则上按照与受害人共同生活的紧密程度决定各自的应得份额。（3）林某与陈某离婚后，女儿由陈某抚养，且一直随陈某生活，学费亦由陈某负担。依本案证据材料，足以认定陈某尽到了主要的抚养义

---

*（2014）厦民终字第 561 号。

务，陈某与受害人共同生活的紧密程度远高于林某，判决诉争赔偿金酌定按3:7比例分配，由林某分割取得30%的赔偿金共34万余元，陈某分割取得70%的赔偿金，共85万余元。

死亡赔偿金不属于受害人的遗产范畴。对死亡赔偿金的分配，原则上应按照与受害人共同生活的紧密程度等因素确定权利人和相应份额。

法条链接

《最高人民法院关于空难死亡赔偿金能否作为遗产处理的复函》

广东省高级人民法院：

你院粤高法民一请字〔2004〕1号《关于死亡赔偿金能否作为遗产处理的请示》收悉。经研究，答复如下：

空难死亡赔偿金是基于死者死亡对死者近亲属所支付的赔偿。获得空难死亡赔偿金的权利人是死者近亲属，而非死者。故空难死亡赔偿金不宜认定为遗产。

以上意见，供参考。

二〇〇五年三月二十二日

（吕海涛律师）

19 怀孕期间丈夫遇车祸去世，留下三套房子，孩子有继承权吗？

法官意见

《中华人民共和国民法典》规定，遗产分割时，应当保留胎儿的继承份额。但因为胎儿尚未出生，可能存在不同情况，因此在处理遗腹子继承份额时也要予以区别对待。

情况一：胎儿正常出生。这种情况下，根据《中华人民共和国民法典》规定，作为被继承人的子女，胎儿应当在第一顺位继承人之列享受继承权利。

情况二：胎儿出生后死亡。这种情况下，相当于第一种情况已经发生，胎儿在取得遗产后死亡，则适用法定继承，由胎儿的法定继承人也即其母亲继承给胎儿预留的份额。

情况三：胎儿出生时是死胎，保留的份额依照法定继承办理。

此外，需要注意的是，保留胎儿的继承份额，应当理解为满足胎儿出生后至独立生活的生活必需，这个份额也可能高于按照均等分配可得的继承份额。

案例评析

王某诉高某析产、继承纠纷案*

被告高某有一子张某，张某与原告王某于 1998 年 8 月登记结婚。张某于 2006 年 6 月 1 日去世。高某承租的两间平房于 2005 年被拆迁，高某与张某为拆迁安置人。2006 年 6 月 16 日高某与某房地公司签订拆迁货币补偿协议书，约定被安置人高某、张某获得补偿款 194 870.5 元。2006 年 7 月 11 日，高某领取 194 870.5 元货币补偿款及 6000 元周转费。该两笔款项均在高某名下。2006 年 9 月王某已妊娠 21 周。

法院经审理认为，拆迁补偿款及周转费是对被安置人的一种货币补偿，该款应由被安置人高某、张某共有。由于张某已死亡，其所占共有份额应由其法定继承人继承。拆迁款数额应以拆迁协议及领款凭证为准。王某妊娠在张某死亡前，所以在遗产分割时，应当保留胎儿的继承份额。该份额由王某代管。因此判决被告高某名下的拆迁补偿款归其所有，被告高某给付原告王某 65 800.17 元；给付遗产中为胎儿保留的份额为 16 450.04 元，该份额由王某代管。

法条链接

《中华人民共和国民法典》

第一千一百五十五条 遗产分割时，应当保留胎儿的继承份额。胎儿娩出时是死体的，保留的份额按照法定继承办理。

（张婷法官）

---

* （2006）崇民初字第 09785 号。

20 丈夫去世后，作为儿媳妇的我一直在照顾公婆，公婆去世后，我能分得遗产吗？

律师意见

丈夫去世后，儿媳妇尽心尽力赡养公婆，其他子女又不管不顾的，公婆去世后，儿媳妇能分得遗产吗？

意见一：鉴于儿媳妇赡养老人的情况，建议老人生前立下遗嘱。

从继承法角度来说，儿媳妇对公婆尽了主要赡养义务，可以作为第一顺位的继承人，老人生前做好事后的安排，立下有利于儿媳妇的遗嘱，可以让儿媳妇内心宽慰，也能让大家庭不致分崩离析，从而维护家庭和睦。

需要注意的是，遗嘱公证必须在老人意识清醒的时候进行，公证处对老人的公证遗嘱手续要求十分严格。另外需要注意的是，如果公婆其中一方先去世，另一方的公证遗嘱也只能处分其夫妻共同财产中自己的份额，所以公证遗嘱最好在公婆身体都很健康的时候进行。

意见二：儿媳妇尽了主要赡养义务，没有遗嘱也可以通过诉讼的方式参与公婆的遗产分配。

儿媳妇可能觉得自己是外人，不应该分公婆老人家的财产，再加上社会舆论的评价，儿媳妇一般也就不好意思和公婆的其他子女开口要遗产。这种观念是不对的，按照《中华人民共和国民法典》的规定，如果儿媳妇对公婆尽了主要赡养义务，那么是可以享有继承权的，儿媳妇要敢于通过法律途径维权。

如果通过协商的方式，其他子女根本不愿意给儿媳妇分遗产的，可以按照《中华人民共和国民法典》的规定，起诉至法院要求按照法定继承的顺序继承自己应得的份额，如果儿媳妇与去世的丈夫还育有子女，子女的代位继承权与儿媳妇第一顺位的法定继承权也不会产生冲突，可以同时获得。

律师提醒：为证明尽了主要赡养义务，应注意保留以下证据：其他子女不支付赡养费而起诉其支付的判决书；平时给老人购买生活用品、药品的消费记录；诊断病例和看护证明；村委会、居委会等基层组织开具的证明；平时共同生活的影像资料等。

案例评析

许某甲、许某乙、许某戊、郝某继承纠纷案[*]

许某丁与郝某系夫妻，育有一子许某戊，许某丁去世后郝某一直照顾公婆许某甲与杨某（两位老人还有两位子女许某乙和许某戊）。

公婆留下的遗产有：2000 年 11 月 10 日，许某甲出资 22 574 元购买的 503 号房屋，登记在许某甲名下。许某甲抚恤金共 198 312 元，其中 186 519 元在许某丙处，11 793 元在许某甲中国工商银行存折中。该账户截至许某甲去世时余额为 22 754.15 元。2018 年 6 月 23 日郝某取出 1 万元，6 月 24 日取出 6350 元，均用于办理许某甲后事。6 月 29 日进账抚恤金 11 793 元，7 月 2 日进账物业费 200 元，现余额 18 397.15 元，该存折在郝某处。

公婆去世后子女就遗产继承问题发生了纠纷，一审法院认为丧偶儿媳对公婆尽了主要赡养义务的，应作为第一顺位继承人。同一顺位继承人继承遗产的份额，一般应当均等。法院判决 503 号房产由许某戊继承 18.75%份额，郝某继承 25%份额，许某乙和许某丙各继承 28.125%份额；许某甲的存款归许某丙所有，许某丙应给许某戊、郝某、许某乙折价款各 51 229 元。

二审法院认为一审法院根据本案实际情况确定的本案各继承人享有的产权份额并无不妥。二审法院维持了一审关于房产的判决；改判抚恤金存款归许某乙和许某丙所有，剩余存款归许某戊和郝某所有。

一审和二审判决共同说明，丧偶儿媳对公婆尽了主要赡养义务的，应作为第一顺位继承人。但是一审二审判决的不同之处在于，二审法院认为抚恤金系对死者近亲属精神的一种抚慰，不属于遗产，郝某无权分割抚恤金，依法作出改判。

---

* （2019）京 02 民终 1272 号。

法条链接

《中华人民共和国老年人权益保障法》

第十四条　赡养人应当履行对老年人经济上供养、生活上照料和精神上慰藉的义务，照顾老年人的特殊需要。

赡养人是指老年人的子女以及其他依法负有赡养义务的人。

赡养人的配偶应当协助赡养人履行赡养义务。

《中华人民共和国民法典》

第一千一百二十八条　被继承人的子女先于被继承人死亡的，由被继承人的子女的直系晚辈血亲代位继承。

被继承人的兄弟姐妹先于被继承人死亡的，由被继承人的兄弟姐妹的子女代位继承。

代位继承人一般只能继承被代位继承人有权继承的遗产份额。

第一千一百二十九条　丧偶儿媳对公婆，丧偶女婿对岳父母，尽了主要赡养义务的，作为第一顺序继承人。

《最高人民法院关于适用〈中华人民共和国民法典〉继承编的解释（一）》

第十八条　丧偶儿媳对公婆、丧偶女婿对岳父母，无论其是否再婚，依照民法典第一千一百二十九条规定作为第一顺序继承人时，不影响其子女代位继承。

（张逢春律师）

21 保姆骗取老人信任，让老人写遗嘱把财产留给她，但在老人拟定遗嘱之后就虐待老人，保姆还能取得遗产吗？

律师意见

随着人们对生活质量要求的提高，越来越多的子女会给老人找保姆照顾其生活起居。现实中不少保姆为了骗取老人信任，让老人通过写遗嘱的方式把财产留给"她",之后便虐待老人。为了防范此类现象发生,有以下几点意见供参考。

意见一:如果遗嘱基于欺骗而作出,不是遗嘱人的真实意思表示,可以请求法院确认遗嘱无效。

根据法律规定,虚假意思表示的遗嘱无效,保姆当然不再享有继承权,也无权取得遗产。

在现实中,子女为老人找的保姆因长期与老人生活,对老人有很强的控制力,即使老人的遗嘱不是出于其真实意思表示,子女也很难找到保姆欺骗老人的证据去否定遗嘱的效力。因此,建议老人在子女的配合下事先进行公证遗嘱,以防不测。如有条件,建议子女在老人的居所安装摄像装置,在线即时了解老人的状态,便于对保姆的不法行为取证。同时,在雇用保姆时一定要签署书面合同,明确约定保姆不得窃取、骗取老人财产,否则将承担法律责任,从而起到震慑保姆的作用。

意见二:即使无法否定遗嘱的效力,保姆有存在虐待老人情节的,子女同样可以请求法院判令保姆丧失继承权并主张侵权赔偿。

如果保姆存在虐待老人的情形,子女不但可以请求法院确认保姆丧失继承权,还可以基于《中华人民共和国民法典》的相关规定要求保姆或者家政公司承担侵权赔偿责任。

为避免此类情况的发生,笔者建议子女平时还是要和老人多沟通,常回家看看,有条件的也可以将老人安置到同一个城市居住,这样才不会给不法之徒可乘之机。

意见三:如果虐待老人致死,可能构成故意伤害罪,应当追究刑事责任。

刑法规定,犯虐待被监护、看护人罪,即负有监护和看护职责的单位或者个人虐待老年人、未成年人、病患、残疾人,情节恶劣的,处三年以下有期徒刑或者拘役。如果虐待致人重伤或者死亡,则罪名升级,构成故意伤害罪,可能会被处以十年以上有期徒刑、无期徒刑或者死刑。

如果保姆以杀人的故意虐待老人致死,则构成更为严重的故意杀人罪,可能会被处以死刑、无期徒刑或者十年以上有期徒刑。针对虐待老人致死的案件,2015年8月,《中华人民共和国刑法修正案(九)》特别增加了"虐待被监护、看护人罪"这一罪名。

案例评析

沈某甲诉沈某乙、沈某丙、沈某丁继承纠纷案[*]

沈某甲、沈某乙、沈某丙与沈某丁系兄弟姐妹关系。1992 年 11 月 7 日，因分家和赡养问题，沈父和母亲王某与四位子女共同签订了《兄弟姊妹分家凭证》，涉及赡养部分约定："沈父和王某的生活问题，如有大小病痛，由沈某丁、沈某甲二人负责医疗费和一切开支。另外，由沈某丁、沈某甲分别每月暂付给二老 30 元。如果不按时付给，二老有权收回房屋。" 2008 年后，原告沈某甲对沈父和王某未尽过任何赡养义务，其妻还和两名被继承人发生过打骂。原告沈某乙、沈某丙尽过一定的赡养义务。其余生养死葬的赡养义务均由被告沈某丁一人履行，沈某丁承担了沈父和母亲王某所有的医疗、丧葬费及承担了照顾 2008 年瘫痪至 2012 年 4 月 13 日去世的沈父的义务。母亲王某于 2012 年 10 月 23 日病逝，之前其一直住在沈某乙家与其共同生活。2013 年 12 月 3 日和 2015 年 1 月 29 日，沈父和王某所在村按人头发放土地补偿款共计 44 380 元，该款项由被告沈某丁及其妻子分别领取。现原告沈某甲以自己七八年前支付过父母的赡养费为由，要求继承沈父和王某的土地补偿款 44 380 元的四分之一，诉至法院。

一审法院认为本案原告沈某甲多年未尽赡养义务，尤其是在被继承人沈父瘫痪多年、母亲王某多次生病住院期间，不但未尽任何赡养义务，其妻还打骂过两名被继承人，情节严重，依法丧失继承权。

本案说明无论是保姆还是子女，如果虐待了被继承人都将丧失遗产继承权利。

---

[*] （2015）宜民初字第 831 号。

法条链接

《中华人民共和国民法典》

第一千一百二十五条 继承人有下列行为之一的，丧失继承权：

（一）故意杀害被继承人；

……

（三）遗弃被继承人，或者虐待被继承人情节严重；

……

《中华人民共和国刑法》

第二百六十条之一 对未成年人、老年人、患病的人、残疾人等负有监护、看护职责的人虐待被监护、看护的人，情节恶劣的，处三年以下有期徒刑或者拘役。

单位犯前款罪的，对单位判处罚金，并对其直接负责的主管人员和其他直接责任人员，依照前款的规定处罚。

有第一款行为，同时构成其他犯罪的，依照处罚较重的规定定罪处罚。

（张逢春律师）

劳动争议纠纷

22 建筑公司怕我们"跑"了，要我们上交身份证，合法吗？

律师意见

实际上，用工单位扣押劳动者身份证的行为已经违反了法律规定。为了证明居住在我国境内的公民的身份，保障公民的合法权益，便利公民进行社会活动，维护社会秩序，《中华人民共和国居民身份证法》第十五条第三款规定，任何组织或者个人不得扣押居民身份证。但是，公安机关依照《中华人民共和国刑事诉讼法》执行监视居住强制措施的情形除外。

劳动者应增强法律意识，提高警惕，注意维护自己的权益，在应聘时如遇到用工单位滥用优势地位要求劳动者将身份证押给单位的情形，劳动者应拒绝答应该要求，并告知用工单位此行为已违反法律规定。如在应聘或用工阶段，劳动者已将身份证押给用工单位，可先与用工单位进行协商，要求用工单位退还身份证，如果用工单位拒绝返还，劳动者应积极采取法律措施保护自己。劳动者可依据劳动合同法的相关规定，及时向用工单位所在地的劳动行政部门人力资源和社会保障局进行投诉，投诉时需携带相关材料证明自己的主张，因此劳动者在将身份证押给用工单位时应注意保留相关证据证明。根据劳动保障监察条例的相关规定，劳动行政部门作为劳动保障监察工作的主管部门，有权受理违反劳动保障法律、法规或者规章行为的举报、投诉，并具有对本行政区域内用人单位扣押劳动者身份证的违法行为依法予以纠正和查处的职权。有劳动者提出是否可以通过劳动仲裁及诉讼的方式要求用人单位返还身份证。鉴于目前对于返还证件是否属于法院受理范围在审判实务中尚存在不同意见，我们建议劳动者可考虑先采取向劳动行政部门投诉的方式进行维权。

案例评析

苗某某与某公司劳动争议纠纷案[*]

苗某某于 2016 年 4 月 20 日入职某公司从事库管工作，在 2016 年 5 月 17 日，苗某某受伤，并于当日至同年 6 月 12 日进行住院治疗。某公司扣押了苗某某的身份证。苗某某因与某公司产生劳动争议，诉诸法院，请求确认与某公司在其住院期间存在劳动关系，请求某公司支付工资，并要求某公司返还个人身份证、病历本、X 光片等个人物品。

一审法院认为某公司扣押苗某某身份证的行为缺乏依据，理应返还其身份证。就病历本、X 光片等而言，苗某某并无证据证明此类个人物品由某公司掌握，其关于返还此类个人物品的请求，因证据不足，不予支持。

---

[*] （2018）京 03 民终 6966 号。

二审法院对一审法院认定的事实予以确认，裁定维持原判。

法条链接

《中华人民共和国劳动合同法》

第九条　用人单位招用劳动者，不得扣押劳动者的居民身份证和其他证件，不得要求劳动者提供担保或者以其他名义向劳动者收取财物。

第八十四条第一款　用人单位违反本法规定，扣押劳动者居民身份证等证件的，由劳动行政部门责令限期退还劳动者本人，并依照有关法律规定给予处罚。

（张渝英律师）

23　公司因岗位需要，要求我两年内不能怀孕，公司的要求合法吗?

律师意见

当前，有些公司认为招录的女职工一旦怀孕，公司就需要给予其"孕期、产期、哺乳期"等各种待遇，公司得不到合理的"劳动力价值"。因此，权衡利弊后，公司便会在劳动合同中约定"女职工入职后两年内不能怀孕"。但是该类约定严重违反了法律规定，侵犯了女职工的合法权益，是不可取的。

意见一：劳动合同约定的"入职后两年内不得怀孕"的条款，属于无效条款。

我国妇女权益保障法规定，结婚、生育是女性的合法权益，任何组织和个人均不得侵犯。劳动合同中将"不得怀孕"列为条款，是对女职工合法权益的侵犯和剥夺，是另一种形式的性别歧视，是明显的违法约定。根据《中华人民共和国劳动合同法》第二十六条的规定可知，该合同条款约定无效，对女职工不具有约束力。

意见二：女职工在孕期、产期、哺乳期的，公司不得与其解除劳动合同。

"入职后两年内不得怀孕"的约定属于无效条款，所以女职工怀孕后依然享有法律赋予的一切权益。公司不得因怀孕、产假、哺乳等事由降低女职工的工资；公司不得安排怀孕七个月以上（含七个月）和在哺乳期内的女职工延长工作时间和从事夜班劳动，等等。

另外，《中华人民共和国劳动合同法》第四十二条规定，女职工在孕期、产期、哺乳期的，公司不得与其解除劳动合同。

意见三：公司以"劳动合同约定入职后两年内不得怀孕"为由解除劳动合同的，属于违法解除劳动合同，须向女职工支付经济赔偿金。

"入职后两年内不得怀孕"属于无效条款，不具有任何约束力，因此即使女职工在两年内怀孕也不会对其产生不利的后果。如果公司以此为由解除劳动合同，则属于违法解除劳动合同的行为，需要给予女职工双倍的经济补偿金，即经济赔偿金。

案例评析

段某与北京金色公司劳动争议纠纷案*

段某自2018年4月23日入职博特公司担任会计。2019年5月13日，段某的社会保险关系被转至北京金色公司，工资由北京金色公司发放，其工作地点没有变更，工作内容有所调整，但仍为财务工作。北京金色公司法定代表人为王某，博特公司原法定代表人也为王某，以上公司最终受益人均为王某。

2020年3月12日，段某在北京某医院剖腹产下一女。

但是，2020年2月19日，博特公司对段某作出《解除劳动合同通知工会函》，工会也就此出具同意解除与段某的劳动合同的书面答复，同时北京金色公司作出《旷工未到岗员工处理通知书》，并送达段某，通知段某不再为其记录考勤、不核算薪资、不予以缴纳社保，并通知段某于2020年2月24日前主动到岗，否则视为段某主动离职，主动与公司解除劳动合同，此后北京金色公司客观上也不再为段某缴纳社保，并停发其工资。

法院认为，北京金色公司在段某即将生产且在收到段某提交的病假条明

---

* （2021）京01民终3251号。

知其无法到岗的情况下，要求段某 2020 年 2 月 24 日前到岗，否则视为主动离职，只是推脱用人单位解除劳动合同责任的手段，实际上表达了与段某解除劳动合同的意思，故法院认定北京金色公司于 2020 年 2 月 19 日与段某解除劳动合同构成违法解除。依据《中华人民共和国劳动合同法》第八十七条的规定，北京金色公司应当给付段某违法解除劳动合同赔偿金。

该案说明，公司明知女职工待产无法到岗，而故意通知其限期到岗，以此来解除劳动关系，是对女职工生育权益的侵害，是掩盖违法解除劳动关系的借口，不被法律认可。如公司以此为由解除劳动合同，将被定义为违法解除劳动合同，公司须向员工支付经济赔偿金。

法条链接

《中华人民共和国妇女权益保障法》

第四十八条　用人单位不得因结婚、怀孕、产假、哺乳等情形，降低女职工的工资和福利待遇，限制女职工晋职、晋级、评聘专业技术职称和职务，辞退女职工，单方解除劳动（聘用）合同或者服务协议。

女职工在怀孕以及依法享受产假期间，劳动（聘用）合同或者服务协议期满的，劳动（聘用）合同或者服务协议期限自动延续至产假结束。但是，用人单位依法解除、终止劳动（聘用）合同、服务协议，或者女职工依法要求解除、终止劳动（聘用）合同、服务协议的除外。

用人单位在执行国家退休制度时，不得以性别为由歧视妇女。

《中华人民共和国劳动合同法》

第二十六条　下列劳动合同无效或者部分无效：

（一）以欺诈、胁迫的手段或者乘人之危，使对方在违背真实意思的情况下订立或者变更劳动合同的；

（二）用人单位免除自己的法定责任、排除劳动者权利的；

（三）违反法律、行政法规强制性规定的。

对劳动合同的无效或者部分无效有争议的，由劳动争议仲裁机构或者人民法院确认。

第四十二条　劳动者有下列情形之一的，用人单位不得依照本法第四十条、第四十一条的规定解除劳动合同：

……

（四）女职工在孕期、产期、哺乳期的；

……

第八十七条　用人单位违反本法规定解除或者终止劳动合同的，应当依照本法第四十七条规定的经济补偿标准的二倍向劳动者支付赔偿金。

（梁茂卿律师）

24 **休产假期间，公司让我提前上班，否则就开除我，公司这样做合法吗？**

律师意见

孕期、产期、哺乳期在业内并称为"三期"。女职工，尤其是"三期"的女职工依法应受到特殊保护。《女职工劳动保护特别规定》第七条规定，女职工生育享受 98 天产假。另外，各省级政府都出台了具体规定，比如《北京市人口与计划生育条例》在国务院规定的基础上额外给予女职工 30 天产假、男职工 15 天陪产假。因此，休足产假是女职工的法定权利，可以拒绝公司提前上班的要求。

当然，如果公司确属用工紧张，在本人同意的情况下，双方可以协商在生育津贴之外额外支付劳动报酬。领取劳动报酬的同时再领取生育津贴并无不妥。这是因为产期的女职工提供劳动应当获得劳动报酬，同时女职工基于生育保险可享受生育津贴。

案例评析

胥某与某食品公司产假期内辞退纠纷案*

胥某系某食品公司员工，按照当时的规定可享受 113 天产假。公司在其

---

* （2016）苏 02 民终 1785 号。

产假期未满前要求胥某到岗工作，胥某拒绝后被公司辞退。后经劳动仲裁和诉讼，法院判决某食品公司因违法解除劳动合同应向胥某支付经济补偿金。

齐某与某咨询公司解除劳动合同案 *

齐某系某咨询公司员工，齐某生育后公司要求其提前上班，但其未同意。产假结束后，某咨询公司关闭了齐某的工作邮箱和工作微信，并单方面解除了与齐某的劳动合同。后经劳动仲裁和法院审理，判决某咨询公司因违法解除劳动合同应向齐某支付经济补偿金等。

法条链接

《女职工劳动保护特别规定》

第五条　用人单位不得因女职工怀孕、生育、哺乳降低其工资、予以辞退、与其解除劳动或者聘用合同。

第七条　女职工生育享受 98 天产假，其中产前可以休假 15 天；难产的，增加产假 15 天；生育多胞胎的，每多生育 1 个婴儿，增加产假 15 天。

女职工怀孕未满 4 个月流产的，享受 15 天产假；怀孕满 4 个月流产的，享受 42 天产假。

第八条　女职工产假期间的生育津贴，对已经参加生育保险的，按照用人单位上年度职工月平均工资的标准由生育保险基金支付；对未参加生育保险的，按照女职工产假前工资的标准由用人单位支付。

女职工生育或者流产的医疗费用，按照生育保险规定的项目和标准，对已经参加生育保险的，由生育保险基金支付；对未参加生育保险的，由用人单位支付。

（范金远律师）

---

* （2019）京 0116 民初 2503 号。

25 公司开除生病住院的员工，合法吗？

律师意见

在法律规定的医疗期内，原则上用人单位不得解除劳动合同。劳动合同法规定，用人单位只有在和员工协商一致的情况下，或者员工存在重大过错的情况下，或者用人单位必须进行经济性裁员以及用人单位破产等情况下，才可单方提出解除劳动合同或者单方直接解除或者终止劳动合同。其中协商一致解除和经济性裁员、破产等情形下解除或终止劳动合同的，还需支付员工经济补偿金。员工生病住院显然不符合用人单位可以依法单方解除劳动合同的情形。

《中华人民共和国劳动合同法》第四十二条第一款至第三款规定，劳动者有下列情形之一的，用人单位不得依照《中华人民共和国劳动合同法》第四十条（无过失性辞退）、第四十一条（经济性裁员）的规定解除劳动合同：（1）从事接触职业病危害作业的劳动者未进行离岗前职业健康检查，或者疑似职业病病人在诊断或者医学观察期间的；（2）在本单位患职业病或者因工负伤并被确认丧失或者部分丧失劳动能力的；（3）患病或者非因工负伤，在规定的医疗期内的。

对于在法律规定的医疗期内的员工，用人单位不得以不能从事原工作为由为员工另行安排工作，更不得依据另行安排的工作的考核认为员工经调岗仍然不能胜任工作，也不能因为员工患病从而认为签订劳动合同时所依据的客观情况发生重大变化，导致无法继续履行劳动合同。即便用人单位确实因经济原因需要裁员，也不能辞退尚处于法律规定的医疗期内的员工，与其之间的劳动合同应当延续至医疗期满，其后依据经济性裁员的程序予以裁员，并支付补偿金。

现实生活中，有用人单位因为员工住院时间较长或者可能病情较为严重，担心出院之后劳动能力受到影响，从而希望甩掉"包袱"，便想出各种方法辞退员工。如果用人单位直接辞退此类员工的，则构成违法解除劳动合同，员工可以要求用人单位继续履行劳动合同，或者同意离职，但是可以要求用人单位支付赔偿金。

经济补偿金的计算标准为，按劳动者在用人单位工作的年限，每满一年支付一个月工资。六个月以上不满一年的，按一年计算；不满六个月的，支付半个月工资的经济补偿。这里的月工资是指劳动者在劳动合同解除或者终止前十二个月的平均工资。用人单位违反规定解除或者终止劳动合同的，应当依照法律规定的经济补偿标准的二倍向劳动者支付赔偿金。

所以用人单位辞退尚在法律规定的医疗期内的员工，通常会构成违法解除劳动合同，应当承担相应的法律责任，员工可以通过劳动仲裁积极维护自己的合法权益。

医疗期满，用人单位解除劳动合同仍然受到一定的法律限制，即劳动者患病或者非因工负伤，在规定的医疗期满后不能从事原工作，也不能从事由用人单位另行安排的工作的，用人单位在提前 30 日以书面形式通知劳动者本人或者额外支付劳动者一个月工资后，才能解除劳动合同。

在医疗期满后，用人单位方可根据员工的身体情况，考察员工是否能继续从事原岗位。但是该类调整仍然必须符合法律规定，用人单位不得假借考核、调整的名义变相辞退员工，侵犯员工的合法权益，否则，其辞退行为仍然可能构成违法解除劳动合同，须承担相应的法律责任。

案例评析

张某与某物业公司劳动纠纷案 *

张某于 2013 年 3 月 1 日入职某物业公司，双方签订了劳动合同，期限截至 2018 年 6 月 30 日，工作岗位为北京市某医院陪护中心主管兼会计。2018 年 6 月 1 日，物业公司将张某调岗至门诊收费处。2018 年 6 月 5 日，张某在医院就医，被诊断为腰痛、腰椎间盘突出，医院建议张某休病假。张某于 2018 年 6 月 6 日和 6 月 20 日将医院诊断书以短信形式发送给物业公司法定代表人。2018 年 7 月 4 日，物业公司向张某发出通知，通知内容如下：

---

* （2019）京 03 民终 1846 号。

"因工作需要，您原来陪护中心的会计工作岗位需定期轮岗，于6月1日将您派往财务科门诊收款处报到，因您自己感到不能胜任此项工作，公司为您调整几个岗位，您都不同意去。您的合同于2018年6月30日到期，所以不再与您续签劳动合同，请您尽快办理离职手续。"

法院经审理认定，张某因疾病请休病假，已将医院开具的病假条发送给公司法定代表人，公司认为张某自2018年6月2日至6月30日一直旷工的意见不能成立。2018年6月30日，虽然劳动合同期限已届满，但因张某尚处于医疗期内，故应当延续双方劳动合同，公司不得在规定的医疗期内终止劳动合同。物业公司在张某的医疗期内终止与张某之间的劳动合同，不符合法律规定，应认定为违法终止劳动合同。

法条链接

《北京市高级人民法院、北京市劳动争议仲裁委员会关于劳动争议案件法律适用问题研讨会会议纪要（二）》（2014年5月7日）

30. 存在劳动者患病或者非因工负伤在规定的医疗期内，女职工在孕期、产期、哺乳期期间等《劳动合同法》第四十二条规定的情形，劳动合同期满时，用人单位未与劳动者续订劳动合同，是否认定为未订立劳动合同而支付二倍工资？

劳动合同期满，有《劳动合同法》第四十二条规定的情形的，劳动合同应当续延至相应的情形消失时终止，故在续延期间用人单位与劳动者无须订立书面劳动合同，故不应支付二倍工资。

（菅磊律师）

26　公司让加班，还不给调休，我能找公司索要加班费吗？

律师意见

为了获得更大的利益，有很多公司会延长员工的工作时间，或者安排员工在休息日、法定休假日进行工作。我国法律对"加班"是怎么规定的呢？

根据我国现行劳动立法的规定，有标准工时、综合计算工时以及不定时工时三种工时制度。标准工时是运用最为广泛的一种工时制度，一般为每周工作五天，每天工作不超过 8 小时；用人单位也可根据自身经营需要，安排员工每周工作六天，每天工作不超过 6.6 小时。总之，每周工作时间不应超过 40 小时。

《中华人民共和国劳动法》第四十四条规定，如果用人单位安排劳动者延长工作时间、休息日安排劳动者工作又不能安排补休，及法定休假日安排劳动者工作，应分别支付不低于工资的百分之一百五十、百分之二百或百分之三百的工资报酬。如果遇到用人单位安排加班，没有对加班的员工进行调休，也没有支付加班期间的工资的情形，员工可以通过不同途径维护自身权益。

意见一：通过劳动仲裁或者诉讼的方式进行维权。

公司安排加班，还不给调休的，按照我国劳动法的规定，理应支付加班工资。如果公司拒不支付加班工资，劳动者有权通过劳动仲裁或者诉讼等方式维护自身合法权益。

对于一般劳动争议案件，我国法律规定劳动者须先到相关劳动争议仲裁委员会申请劳动仲裁。因此，劳动者准备好申请劳动仲裁的材料和相关证据后，即可到劳动合同履行地或者用人单位所在地的劳动争议仲裁委员会提起劳动仲裁。

意见二：可以与公司协商解决。

劳动者申请劳动仲裁和提起诉讼会产生一定的经济成本和时间成本，并且为了避免司法资源的浪费，建议劳动者事先与公司进行协商，如果公司愿意支付全部或部分加班工资，劳动者也可考虑接受，以便省下时间与精力。

律师提醒：劳动者在与公司进行协商时，一定要注意沟通方式，克制言行。自残、围堵生产经营场所等过激行为，不但不能有效维护自身合法权益，还有可能构成违法行为。

案例评析

任某某与重庆某超市劳动争议再审案*

2011年2月12日，重庆某超市与任某某订立书面劳动合同，约定某超市实行标准工时制，即每日工作不超过8小时，每周工作不超过40小时，每周至少休息一日。

2012年8月6日，任某某将该超市及其所在分店诉至一审法院，请求法院判令超市补发其休息日加班工资和国家法定节假日加班工资等。一审法院认为，任某某未举证证明存在加班事实，也没有证据证明某超市掌握加班事实存在的证据而拒不提供，一审法院仅支持了任某某关于要求某超市补发部分国家法定节假日加班工资的请求。

二审法院认为，任某某未能举证证明存在加班情形，应承担举证不力的后果。因此判决驳回任某某上诉，维持原判。再审法院经过再审审理，作出了维持二审判决书的裁定。

经最高人民检察院抗诉，最高人民法院审理认为：根据排班表、电子考勤卡等证据及事实可认定任某某每周工作时间为6天，每天工作8小时。因此，判决最终支持了任某某要求补发休息日加班工资和国家法定节假日加班工资的诉讼请求。

法条链接

《国务院关于职工工作时间的规定》

第三条　职工每日工作8小时、每周工作40小时。

《中华人民共和国劳动法》

第四十四条　有下列情形之一的，用人单位应当按照下列标准支付高于劳动者正常工作时间工资的工资报酬：

（一）安排劳动者延长工作时间的，支付不低于工资的百分之一百五十

＊（2017）最高法民再25号。

的工资报酬；

（二）休息日安排劳动者工作又不能安排补休的，支付不低于工资的百分之二百的工资报酬；

（三）法定休假日安排劳动者工作的，支付不低于工资的百分之三百的工资报酬。

（邢倩律师）

27　上班路上被车撞了，算工伤吗？

律师意见

随着我国私家车的增多，交通事故呈现逐年增长的趋势。对于工薪族而言，上班途中发生交通事故，是否属于工伤呢？能否获得工伤待遇呢？

意见一：在上班途中，遭遇非本人承担主要责任的交通事故，构成工伤。

《工伤保险条例》第十四条规定，员工在上下班途中发生交通事故，经交警队认定员工不承担事故责任或者仅就事故承担次要责任的，则构成工伤。

意见二：工伤待遇与交通事故赔偿可兼得。

工伤保险关系与交通事故损害赔偿关系是两种不同的法律关系，所以职工因交通事故导致工伤的，在得到交通事故损害赔偿后，除可获得直接经济损失赔偿如医疗费、误工费等，还可以再享受工伤待遇，即可以享受双重赔偿。

工伤赔偿的基础是员工与用人单位之间的劳动关系，受《中华人民共和国劳动法》和《工伤保险条例》调整，赔偿责任人为工伤保险机构或用人单位；交通事故损害赔偿的基础是受害者与肇事者之间的侵权法律关系，受《中华人民共和国民法典》《中华人民共和国道路交通安全法》及《最高人民法院关于审理人身损害赔偿案件适用法律若干问题的解释》的调整，赔偿责任人是肇事者。

案例评析

张某与某塑料有限公司工伤保险待遇纠纷案 *

2017 年 12 月 19 日，张某到某塑料有限公司上班，工作岗位为破竹工。2018 年 6 月 25 日，某塑料有限公司驾驶员鄢某驾驶公司重型厢式货车在公司装了一车货物，准备拉到仓库去存放，同时叫张某驾驶公司无号牌的内热平衡重式叉车一起去卸货。当日 16 时 12 分许，当车行驶至黄平县重安镇大石村路段处时，鄢某驾驶货车碰撞了前方张某驾驶的叉车，导致张某受伤。经黄平县公安局交通警察大队事故认定书认定，鄢某承担事故的全部责任，张某无责任。

2019 年 3 月 4 日，张某向黔东南州人力资源和社会保障局申请工伤认定，同年 5 月 7 日黔东南州人力资源和社会保障局作出州工伤认字［2019］05-6 号关于认定张某工伤决定书，认定张某为工伤。

关于张某已在交通事故中获得鄢某的侵权赔偿，是否可以再主张工伤保险待遇问题。法院认定，侵权赔偿与工伤保险待遇属于不同的法律关系。根据《最高人民法院关于审理人身损害赔偿案件适用法律若干问题的解释》第十二条、《最高人民法院关于审理工伤保险行政案件若干问题的规定》第八条、《最高人民法院关于因第三人造成工伤的职工或其亲属在获得民事赔偿后是否还可以获得工伤保险补偿问题的答复》的规定，因用人单位以外的第三人侵权造成劳动者人身损害构成工伤的，劳动者既是工伤事故中的受伤职工，又是侵权行为的受害人，有权同时获得工伤保险赔偿和人身侵权赔偿，用人单位和侵权人均应当依法承担各自所负赔偿责任。即使该劳动者已从其中一方先行获得赔偿，也不能免除或减轻另一方的赔偿责任。因此，某塑料有限公司称张某已获得第三人的侵权赔偿，不能再主张工伤保险责任的理由不成立，不予支持。

该案说明，发生道路交通事故受伤，经劳动部门认定为工伤，可主张工

---

* （2020）黔 2622 民初 996 号。

伤待遇。获得交通事故的赔偿后，可以再主张工伤保险待遇与交通事故赔偿的差额。

法条链接

《工伤保险条例》

第十四条　职工有下列情形之一的，应当认定为工伤：

……

（六）在上下班途中，受到非本人主要责任的交通事故或者城市轨道交通、客运轮渡、火车事故伤害的；

……

第三十条第一款　职工因工作遭受事故伤害或者患职业病进行治疗，享受工伤医疗待遇。

第三十三条第一款　职工因工作遭受事故伤害或者患职业病需要暂停工作接受工伤医疗的，在停工留薪期内，原工资福利待遇不变，由所在单位按月支付。

第三十七条　职工因工致残被鉴定为七级至十级伤残的，享受以下待遇：

（一）从工伤保险基金按伤残等级支付一次性伤残补助金，标准为：七级伤残为13个月的本人工资，八级伤残为11个月的本人工资，九级伤残为9个月的本人工资，十级伤残为7个月的本人工资；

（二）劳动、聘用合同期满终止，或者职工本人提出解除劳动、聘用合同的，由工伤保险基金支付一次性工伤医疗补助金，由用人单位支付一次性伤残就业补助金。一次性工伤医疗补助金和一次性伤残就业补助金的具体标准由省、自治区、直辖市人民政府规定。

（梁茂卿律师）

28 我工作时受伤了，如何认定工伤？我应该找谁赔偿？

律师意见

现在很多公司为了节约公司成本，或者为避免劳动争议，会和劳动者签订劳务合同，否定双方的劳动关系，不为劳动者缴纳社会保险。而一旦劳动者在工作期间发生意外，就会导致双方矛盾爆发。

要点一：如何初步区分双方建立的是劳动关系，还是劳务关系。

判断劳动者与用人单位之间存在的是劳动关系还是劳务关系主要看三点：第一，双方是不是劳动法调整范围内的主体。比如一个家庭雇用保姆，这个家庭本身不是劳动法范围内的主体，双方的关系也就不属于劳动关系。第二，劳动者是否与用人单位有身份隶属关系，是否受用人单位管理或支配，是否由用人单位支付固定报酬。第三，劳动者提供的劳动是否为用人单位业务组成部分。如果得到的均是肯定答案，那么双方的关系则会被初步确认为劳动关系。此外，2005年劳动和社会保障部发布的《关于确立劳动关系有关事项的通知》明确了劳动关系成立的标准。

要点二：劳动者发生工伤时应享受的待遇。

用人单位为劳动者缴纳工伤保险的，工伤待遇分为工伤保险基金支付的待遇和用人单位支付的待遇。

工伤保险基金支付的工伤待遇：

（1）治疗工伤的医疗费用和康复费用；

（2）住院伙食补助费；

（3）到统筹地区以外就医的交通食宿费；

（4）安装配置伤残辅助器具所需费用；

（5）生活不能自理的，经劳动能力鉴定委员会确认的生活护理费；

（6）一次性伤残补助金和一至四级伤残职工按月领取的伤残津贴；

（7）终止或者解除劳动合同时，应当享受的一次性医疗补助金；

（8）因工死亡的，其遗属领取的丧葬补助金、供养亲属抚恤金和因工死亡补助金；

（9）劳动能力鉴定费。

用人单位支付的工伤待遇：

（1）治疗工伤期间的工资福利；

（2）五级、六级伤残职工按月领取的伤残津贴；

（3）终止或者解除劳动合同时，应当享受的一次性伤残就业补助金。

用人单位未为劳动者缴纳工伤保险的，上述费用均由用人单位予以支付。

劳动者享受上述待遇的前提是工伤认定，所以劳动者还应注意工伤认定的时间。发生工伤后，用人单位应在 30 日内提出工伤认定申请，超过 30 日不申请的，工伤职工或者其近亲属、工会组织在事故伤害发生之日起 1 年内，可以自己直接申请工伤认定。如果未在 1 年内提出工伤认定申请，也未有阻却申请理由的，将错过工伤认定申请时间，此时，劳动者维权会变得非常困难。

案例评析

某公司诉李某某工伤保险待遇纠纷案*

2014 年 8 月 31 日，某公司与李某某签订了一份劳动合同，合同约定：李某某的工作岗位为消防班组消防安装，合同期限自 2014 年 8 月 31 日起，至合同约定的工作内容完成为止；日工资为 270 元。2014 年 10 月 24 日，李某某在工地工作时从脚手架上坠落，右脚受伤。2014 年 10 月 24 日至 11 月 19 日，李某某住院治疗。某公司在与李某某签订劳动合同后未为李某某缴纳社会保险费用，李某某受伤事故于 2014 年 12 月 3 日经某区人力资源和社会保障局认定为工伤。2015 年 7 月 3 日，某区劳动能力鉴定委员会认定李某某伤情为因工致残九级伤残。李某某于 2015 年 7 月 24 日口头向公司提出解除劳动合同，自此不再去公司上班。后李某某要求公司支付一次性伤残补助金、一次性工伤医疗补助金、一次性伤残就业补助金、停工留薪期工资、劳动能力鉴定费、住院伙食补助费、交通费等费用，某公司认为与李某某签订

---

* （2015）青民四（民）初字第 2517 号。

的劳动合同是虚假的，双方不存在劳动关系，只存在劳务关系。李某某无奈到劳动人事争议仲裁委员会申请仲裁，要求支付上述费用，仲裁委员会支持了李某某的诉求，某公司不服，起诉至法院。

一审法院认为，某公司对其主张的双方劳动合同为虚假的，双方实际为劳务关系的事实，并未提供证据予以证明。根据双方的证据认定双方存在劳动关系，某公司应支付李某某相应的工伤待遇，遂判决某公司支付李某某一次性伤残补助金、一次性工伤医疗补助金、一次性伤残就业补助金、鉴定前的停工留薪期工资、劳动能力鉴定费、住院伙食补助费等费用。

法条链接

《工伤保险条例》

第十七条　职工发生事故伤害或者按照职业病防治法规定被诊断、鉴定为职业病，所在单位应当自事故伤害发生之日或者被诊断、鉴定为职业病之日起30日内，向统筹地区社会保险行政部门提出工伤认定申请。遇有特殊情况，经报社会保险行政部门同意，申请时限可以适当延长。

用人单位未按前款规定提出工伤认定申请的，工伤职工或者其近亲属、工会组织在事故伤害发生之日或者被诊断、鉴定为职业病之日起1年内，可以直接向用人单位所在地统筹地区社会保险行政部门提出工伤认定申请。

……

第三十三条第一款　职工因工作遭受事故伤害或者患职业病需要暂停工作接受工伤医疗的，在停工留薪期内，原工资福利待遇不变，由所在单位按月支付。

（蒲丽律师）

29　公司合并，员工应该如何保障自己的权益呢？

律师意见

公司合并是指公司与其他法人或组织成立一个新的法人，即新设合并

（A+B＝C），或公司被撤销，将其权利与义务打包给另一个法人或组织，即吸收合并（A+B＝B）。劳动者与公司签订劳动合同之后，公司可能会发生与其他公司合并或自身分立的情形。

在实务中，公司的合并和分立是经常出现的情况。为了防止公司以分立、合并后原公司不存在或者以劳动者的权利义务已经转移到新公司为由损害劳动者的合法权益，我国劳动合同法规定劳动合同由承继其权利义务的公司继续履行，原劳动合同继续有效。但此时公司可能会变相降低劳动者工资而倒逼劳动者自动离职，或要求劳动者辞职后再重新签订劳动合同，以使原来的劳动工龄归零或者直接不认可原来单位的劳动关系，这种做法是不符合法律规定的。遭遇此类情况时，劳动者应当如何保障自身权益呢？

意见一：收集并保存好能够证明劳动关系的相关证据。

现实中，许多公司在与劳动者订立劳动合同后会将合同原件收回，这导致劳动者在证明自己与原公司存在劳动关系时缺乏最有力的证据。故，公司若拒绝返还劳动合同原件的，劳动者可找机会拍摄清晰的合同照片，除此之外，工资发放的银行转账流水、社保缴费记录、工作证等也是很重要的证据。以上证据均无法获得时，劳动者可向劳动保障监察部门反映。

证明劳动关系的存在以及存续期限，是因为一旦劳动者和用人单位协商不成，离职时可以依据实际工作年限获得相应的经济补偿。我国劳动合同法实施条例规定，劳动者因用人单位合并或分立导致工作调动的，原用人单位的工作年限应当一并计算至新用人单位。

意见二：与新公司协商，协商不成可提起劳动仲裁。

劳动合同是劳动关系双方共同达成的协议，当然可以对其进行变更。一般情况下，公司与劳动者经协商一致，可以变更劳动合同的内容，但只可对原合同部分内容进行删减、补充，而不能予以全部变更。除此之外，不允许合同一方当事人擅自变更合同内容，例如公司未与劳动者协商一致单方降低劳动者工资。实际上此类变更对劳动者没有约束力，是一种违法行为。

变更劳动合同应当采取平等、自愿的原则，公司合并后要求变更劳动合同的，劳动者要在合理期限内进行答复，不能置之不理而处于被动地位。协商之时注意收集录音录像资料，保证完整性与连贯性，要使双方相关信息在录音录像内有所体现，不要用软件修改录音录像文件，以保留原始状态。若协商一致，应当尽快采用书面形式将新合同内容确定下来，若协商不成，可以准备好证据申请劳动仲裁。

案例评析

抚顺某煤炭开发有限公司与陈某某劳动争议纠纷案 *

陈某某于 2009 年 9 月到抚顺某煤炭开发有限公司工作，双方签订了书面劳动合同，陈某某工作后升职为保安队队长，月平均工资 8220 元。双方最后一次签订的书面劳动合同的期限为 2017 年 1 月 1 日至 2017 年 12 月 31 日，合同约定每月基本工资 2000 元。2017 年 4 月，某煤炭开发有限公司被转让，转让之前公司与陈某某签订了协议，保证合并后其工资不变、待遇不变。但新公司却擅自将陈某某的月平均工资降到了 2800 元，因此陈某某起诉要求补发其工资差额，并提供了工资条作为证据。

一审法院认为，根据《中华人民共和国劳动合同法》相关规定，某煤炭开发有限公司合并后应当按原合同履行，虽然最新的劳动合同约定陈某某的基本工资为 2000 元，但应当以陈某某工资条所证明的实际工资收入为准，某煤炭开发有限公司无故降低陈某某工资不当，应当补足其工资差额。法院最终判决某煤炭开发有限公司向陈某某一次性支付 2017 年 5 月至 2017 年 12 月工资差额 46 728 元。

二审法院维持一审法院判决结果，驳回了某煤炭开发有限公司的上诉请求。

法条链接

《中华人民共和国劳动合同法》

第三十四条　用人单位发生合并或者分立等情况，原劳动合同继续有

＊（2019）辽 04 民 1299 号。

效，劳动合同由承继其权利和义务的用人单位继续履行。

第三十五条第一款 用人单位与劳动者协商一致，可以变更劳动合同约定的内容。变更劳动合同，应当采用书面形式。

《最高人民法院关于审理劳动争议案件适用法律问题的解释（一）》

第四十六条 劳动者非因本人原因从原用人单位被安排到新用人单位工作，原用人单位未支付经济补偿，劳动者依据劳动合同法第三十八条规定与新用人单位解除劳动合同，或者新用人单位向劳动者提出解除、终止劳动合同，在计算支付经济补偿或赔偿金的工作年限时，劳动者请求把在原用人单位的工作年限合并计算为新用人单位工作年限的，人民法院应予支持。

用人单位符合下列情形之一的，应当认定属于"劳动者非因本人原因从原用人单位被安排到新用人单位工作"：

……

（三）因用人单位合并、分立等原因导致劳动者工作调动；

……

（兰瑞雪律师）

30 公司不发工资，我申请仲裁或提起诉讼后，可以要求先予执行吗？

律师意见

我国各级劳动保障监察机构每年都会处理大量的工资支付类投诉，各级人民法院及劳动争议仲裁机构每年受理的包含支付工资诉求的案件在劳动争议案件总数中占据了相当大的比例。被拖欠工资是很多劳动者在履职过程中都会遇到的一个问题。工作中遭遇老板不给工资时不要慌，劳动者可以向有管辖权的劳动争议仲裁委员会申请仲裁。对于符合先予执行条件的案件，劳动者可以一并向劳动争议仲裁委员会提出先予执行申请。在劳动争议仲裁委员会作出先予执行裁决后，劳动者可以向相应的人民法院申请执行，以便尽快实现自己的合法权益。

要点一：什么是先予执行？

先予执行，是指在案件受理后，终审判决作出前，由案件当事人向人民法院申请，要求对方当事人预先履行一定义务。

要点二：劳动争议案件适用先予执行的范围。

我国民事诉讼法规定，对于追索劳动报酬的案件，人民法院可以根据当事人的申请裁定先予执行。劳动争议调解仲裁法也规定仲裁庭对追索劳动报酬、工伤医疗费、经济补偿或者赔偿金的案件，根据当事人的申请，可以裁决先予执行，并移送人民法院执行。据此，劳动争议案件可以适用先予执行，但仅限于特定的劳动争议案件，包括追索劳动报酬、工伤医疗费、经济补偿及赔偿金四类劳动争议案件，除此以外的劳动争议案件不能申请先予执行。

要点三：先予执行的条件。

虽然追索劳动报酬、工伤医疗费、经济补偿及赔偿金四类劳动争议案件可以申请先予执行，但并非所有这四类案件都能被裁决先予执行。可以裁决先予执行的案件，还应当同时具备以下两个条件：一是当事人之间权利义务关系明确，即案件事实清楚，双方之间的权利义务明显；二是不先予执行将严重影响申请人的生活，也就是说劳动报酬、工伤医疗费、经济补偿或赔偿金为当事人生活急需，具有现实紧迫性。

要点四：劳动争议案件先予执行可以不提供担保。

为了防止申请人滥用先予执行的权利，人民法院可以责令申请人提供担保，申请人不提供担保的，驳回申请。但劳动者因追索劳动报酬、工伤医疗费、经济补偿及赔偿金申请先予执行的，可以不提供担保。由此可见，劳动争议案件先予执行的特别之处就在于，申请执行人在一定条件下可以不用提供担保。这一规定反映出了立法者对这一类案件当事人现实困难的充分考虑，从程序上保护了处于弱势地位的劳动者，体现了劳动法对劳动者侧重保护的基本价值理念。

案例评析

陈某某等 9 人与某矿泉水公司追索劳动报酬纠纷先予执行案*

陈某某自 2014 年 8 月起开始在某矿泉水公司工作，任质检员一职。自 2018 年 10 月起，某矿泉水公司因为经营困难开始拖欠工资。被欠薪的职工们多次与公司协商发放工资一事，但都没有结果。很多职工因为公司拖欠工资而离职。某矿泉水公司拖欠的工资越来越多，无奈之下，包括陈某某在内的 9 名职工提起劳动仲裁要求公司支付拖欠工资、解除劳动关系，进行经济补偿等。阿尔山市劳动人事争议仲裁委员会作出仲裁裁决，支持了陈某某等 9 人要求支付拖欠工资的申请。后陈某某等 9 人与某矿泉水公司均向法院提起诉讼，一审中陈某某等 9 人申请了先予执行，要求某矿泉水公司先行支付拖欠的工资。

阿尔山市人民法院裁定某矿泉水公司向陈某某等 9 人先予支付拖欠的工资。

法条链接

《中华人民共和国民事诉讼法》

第一百零九条 人民法院对下列案件，根据当事人的申请，可以裁定先予执行：

（一）追索赡养费、扶养费、抚养费、抚恤金、医疗费用的；

（二）追索劳动报酬的；

（三）因情况紧急需要先予执行的。

《中华人民共和国劳动争议调解仲裁法》

第四十四条 仲裁庭对追索劳动报酬、工伤医疗费、经济补偿或者赔偿金的案件，根据当事人的申请，可以裁决先予执行，移送人民法院执行。

仲裁庭裁决先予执行的，应当符合下列条件：

---

* （2019）内 2202 民初 463 号。

110

（一）当事人之间权利义务关系明确；

（二）不先予执行将严重影响申请人的生活。

劳动者申请先予执行的，可以不提供担保。

（郑青玉律师）

31　包工头以其未赚到钱为由拒发工资，该怎么办？

律师意见

长期以来，农民工被欠薪问题备受关注。我国政府对农民工被欠薪问题高度重视，从国务院到地方各级政府先后出台了一系列举措，有效遏制了农民工被欠薪多发、高发等恶劣情况。其中，工程建设领域的农民工被欠薪问题最为突出。市场秩序不规范，劳动用工管理不规范以及存在违法转包、分包情形等，都增加了农民工被欠薪问题的发生风险。

要点一：农民工被欠薪，可以选择以下三种方式进行维权。

第一，向劳动行政部门（劳动监察大队）投诉，由劳动行政部门责令用人单位限期支付工资。向劳动行政部门投诉是一种最为简便的维权方式。

第二，向调解组织（如劳动争议调解委员会）申请调解。劳动争议调解不同于仲裁及诉讼过程中的调解程序，它是一项独立的劳动争议解决机制，意在引导劳资双方通过协商、调解的方式解决劳动纠纷，以尽量缓解劳资矛盾。经调解达成协议的，应当制作调解协议书。调解协议书由双方当事人签名或盖章，经调解员签名并加盖调解组织印章后生效，对双方当事人具有民事合同的约束力。

第三，向劳动争议仲裁委员会申请劳动仲裁。劳动争议案件实行的审理制度是"仲裁前置、一裁两审"。通常来说，劳动争议案件的启动需从申请仲裁开始。相较于前两种维权方式，劳动仲裁是唯一一种具备强制力的争议解决方式。

要点二：农民工受雇于包工头个人应当向谁讨薪？

受雇于包工头个人的农民工被欠薪时往往更难以维权。一方面，因农民

111

工是由包工头个人招用，所以农民工讨薪一般也只能向包工头个人主张权利，难以在劳动争议框架下解决讨薪问题。另一方面，包工头与农民工之间通常仅作口头约定，双方没有签订书面协议，农民工被欠薪时难以取得相关证据。事实上，2005 年劳动和社会保障部发布的《关于确立劳动关系有关事项的通知》规定，用人单位将工程发包给不具备用工主体资格的自然人，对该自然人招用的劳动者，由具备用工主体资格的发包方承担用工主体责任。据此，被欠薪的农民工虽然由包工头个人招用，与上游发包公司不存在劳动关系，但农民工可以依法要求发包公司承担用工主体责任，依法向其主张支付被拖欠的工资。

案例评析

和昌公司与何某某等劳动争议纠纷案 *

何某某经老乡介绍，被包工头于某某招用，在某小区施工工地从事杂工工作。2017 年 11 月底，小区工程竣工。12 月中旬，工人们见还没有发工资的动静就有点坐不住了，于是找到于某某，问其何时能发工资。于某某说自己还没拿到工程款，等工程款一到账就发工资。但之后工人们却怎么也联系不上于某某了。工人们随即想到将工程转包给于某某的汪某某，便向汪某某催要工程款。汪某某告知大家，其与于某某的工程款早已结清。小区施工工程由和昌公司承包，所以工人们只得又找到和昌公司进行协商，希望欠薪问题能够得到解决。和昌公司和汪某某都明确表态，欠薪一事是于某某的个人行为，与其无关。无奈之下，何某某及其工友一同申请劳动仲裁，要求由和昌公司向其支付拖欠工资。仲裁裁决支持了何某某等人的请求，和昌公司不服裁决结果，诉至法院。

一审法院认为，和昌公司是涉案工程的承包企业，其将该工程分包给不具备用工主体资格的自然人汪某某，后汪某某又转包给自然人于某某，应当由和昌公司承担用工主体责任。一审法院判决和昌公司向何某某等人支付工资。

---

* （2019）闽 05 民终 1447 号。

二审法院认为何某某等人是于某某招用的劳动者，与和昌公司不存在劳动关系，但和昌公司作为工程的发包方，应依法承担用工主体责任，向何某某支付被拖欠的工资。故，二审法院裁定维持原判。

法条链接

《中华人民共和国劳动争议调解仲裁法》

第九条　用人单位违反国家规定，拖欠或者未足额支付劳动报酬，或者拖欠工伤医疗费、经济补偿或者赔偿金的，劳动者可以向劳动行政部门投诉，劳动行政部门应当依法处理。

第十条　发生劳动争议，当事人可以到下列调解组织申请调解：

（一）企业劳动争议调解委员会；

（二）依法设立的基层人民调解组织；

（三）在乡镇、街道设立的具有劳动争议调解职能的组织。

企业劳动争议调解委员会由职工代表和企业代表组成。职工代表由工会成员担任或者由全体职工推举产生，企业代表由企业负责人指定。企业劳动争议调解委员会主任由工会成员或者双方推举的人员担任。

《中华人民共和国劳动合同法》

第八十五条　用人单位有下列情形之一的，由劳动行政部门责令限期支付劳动报酬、加班费或者经济补偿；劳动报酬低于当地最低工资标准的，应当支付其差额部分；逾期不支付的，责令用人单位按应付金额百分之五十以上百分之一百以下的标准向劳动者加付赔偿金：

（一）未按照劳动合同的约定或者国家规定及时足额支付劳动者劳动报酬的；

（二）低于当地最低工资标准支付劳动者工资的；

（三）安排加班不支付加班费的；

（四）解除或者终止劳动合同，未依照本法规定向劳动者支付经济补偿的。

《劳动和社会保障部关于确立劳动关系有关事项的通知》（2005 年 5 月 25 日）

第四条　建筑施工、矿山企业等用人单位将工程（业务）或经营权发包给不具备用工主体资格的组织或自然人，对该组织或自然人招用的劳动者，由具备用工主体资格的发包方承担用工主体责任。

（郑青玉律师）

32　我家是农村的，家里盖新房时，雇用干活的一个人受伤了，我要赔偿吗？

法官意见

随着我国经济社会的迅速发展，农村居民的生活水平日益提高，原有住房已无法满足农村居民的生活需求，现阶段修建房屋的家庭日益增多。在多数情况下，建房者为节约成本，往往直接雇请劳力修建房屋。在房屋修建过程中，受雇人直接给建房者提供劳务，接受其安排的工作任务，建房者支付相应的报酬，双方形成雇用关系。另外，建房者也可以将该工程承包给施工队、包工头等施工组织，双方形成口头或者书面的承包合同或者承揽合同，双方按照合同约定履行权利义务。在施工过程中，基于安全措施等因素的限制，劳动者的人身安全难以得到保障，现场施工人员受伤乃至死亡的安全事故时有发生。

事故发生后，伤者都会对建房者提出赔偿要求。受伤的劳动者多为家庭经济支柱，对赔偿的数额期望值高，且要求一次性到位。而承包人或承揽人赔偿能力普遍不足，作为接受劳务的建房者既无法购买工伤保险，也不能通过商业保险来分散施工管理风险。

处理此类问题，有两点需要注意。其一，建房者直接雇请劳动者，安排工作并提供报酬，劳动者在施工过程中受伤的，建房者应承担赔偿责任。如提供劳务的一方自身有过错的，也应承担相应的责任。其二，建房者与他人就房屋修建签订了承揽合同或承包合同，且自身不存在指示或者选任过失的，则不承担赔偿责任。指示或者选任过失主要包括选任的承揽者是否具有相应建设资质、相应管理水平、相应安全设备以及建房者按约定提供的设备是否安全等情形。如果存在上述情形，建房者应承担相应的责任。

案例评析

袁某某诉王某某、杨某某劳务受害纠纷案[*]

2018 年 10 月，王某某将其翻建二层房屋的工程交由杨某某承建，承包方式为包工包料。后杨某某雇用袁某某等人为其承包的工程进行施工，施工场所未设置安全网、栏杆等安全防护措施。

2018 年 10 月 10 日下午 2 时 20 分，袁某某在涉案房屋一层楼顶施工时从屋顶摔落，致头部受伤。

一审法院认定，杨某某作为承揽人，按照建房者王某某的要求完成工作，交付工作成果，由王某某给付报酬，因此双方系属承揽关系。袁某某作为提供劳务方为杨某某提供劳务，杨某某作为接受劳务方向袁某某支付报酬，双方系劳务关系。袁某某在工作过程中，未对自身安全尽到注意义务，应当自行承担 30% 的民事责任，杨某某未在袁某某等人的工作场所设置安全防护措施，应当承担 70% 的民事责任。王某某对本次事故的发生不存在指示或者选任的过失，不应承担民事责任。

二审法院认为，王某某将其房屋翻建的工程交由杨某某承建，该工程属于农民自建低层住宅，并无施工资质的要求，王某某对本次事故的发生不存在任何过失，不应该承担民事责任。二审法院裁定维持原判。

此案说明，王某某将工程以包工包料的方式交由杨某某承建，双方订立的合同属承揽合同。该工程属于农民自建低层住宅，并无施工资质的要求，王某某不存在指示或者选任过失，故其不需要承担民事赔偿责任。

法条链接

《中华人民共和国民法典》

第一千一百九十二条第一款　个人之间形成劳务关系，提供劳务一方因劳务造成他人损害的，由接受劳务一方承担侵权责任。接受劳务一方承担侵

---

[*]　（2019）苏 11 民终 3852 号。

权责任后，可以向有故意或者重大过失的提供劳务一方追偿。提供劳务一方因劳务受到损害的，根据双方各自的过错承担相应的责任。

（王长胜法官）

33 我的异性老板经常调戏我，这是"性骚扰"吗？我该如何维护自己的权利？

律师意见

在职场遭遇性骚扰时，我们应该依法维护自己的权益，勇敢地进行反抗，以避免自身遭遇更大的伤害。

要点一：首先要明确对方的行为是否属于性骚扰。

性骚扰主要有以下几种表现形式：（1）口头方式：如以下流语言挑逗对方，向其讲述个人的性经历、黄色笑话或色情文艺内容。（2）行动方式：故意触摸、碰撞、亲吻对方脸部等性敏感部位。（3）设置环境方式：在工作场所周围布置淫秽图片、广告等，使对方感到难堪。广义的性骚扰并不限于异性间，对象亦不单指女性，同性间亦可构成性骚扰。

要点二：如果确定属于性骚扰，要注意收集相关证据。

取证方式主要有以下几种：（1）录音取证。这种方式主要针对经常对受害者进行语言性骚扰的人。（2）录像取证。录像证据主要针对一些肢体性接触的性骚扰。但录像证据相对于录音证据而言不易取得。受害人可以关注公共场所的监控设备，如果发生性骚扰的场合存在此类设备，可以申请法院、公安机关等有关部门提取该类证据。（3）电子证据。电子证据主要是指受害人与行为人之间的手机短信、聊天记录、邮件来往记录等。（4）人证。被他人性骚扰，可找到目击者为自己作证。

要点三：搜集证据以后，可以直接和对方沟通。

沟通时，明确要求对方不要再继续进行骚扰行为。一定要严肃表明自己的立场，坚定地告诉对方你的不快并请对方自重。态度要坚决并表现得很愤怒很厌恶，让对方知难而退。

要点四：必要时可以向公安机关报警或者向法院起诉。

如果对方并没有因此停手，反而变本加厉地继续进行骚扰行为，甚至采取暴力等手段的，可以采取向公安机关报警或者向法院提起民事诉讼等法律手段保护自己，让违法者付出代价。

律师提醒：遭到性骚扰的人员，坚决不能忍气吞声，一定要勇敢地拿起法律武器维护自己的权益。其可以向本人所在单位、行为人所在单位、妇女联合会和有关机构投诉，也可以直接向公安机关报案、向法院起诉，以保护自身的合法权益。

案例评析

周某与蔺某性骚扰损害赔偿纠纷案*

2018年9月，周某、蔺某经人介绍相识，开始交往。2018年10月7日晚9时至10时，在某路上，蔺某在自己开的小轿车内强行亲吻、搂抱周某，直至次日5时许公安干警将周某解救出来。

法院认为本案中，蔺某在封闭狭小的汽车内长时间强行搂抱、亲吻周某，长达七八个小时，不仅给周某的身体造成了伤害，也给周某的精神造成了巨大的伤害。蔺某应当对周某因此造成的精神损失承担赔偿责任。蔺某于本判决生效后五日内向周某给付医疗费272元、交通费82.1元、误工费206元、精神损害抚慰金10 000元，共计10 560.1元。

法条链接

《中华人民共和国妇女权益保障法》

第二十三条　禁止违背妇女意愿，以言语、文字、图像、肢体行为等方式对其实施性骚扰。

受害妇女可以向有关单位和国家机关投诉。接到投诉的有关单位和国家

---

* （2019）陕01民终8971号。

机关应当及时处理，并书面告知处理结果。

受害妇女可以向公安机关报案，也可以向人民法院提起民事诉讼，依法请求行为人承担民事责任。

第八十条　违反本法规定，对妇女实施性骚扰的，由公安机关给予批评教育或者出具告诫书，并由所在单位依法给予处分。

学校、用人单位违反本法规定，未采取必要措施预防和制止性骚扰，造成妇女权益受到侵害或者社会影响恶劣的，由上级机关或者主管部门责令改正；拒不改正或者情节严重的，依法对直接负责的主管人员和其他直接责任人员给予处分。

《中华人民共和国治安管理处罚法》

第四十二条　有下列行为之一的，处五日以下拘留或者五百元以下罚款；情节较重的，处五日以上十日以下拘留，可以并处五百元以下罚款：

……

（五）多次发送淫秽、侮辱、恐吓或者其他信息，干扰他人正常生活的；

……

《中华人民共和国刑法》

第二百三十七条第一款　以暴力、胁迫或者其他方法强制猥亵他人或者侮辱妇女的，处五年以下有期徒刑或者拘役。

（吕海涛律师）

34　我不同意公司换岗调整方案，所以迟迟未到岗，公司可以开除我吗？

律师意见

有时企业在与劳动者协商无法达成一致的情况下，为了达到解除劳动合同的目的，就会倾向于采用调岗调薪的方式，尤其是采用恶意调岗的方式，例如从业务岗调为保洁岗，从而达到迫使劳动者离职的目的。对此应该区分不同的调岗原因采取不同的方式维护自己的权益。

意见一：因用人单位原因调岗。

调岗原则上要遵循协商一致的原则，或者因生产经营的客观需要，且不存在任何恶意，否则用人单位就要承担相应的法律责任。是否存在恶意，要从用人单位的经营必要性、目的正当性，调整后的岗位是否为劳动者所能胜任、工资待遇等劳动条件是否有不利变更等几个方面判断。

如果企业想依据"劳动合同订立时所依据的客观情况发生重大变化，致使劳动合同无法履行"来调整岗位，则首先需证明这一情形已现实发生，其次还要与员工协商一致。法律对于"客观情况发生重大变化"有严格的限定，北京市高级人民法院指导文件指出，下列情形一般属于"劳动合同订立时所依据的客观情况发生重大变化"：（1）地震、水灾、火灾等自然灾害形成的不可抗力；（2）受法律、法规、政策变化导致用人单位迁移、资产转移或者停产、转产、转（改）制等重大变化的；（3）特许经营性质的用人单位经营范围发生变化的。企业自身利润下滑或者经营调整不足以构成"劳动合同订立时所依据的客观情况发生重大变化"，在这种情况下用人单位的单方调岗行为同样不符合法律规定，除非与员工协商一致。

意见二：因劳动者原因调岗。

劳动者不能胜任工作，或者劳动者患病或者非因工负伤，在规定的医疗期满后不能从事原工作的，用人单位如果要对其另行安排工作，应当首先对劳动者进行考核，证明劳动者确实无法胜任原岗位，包括能力不能达到岗位要求；或者体力不足以继续从事原工作，不得不进行岗位调整。如果单位没有进行公正合理的考核而直接调岗，则调岗并不发生法律效力，劳动者可以拒绝岗位调整。

意见三：依约调岗。

用人单位在劳动合同中与劳动者事先约定当出现一定条件后可对劳动者进行调岗。条件满足时，用人单位即可直接适用约定而进行调岗。如双方在劳动合同中约定：用人单位可以根据经营需要及劳动者的工作能力、工作业绩、考核结果、健康状况来确定或调整劳动者的工作部门和工作岗位，劳动者愿意服从用人单位的管理和工作安排。

此外，员工拒绝调岗的，应当向单位明确提出异议。否则，员工虽然有意见，但是仍然到新岗位继续工作的，则有可能被认定为接受岗位调整。

案例评析

刘某与某科技公司变更工作地点纠纷案[*]

刘某原在北京某科技公司工作，后公司以天津有项目急需支持等为由要求其到天津工作。刘某拒绝调岗要求并未到岗工作，公司遂以旷工为由解除了与刘某的劳动合同。后经劳动仲裁和诉讼，法院认定某科技公司违法调岗，判决公司支付刘某经济赔偿金。

李某与某投资公司调岗案[**]

李某系某公司员工，李某与该公司的劳动合同和公司制度均规定，公司可以根据经营管理需要，根据李某的工作能力、考评结果、工作业绩及健康状况等情况，将其调整至其他工作岗位工作，并可视岗位情况调整薪酬。后李某在试用期内表现一般，试用期后被调岗，工资水平亦有较大变化。李某要求按入职时应聘的岗位和薪酬标准补发工资差额，一审、二审均驳回其要求补发工资差额的请求。

法条链接

《中华人民共和国劳动合同法》

第三十五条第一款　用人单位与劳动者协商一致，可以变更劳动合同约定的内容。变更劳动合同，应当采用书面形式。

（菅磊、范金远律师）

---

[*]（2019）京 01 民终 8351 号。
[**]（2019）京 02 民终 15230 号。

35 我在公司工作十多年了，公司能辞退我吗？如果被辞退，我该如何要求经济补偿？

律师意见

劳动合同法对在一个单位连续工作多年的员工采取了直接干预的方式进行保护，即劳动者在某一用人单位连续工作满 10 年的，经劳动者提出，用人单位应当与其订立无固定期限劳动合同。

无固定期限劳动合同，是指用人单位与劳动者约定无确定终止时间的劳动合同。该类合同并非绝对不能终止，而是应当按照劳动合同法关于劳动合同解除和终止的相关规定解除或者终止劳动合同。

要点一：协商解除的经济补偿。

如果协商解除是由用人单位提出的，即便劳动者同意解除，用人单位仍需支付经济补偿。经济补偿的标准以劳动者在本单位工作的年限为基础，每满一年支付一个月工资。六个月以上不满一年的，按一年计算；不满六个月的，支付等同于半个月工资的经济补偿。月工资是指劳动者在劳动合同解除或者终止前十二个月的平均工资。支付经济补偿的年限最高不超过十二年。劳动者应当注意保留用人单位向自己提出解除合同征询意见的相关证据，例如邮件、微信聊天记录等电子证据。

要点二：用人单位存在过错，导致劳动者单方解除劳动合同的经济补偿。

此种情况下，用人单位需支付经济补偿。用人单位的过错主要包括：

（1）未按照劳动合同约定提供劳动保护或者劳动条件的。用人单位以暴力、威胁或者非法限制人身自由的手段强迫劳动者劳动的，或者用人单位违章指挥、强令冒险作业危及劳动者人身安全的，劳动者可以立即解除劳动合同，不需要事先告知用人单位。

（2）未及时足额支付劳动报酬的。《北京市高级人民法院、北京市劳动争议仲裁委员会关于劳动争议案件法律适用问题研讨会会议纪要》规定，工资结算支付周期届满后，用人单位应当在与劳动者约定的日期内支付工资，最迟不应超过约定支付日期的七天。

（3）未依法为劳动者缴纳社会保险费的。这里指未给劳动者建立社保账户或者缴费险种不全的情形。如果建立了社保账户，但是缴费基数低于实际工资，或者缴费年限少的，劳动者可以向劳动保障监察部门投诉要求补缴，但是不能单方解除劳动合同然后要求单位支付补偿金。

（4）用人单位的规章制度违反法律、法规的规定，损害劳动者权益。

（5）用人单位以欺诈、胁迫的手段或者乘人之危，使劳动者在违背真实意思的情况下订立或者变更劳动合同的。

（6）用人单位在劳动合同中免除自己的法定责任、排除劳动者权利。

（7）劳动合同违反法律、行政法规强制性规定从而无效，用人单位对此负有过错的。

单位出现上述过错的，劳动者可以提前通知用人单位。因单位存在某项具体的过错，导致自己被迫离职，其后，劳动者可以要求解除劳动合同，并要求用人单位支付经济补偿。

要点三：用人单位无过失性辞退劳动者的经济补偿。

用人单位提前30日以书面形式通知劳动者，或者额外支付劳动者1个月工资后，可以解除劳动合同。

（1）劳动者患病或者非因工负伤，在规定的医疗期满后不能从事原工作，也不能从事由用人单位另行安排的工作的；

（2）劳动者不能胜任工作，经过培训或者调整工作岗位，仍不能胜任工作的；

（3）劳动合同订立时所依据的客观情况发生重大变化，致使劳动合同无法履行，经用人单位与劳动者协商，未能就变更劳动合同内容达成协议的。

上述（2）和（3）原本是法律为了平等保护双方的利益而设定的，但是现实中有可能会被用人单位用来规避单方解除劳动合同的过错，制造条件引用该条款强行终止劳动合同，侵犯员工利益。如果劳动者不符合（2）的情形，或者用人单位不符合（3）的情形的，用人单位的辞退行为将构成违法解除劳动合同，应当向劳动者支付二倍经济补偿标准的赔偿金。

要点四：经济性裁员也需向劳动者支付经济补偿。

法律对经济性裁员作出了明确的限定，裁员既要符合客观的经营状况，又要符合裁员的程序性条件。经济性裁员的客观经营状况条件为：（1）依照企业破产法规定进行重整的；（2）生产经营发生严重困难的；（3）企业转产、重大技术革新或者经营方式调整，经变更劳动合同后，仍需裁减人员的；（4）其他因劳动合同订立时所依据的客观经济情况发生重大变化，致使劳动合同无法履行的。经济性裁员的程序性条件为：因上述原因需要裁减人员 20 人以上或者裁减不足 20 人但占企业职工总数百分之十以上的，用人单位提前 30 日向工会或者全体职工说明情况，听取工会或者职工的意见后，裁减人员方案经向劳动行政部门报告，可以裁减人员。企业裁员必须同时具备上述要求。

要点五：用人单位被依法宣告破产、吊销营业执照、责令关闭、撤销或者用人单位决定提前解散的，劳动合同终止，用人单位也需支付经济补偿。

但是，对于在用人单位连续工作满 15 年、距离退休不足 5 年的员工，用人单位不得以无过失性辞退和经济性裁员的理由解除劳动合同。

如果员工为本单位工作满 10 年，单位未与其签订无固定期限劳动合同的，则要自应当订立无固定期限劳动合同之日起，向员工支付二倍工资，直至签订无固定期限劳动合同的前一日为止。

律师提醒： 在用人单位工作超过 10 年的员工，可以要求与用人单位订立无固定期限劳动合同。如果用人单位强行解除劳动合同，劳动者应当积极收集证据，申请劳动仲裁，依法维护自己的合法权益。

案例评析

张某某与某电脑公司劳动纠纷案*

张某某与其同事郭某在某电脑公司工作十余年，满 10 年后与公司签订

---

* （2019）京 0108 民初 28526 号。

了无固定期限劳动合同。2018 年，公司电脑维修业务大幅减少，公司计划撤掉维修部门，将维修业务外包。因业务变动，公司先将张某某由维修工程师调整至行政杂务岗位，将郭某调整为仓库管理员。郭某接受了调整，而张某某在向公司直接提出异议的同时，仍旧上班提供劳动。其后，公司向二人发送调整岗位征询意见书，载明员工应当填写意向岗位，意向薪酬，三日内如未填写，公司将按照相关规定处理。郭某填写：接受岗位调整，薪酬与原岗位大致相同。张某某则拒绝填写。三日后，公司向二人送达解除劳动合同通知，称公司经营状况发生重大变化，经协商无法就岗位调整达成一致，故解除劳动合同。

二人申请劳动仲裁，仲裁委员会支持企业的解除行为，二人诉至法院，法院经审理认定，企业虽然连续两年维修量跌幅近47%，基于经营成本考虑裁撤部门的行为有其合理性，但是该情形系企业出于对经营策略调整及经营成本的考量而作出的主观的、非难以预见的、非客观性的重大变化，与法律规定的客观情况发生重大变化不符，因此，企业作出的调整岗位和解除劳动合同的决定缺乏法律依据。

法条链接

《中华人民共和国劳动合同法》

第十四条　无固定期限劳动合同，是指用人单位与劳动者约定无确定终止时间的劳动合同。……有下列情形之一，劳动者提出或者同意续订、订立劳动合同的，除劳动者提出订立固定期限劳动合同外，应当订立无固定期限劳动合同：

（一）劳动者在该用人单位连续工作满十年的；

……

第四十二条　劳动者有下列情形之一的，用人单位不得依照本法第四十条、第四十一条的规定解除劳动合同：

……

（五）在本单位连续工作满十五年，且距法定退休年龄不足五年的；

……

第四十八条　用人单位违反本法规定解除或者终止劳动合同，劳动者要求继续履行劳动合同的，用人单位应当继续履行；劳动者不要求继续履行劳动合同或者劳动合同已经不能继续履行的，用人单位应当依照本法第八十七条规定支付赔偿金。

（菅磊律师）

36　从公司离职后，因竞业限制无法自主择业，我该怎么办？

律师意见

当前市场竞争愈发激烈，知识经济时代，信息和技术成为核心竞争力，掌握信息和技术的人才已然是各行各业的"香饽饽"。企业为防止竞争优势与商业利益的流失，需要对掌握信息和技术的人才流动进行限制，即竞业限制。公司竞业限制的目的是防止劳动者向竞争对手泄露商业信息或其他竞争利益，以免造成不正当竞争，使公司丧失竞争优势。

意见一：向公司所在地的劳动监察委员会反映。

劳动监察委员会主要对用人单位遵守劳动保障法律、法规或者规章的情况进行监督检查，从而发现和纠正违法行为，并对违法行为进行处理。一些常见的情况，例如用人单位克扣或者无故拖欠工资，不依法签订劳动合同、缴纳社会保险，扣押劳动者证件等，均可以向劳动监察委员会投诉。

公司所在地劳动监察委员会电话可通过官网或"114"查询，但最好直接到该机构反映情况。劳动者举报投诉公司时，应当准确说出单位名称、地址、联系方式，说明事实依据和请求事项，如具体的违法时间、行为，造成的结果等。

意见二：向劳动争议仲裁委员会申请仲裁。

劳动者可以直接向劳动争议仲裁委员会申请仲裁，但申请仲裁前需要明确公司是否已单方面解除竞业限制协议。若公司未主动告知，劳动者最好亲自向公司进行确认。若公司同意解除协议，则意味着劳动者可以享有自主择业的权利，开始寻找新的工作；若公司不同意解除且拒不支付经济补偿的，劳动者可申请仲裁，因公司原因不支付经济补偿达三个月的，劳动者可以要求公司支付经济补偿并且解除竞业限制协议。

案例评析

季某某与运达公司劳动争议纠纷案 *

2012 年 6 月，运达公司与季某某签订劳动合同与竞业限制协议书各一份，约定季某某在运达公司任职期限终止后两年内须遵守此协议。2013 年 7 月 30 日，运达公司与季某某提前解除劳动合同关系，2013 年 8 月 5 日，运达公司通过 EMS 邮政特快专递向季某某邮寄终止竞业限制通知书一份，但邮件未能送达季某某手中。季某某认为竞业限制经济补偿应按照每月工资 50 000 元的 30% 计算，共计算 24 个月，竞业限制经济补偿共计 360 000 元。

一审法院认为运达公司在竞业限制期间有权单方面解除协议，根据双方签订的《劳动合同》第二十条规定，运达公司于 2013 年 8 月 5 日将解除竞业限制通知书交于 EMS 邮寄时，即可视为已将解除竞业限制通知书送达季某某，公司应当向季某某额外支付三个月的竞业限制经济补偿。因运达公司与季某某并没有约定竞业限制期间的经济补偿，所以经济补偿数额应当按照劳动合同解除前季某某 12 个月的平均工资 50 000 元的 30% 计算，即每月经济补偿为 15 000 元。综上，运达公司应当额外向季某某支付竞业限制经济补偿 45 000 元。

二审法院认为劳动者取得竞业限制经济补偿以自身负有竞业限制义务为条件，并非以劳动者在劳动合同解除或终止后的当然收益为基准。用人单位作为权利的享有者，有权行使该权利，也可以放弃该权利。因此，用人单位有权单方面通知解除竞业限制，无需继续支付竞业限制经济补偿。故，二审法院裁定维持原判。

---

* （2014）东民一终字第 125 号。

《最高人民法院关于审理劳动争议案件适用法律问题的解释（一）》

第三十六条　当事人在劳动合同或者保密协议中约定了竞业限制，但未约定解除或者终止劳动合同后给予劳动者经济补偿，劳动者履行了竞业限制义务，要求用人单位按照劳动者在劳动合同解除或者终止前十二个月平均工资的30%按月支付经济补偿的，人民法院应予支持。

前款规定的月平均工资的30%低于劳动合同履行地最低工资标准的，按照劳动合同履行地最低工资标准支付。

第三十七条　当事人在劳动合同或者保密协议中约定了竞业限制和经济补偿，当事人解除劳动合同时，除另有约定外，用人单位要求劳动者履行竞业限制义务，或者劳动者履行了竞业限制义务后要求用人单位支付经济补偿的，人民法院应予支持。

第三十八条　当事人在劳动合同或者保密协议中约定了竞业限制和经济补偿，劳动合同解除或者终止后，因用人单位的原因导致三个月未支付经济补偿，劳动者请求解除竞业限制约定的，人民法院应予支持。

第三十九条　在竞业限制期限内，用人单位请求解除竞业限制协议的，人民法院应予支持。

在解除竞业限制协议时，劳动者请求用人单位额外支付劳动者三个月的竞业限制经济补偿的，人民法院应予支持。

（兰瑞雪律师）

37　离职半年了，公司一直没有给我结算工资，我能合法追回工资吗?

我国劳动争议调解仲裁法规定，劳动争议申请仲裁的时效期间为一年，从当事人知道或者应当知道其权利被侵害之日起计算。但是，劳动关系终止的，应当自劳动关系终止之日起一年内提出申请。通常可以将离职理解为企业与劳动者之间的劳动关系已终止。因此，离职半年后，公司一直没有结算工资的，可以通过以下途径追讨工资。

途径一：向有关劳动行政部门投诉。

可以通过拨打电话或者到劳动行政部门进行举报、投诉等方式，由劳动行政部门责令企业限期支付劳动报酬，也就是未结算的工资。

途径二：向劳动争议仲裁委员会申请劳动仲裁。

准备好劳动仲裁申请书及相关证据材料及手续等，到劳动合同履行地或者用人单位所在地的劳动争议仲裁委员会申请劳动仲裁，劳动争议仲裁委员会经审理作出裁决。如不服裁决，还可以向人民法院提起诉讼。

途径三：向当地人民法院申请支付令。

申请书应当写明请求企业给付的具体金钱数额和要求给付金钱所依据的事实、证据，申请符合法律规定的，人民法院会予以受理。经审查后认定债权债务关系明确、合法的，法院会向拖欠工资的公司发出支付令。支付令发出后，企业应当在规定期限内清偿拖欠工资。

律师提醒：无论劳动者事后采用哪种方式追回自己一直没有结算的工资，都需要一定的时间成本和经济成本，因此，建议劳动者在离职时便与企业就工资、加班费等所有问题结清，并做好离职交接工作，以便减少纠纷。

案例评析

李某与某物业公司劳动争议案*

2015 年 10 月 12 日，李某到某物业公司工作，双方签订了劳动合同，之后，李某办理了新员工入职手续。试用期间，公司认为李某不符合录用条件，遂于同年 12 月中旬口头通知李某与其解除劳动关系，随后，李某向公司提交离职申请，离职时双方未办理完交接手续。此后，公司一直未向李某支付 2015 年 12 月的工资。后李某提出劳动仲裁。

---

* （2016）云 0103 民初字第 2261 号。

劳动人事争议仲裁委员会作出的裁决书支持了李某的部分仲裁请求，包括公司应一次性支付欠付李某的 12 月的工资。裁决作出后，李某不服，起诉至人民法院。

法院判决某公司一次性支付欠付李某的 12 月的工资。

法条链接

《中华人民共和国劳动合同法》

第三十条　用人单位应当按照劳动合同约定和国家规定，向劳动者及时足额支付劳动报酬。

用人单位拖欠或者未足额支付劳动报酬的，劳动者可以依法向当地人民法院申请支付令，人民法院应当依法发出支付令。

《中华人民共和国劳动争议调解仲裁法》

第九条　用人单位违反国家规定，拖欠或者未足额支付劳动报酬，或者拖欠工伤医疗费、经济补偿或者赔偿金的，劳动者可以向劳动行政部门投诉，劳动行政部门应当依法处理。

《中华人民共和国民事诉讼法》

第二百二十一条　债权人请求债务人给付金钱、有价证券，符合下列条件的，可以向有管辖权的基层人民法院申请支付令：

（一）债权人与债务人没有其他债务纠纷的；

（二）支付令能够送达债务人的。

申请书应当写明请求给付金钱或者有价证券的数量和所根据的事实、证据。

（邢倩律师）

38 我属于劳务派遣员工，公司说没工作就没工资，公司这样做合法吗?

律师意见

我们在许多新闻事件中都可以见到劳务派遣用工的身影，保安、保洁人员、司机、话务员等都是劳务派遣比较多的工种，实际上劳务派遣工种已经不局限于劳动合同法规定的临时性、辅助性、替代性岗位的范畴了。全国总工会"国内劳务派遣调研报告"的数据显示，现有超过6000万劳务派遣人员，主要集中在国有制企业与机关事业单位。当然，民营企业的劳务派遣用工也很多。

劳务派遣存在三方主体，即劳动者、劳务公司、用工单位。劳务公司与劳动者存在劳动合同关系，劳务公司与用工单位之间存在劳务派遣合同关系。由此，劳动者的权益保护比普通用工更加复杂，存在工作岗位调动频繁、缺乏归属感、同工不同酬、工资奖金保险与正式工存在差距等各种现实问题。工作岗位的频繁调动会出现待岗期，在此期间劳动者应该如何保障自身权益呢?

意见一：查看劳动合同的相关约定，要求劳务公司按规定支付报酬。

劳动合同除应当满足法律法规规定的主体条件外，内容也需受到严格限制。《劳务派遣暂行规定》第七条明确要求劳务派遣协议应当将工资标准和支付方式写入合同之中。劳动者若在用工单位上班，则由用工单位将工资打入劳务公司账上，由劳务公司定期发放，也可以由用工单位直接打到劳动者账上。若劳动者未被派出处于待业期间，则应由劳务公司支付待岗工资。待岗工资的发放标准可以约定在劳动合同中，若劳动合同没有约定待岗工资，则按照当地最低工资标准发放工资。

为劳务派遣员工发放待岗工资是劳务公司的法定义务，无论有无明确约定，劳动者均有权向其主张。在与劳务公司进行协商时建议录音或提出书面申请，录音与书面申请可作为证据使用。

意见二：向劳动保障监察部门投诉或直接申请劳动仲裁或提起诉讼。

劳动保障监察部门对公司不按照法律法规要求支付劳动报酬的情形享有

监察权，劳务公司若明确表示不支付待岗工资的，劳动者可以选择向当地劳动保障监察部门投诉。全国统一的劳动保障服务号码为"12333"，也可以直接到该机构反映情况，需准确说出被举报单位的基本信息，告知举报投诉事项和基本线索。劳动者也可以不经举报投诉，收集证据后直接申请劳动仲裁或提起诉讼。

案例评析

振远保安公司诉龙某劳动争议纠纷案*

振远保安公司与龙某签订了劳动合同，合同期限为 2011 年 11 月 3 日至 2014 年 10 月 30 日。在此期间龙某由公司派到蓝山县人民医院从事保安工作，中间没有间断过工作。2014 年 9 月 29 日，振远保安公司因与人民医院产生合同纠纷，便口头通知申请人在家待岗，对申请人 70 天未安排工作，也未发放工资。在申请人与振远保安公司合同到期后，公司没有与申请人继续签订劳动合同书，也没有书面通知申请人办理相关手续，没有给予申请人经济补偿和退还服装费。

一审法院经审查认定，2014 年 9 月底因振远保安公司与人民医院没有处理好合同关系，振远保安公司口头通知龙某待岗后，此后的 70 天里未安排龙某工作，待岗期间未发放龙某工资，未书面解除与龙某的劳动合同关系。待岗作为劳动合同存续期间的一种特殊状态，应视为劳动合同的继续，劳动者虽没有提供劳动，但并非意味着其拒绝提供劳动，而只是在被动地延续待岗。振远保安公司无证据证明劳动者已经与其他用人单位形成新的劳动关系，应当按照《中华人民共和国劳动合同法》第五十八条第二款规定支付待岗工资，但只能支付至双方合同期满之日为止的工资。

二审法院裁定维持一审法院判决结果，驳回了振远保安公司的上诉请求。

＊（2015）永中法民一终字第 282 号。

法条链接

《中华人民共和国劳动合同法》

第五十八条第二款　劳务派遣单位应当与被派遣劳动者订立二年以上的固定期限劳动合同，按月支付劳动报酬；被派遣劳动者在无工作期间，劳务派遣单位应当按照所在地人民政府规定的最低工资标准，向其按月支付报酬。

《工资支付暂行规定》

第十二条　非因劳动者原因造成单位停工、停产在一个工资支付周期内的，用人单位应按劳动合同规定的标准支付劳动者工资。超过一个工资支付周期的，若劳动者提供了正常劳动，则支付给劳动者的劳动报酬不得低于当地的最低工资标准；……

《劳务派遣暂行规定》

第七条　劳务派遣协议应当载明下列内容：

……

（四）按照同工同酬原则确定的劳动报酬数额和支付方式；

……

（兰瑞雪律师）

39 公司适用"末位淘汰制"辞退排名末位的员工，这种做法合法吗？

律师意见

企业具有自主经营权和用工管理权，很多企业为了激励员工提高绩效，采用"末位淘汰制"的考核方式，将排名靠后的员工予以淘汰、辞退。"末位淘汰制"是一种绩效考核管理制度，法律没有禁止用人单位通过该种方式解除劳动关系，但用人单位以"末位"排名来淘汰员工的行为是否合法，关键要看单位如何使用，在哪个环节使用。作为劳动者，在维护自己合法权利时，可以把握如下要点。

要点一：员工在绩效考核中排名末位，不等同于其"不能胜任工作"。

员工在用人单位上班，只要用人单位实施考核排名，必定会有"末位"存在，这种"末位"排名，可能因不能胜任当前工作造成，也可能是虽然能够胜任当前工作，但因多种因素和指标导致排名在末位。因此，员工排名在"末位"，不代表其业绩不合格，不等于其"不能胜任工作"，用人单位必须将"无法做好工作而处于末位"和"胜任工作却处于末位"区分开来。

要点二：单位不能仅以员工考核排名末位为由单方解除劳动合同。

如果用人单位以员工"不能胜任工作"为由辞退员工的，必须同时满足如下条件：（1）员工不能胜任本职工作；（2）对员工进行重新培训后仍不能胜任原工作，或调整岗位后不能胜任新岗位。

员工不能胜任工作时，用人单位首先应当对员工进行培训、作出调整工作岗位等处理，经培训、调岗以后，员工仍不能胜任工作的，则用人单位可以依法解除劳动合同。如果员工仅是业绩居于"末位"而并非不能胜任工作的，则不符合用人单位单方解除劳动合同关系的法定条件，用人单位不能据此单方解除劳动合同。

要点三：用人单位以"末位淘汰"违法解除劳动合同要依法承担赔偿责任。

员工是被管理者，始终处于弱势地位，如果单位以"末位淘汰"方式违法辞退员工，那么用人单位应当受到一定处罚。根据我国法律规定，员工可以要求用人单位继续履行劳动合同或者按经济补偿标准的二倍支付赔偿金。

律师提醒：即使劳动者在用人单位等级考核中居于末位等次，"末位"也不等于"不能胜任工作"，"末位淘汰"的处理方式包括降级、降职、调整岗位、解除劳动合同等多种形式，因此，"末位淘汰"不是公司单方解除劳动合同的法定条件。

案例评析

杭州某通讯公司诉王某某劳动合同纠纷案*

王某某在杭州一家知名通讯公司从事销售工作，按照公司绩效管理规定：员工半年、年度绩效考核分别为 S、A、C1、C2 四个等级，不胜任工作原则上考核为 C2。王某某所在部门解散后，其被转岗到其他区域从事销售工作，但王某某连续三次的考核结果均为 C2。公司认为，王某某不能胜任工作，经转岗后，仍不能胜任工作，所以在支付了部分经济补偿金后解除了与王某某的劳动合同。

王某某不服公司决定，便提起劳动仲裁，仲裁委员会裁决公司支付违法解除与王某某的劳动合同的赔偿金。公司不服该裁决，后诉至法院，请求判令不予支付解除劳动合同赔偿金。

一审法院认为，公司应对王某某不胜任工作，经转岗后仍不胜任工作负举证责任。虽然王某某的三次考核结果均为 C2，但是 C2 等级并不完全等同于"不能胜任工作"；虽然王某某转岗前后均从事销售工作，但原部门解散才导致了王某某转岗，不能证明王某某系因不能胜任工作而转岗。因此，公司解除劳动合同不符合单方解除劳动合同的法定条件，存在违法解除劳动合同的情形。一审法院判决公司应向王某某一次性支付经济补偿标准二倍的赔偿金。后双方均未上诉，该判决发生法律效力。

法条链接

《中华人民共和国劳动合同法》

第四十条 有下列情形之一的，用人单位提前三十日以书面形式通知劳动者本人或者额外支付劳动者一个月工资后，可以解除劳动合同：

……

（二）劳动者不能胜任工作，经过培训或者调整工作岗位，仍不能胜任

---

* （2011）杭滨民初字第 885 号。

工作的；

……

第四十八条　用人单位违反本法规定解除或者终止劳动合同，劳动者要求继续履行劳动合同的，用人单位应当继续履行；劳动者不要求继续履行劳动合同或者劳动合同已经不能继续履行的，用人单位应当依照本法第八十七条规定支付赔偿金。

（李丹律师）

教育、交通及医疗等纠纷

40 老师把我家孩子打得住院了，我该如何维权呢？

法官意见

近年来，在我国个别学校相继发生了老师殴打学生的事件，有的学生被老师殴打致重伤，情节严重，性质恶劣。对此，家长和学生应该如何维权呢？

要点一：如遇到学生被老师殴打的情形，应当及时搜集证据。

学生如遇老师殴打，不要有惧怕之心，应当及时告知自己的父母，如实陈述情况，情节严重的，父母必须及时报警，由公安部门到所在学校调取监控录像并对老师、同学进行取证。与此同时，家长可向学校所在的教育局等有关行政主管部门申诉，必要时拿起法律武器保护自身合法权益。

要点二：老师殴打学生，是民事案件还是刑事案件？

大多数家长在得知自己的孩子被老师殴打以后，会到派出所要求立案调查，希望通过刑事手段解决问题。报警以后，公安机关会让受害人到相关鉴定部门进行伤情鉴定，如果经鉴定构成轻伤及以上结果的，则应按照涉嫌故意伤害罪进行处理。如果经鉴定没有构成轻伤以上结果的，公安机关认为这种情况属于人身健康侵权纠纷，不属于公安机关的管辖范围，只能建议其到法院通过民事诉讼方式维护其权益。

如果按照民事案件立案的，家长可以将学校或幼儿园列为被告，赔偿项目可以包括医疗费（结合门诊病历、住院病历、诊断证明书、医疗费票据）、住院伙食补助费（结合当地一般国家工作人员出差伙食补助费标准）、营养费、护理费（一人护理，结合护理人员的实际情况及当地的经济状况）、交通费，还可要求赔礼道歉。

案例评析

张某与窦某等生命权、健康权、身体权纠纷案*

原告张某于 2014 年 4 月转入被告开办的某幼儿园，当时原告的母亲刘某并不知道被告开办的该幼儿园没有任何办学资质，也没有教育部门的相关备案。原告的母亲自从原告张某转到该幼儿园以来，陆续发现孩子身上有瘀青，并且孩子还每天哭着不愿意去上幼儿园，问孩子原因孩子始终都不说。后来原告的母亲从幼儿园同班的孩子家长处得知该幼儿园的老师有虐待孩子的行为，并教唆孩子说谎、不许告诉家长。2014 年 12 月底，原告的母亲和其他几个孩子的家长报警后，经过调取幼儿园内的监控录像，确定原告身上的伤确系园内老师所为。事后，被告作为该幼儿园的负责人，不但没有向原告的母亲赔礼道歉，也没有赔偿其他损失，因此张某的母亲刘某代理其将该幼儿园负责人窦某告上了法庭。

一审法院经审理认定，原告交纳相关费用后在某幼儿园就读，幼儿园理应为原告提供符合国家规定的教育，但根据公安机关查明的情况及法院询问情况得知，该幼儿园老师在教学期间多次殴打原告等多名幼儿，对原告的身体和心灵均造成了伤害，故对于原告要求被告窦某赔偿其医疗费、精神抚慰金、向其赔礼道歉的诉讼请求，法院予以支持；认定某幼儿园系挂靠在其他幼儿园名下，由窦某负责独立经营，窦某作为某幼儿园的实际经营者，对张某的损失应承担赔偿责任。

---

* （2015）通少民初字第 14471 号。

法条链接

《中华人民共和国民法典》

第一千一百七十九条　侵害他人造成人身损害的，应当赔偿医疗费、护理费、交通费、营养费、住院伙食补助费等为治疗和康复支出的合理费用，以及因误工减少的收入。造成残疾的，还应当赔偿辅助器具费和残疾赔偿金；造成死亡的，还应当赔偿丧葬费和死亡赔偿金。

（侯春亮法官）

41 孩子因为在学校被班主任骂而不想上学，甚至有自杀、自残行为，我该找谁承担责任呢？

律师意见

我国法律体系对于精神损害赔偿采取严格态度，因此法院在校园侵权案件的实际审理过程中都会严格适用法律，综合考量当事人是否由于学校老师的行为受到精神损害、当事人的精神损害程度等多方面因素。如果仅仅是由于孩子在学校不听话，被班主任骂，孩子不想去上学的，法院一般不会支持当事人的精神损害赔偿主张。但由此对孩子造成严重的心理或者生理影响的，甚至作出自杀、自残等行为，导致孩子遭受严重的人身损害后果的，此时就有主张侵权行为人赔偿相关损失的可能。

意见一：学校不应当承担赔偿责任的情况。

学校作为教育机构有权对学生实施教育管理，依法履行法定职责，对学生进行正常的学校管理、批评教育。如果没有法律意义上的过错，且教育管理过程中并不存在不正当贬损学生人格的语言和行为的情况，即使学生发生自残、自杀行为也可能是因为其他原因导致。这种属于个人独立认知的行为，与学校的教育管理不存在侵害与被侵害的因果关系，因此学校不应当承担相应的法律责任。

意见二：学校应当承担赔偿责任的情况。

对未成年人依法负有教育、管理、保护义务的学校、幼儿园或者其他教育机构，未尽职责范围内的相关义务致使未成年人遭受人身损害，或者未成年人致他人人身损害的，应当承担与其过错相应的赔偿责任。法院通常会判决校方承担一定的责任，而责任比例根据原被告双方提供的证据确定，存在较大的波动风险。

案例评析

张某与某中学责任纠纷案*

张某是某中学学生，2017年3月29日，张某因上数学课时玩手机被数学老师没收了手机。数学老师随后将张某上课玩手机一事告诉张某的班主任，班主任当着全班同学的面对张某进行谩骂，并表示不能归还手机，要找张某家长谈话。此事让张某心里产生了恐惧。班主任老师的谩骂行为使张某觉得人格受到了贬损，出于惧怕、委屈的心理，张某在下课时从三楼跳下受伤，治疗花费了大量医药费。

法院综合全案所提交的各种证据材料，认为该案中，张某父母及张某在教育和接受教育的过程中均存在过错，故应按照各自的过错承担相应的责任，某中学对张某的医疗费等各项损失应承担35%的费用为宜。某中学应根据责任比例给付张某医疗费等各项赔偿款52 683.30元。张某关于精神损害赔偿金5000元的诉讼请求亦符合法律规定，法院予以支持。

法条链接

《中华人民共和国教育法》

第四十三条　受教育者享有下列权利：

……

＊（2017）黑0109民初1682号。

（四）对学校给予的处分不服向有关部门提出申诉，对学校、教师侵犯其人身权、财产权等合法权益，提出申诉或者依法提起诉讼；

……

第五十条 未成年人的父母或者其他监护人应当为其未成年子女或者其他被监护人受教育提供必要条件。

未成年人的父母或者其他监护人应当配合学校及其他教育机构，对其未成年子女或者其他被监护人进行教育。

学校、教师可以对学生家长提供家庭教育指导。

《中华人民共和国义务教育法》

第二十九条 教师在教育教学中应当平等对待学生，关注学生的个体差异，因材施教，促进学生的充分发展。

教师应当尊重学生的人格，不得歧视学生，不得对学生实施体罚、变相体罚或者其他侮辱人格尊严的行为，不得侵犯学生合法权益。

《中华人民共和国民法典》

第九百九十六条 因当事人一方的违约行为，损害对方人格权并造成严重精神损害，受损害方选择请求其承担违约责任的，不影响受损害方请求精神损害赔偿。

第一千一百八十三条 侵害自然人人身权益造成严重精神损害的，被侵权人有权请求精神损害赔偿。

因故意或者重大过失侵害自然人具有人身意义的特定物造成严重精神损害的，被侵权人有权请求精神损害赔偿。

（周浩然律师）

42 老师有权没收学生的手机吗？

律师意见

老师作为学校和学生教学管理关系中的第一责任人和直接联络者，根据义务教育法和高等教育法的相关法律规定，拥有一定的教学管理权，对于学生违反课堂纪律随意玩手机的行为，可以作出暂时没收手机的处分。这种处分仅仅是为了对学生违反课堂纪律的行为起到警示作用，所以老师并没有获得手机的所有权，应当在暂存手机一段时间后，将手机还给学生或者交由学生家长处理。如果老师保存手机不当或者超期保存致使手机损毁的，则应当承担相应的侵权赔偿责任。此外，关于学校是否承担相关责任的问题，需要根据具体案情进行分析。

意见一：老师尽到合理义务，学校不应当承担责任。

学生在校违规使用手机导致手机被老师没收后，老师一般会通过与家长面谈、让学生写检查等方式对学生进行惩戒，从而起到警示、教育的作用，随后便会将手机返还给学生。这种情况下，老师并未侵犯学生对于手机的所有权，也未对学生的财产造成损害，因此老师没有任何过错，校方不应承担赔偿责任。

意见二：老师没有完全尽到相应的责任，学校应当承担相应的责任。

在很多案件中，教师由于各种原因，没有及时返还学生的手机，事实上侵害了学生对手机的所有权、使用权，此时老师具有一定的过错，手机损毁的事实结果与其侵权行为有一定的因果关系，校方对此损害后果需要承担相应的赔偿责任。而且，对于因此而产生的其他相关后果，学校也应当根据发生的案件事实和因果关系强弱程度，承担一定比例的法律责任。

案例评析

谢某某与李某某、某某中学健康权纠纷案*

2013年上半年，谢某某与李某某均就读于安康市某某中学。2013年3月，谢某某在课间因玩李某某的手机被班主任关某没收手机。事后关某告知了双方的父母并表示手机先放在老师处。没过几天关某把手机还给了李某某的父母。但因李某某并不知情，遂对谢某某心存恨意。2013年4月24日早上，李某某用脚踹了谢某某几脚，谢某某没有予以理睬，李某某见状又继续踹了一脚，导致谢某某跌倒受伤，被送往医院治疗，诊断结果为：右胫腓骨

＊（2014）汉滨民初字第 01352 号。

远端粉碎性骨折、全身多处软组织损伤等。后被鉴定为八级伤残。谢某某以李某某故意伤害他人身体应当承担侵权责任，以及某某中学在教育教学活动中疏于教育和管理，致使李某某伤害他人的行为发生，其亦应当承担侵权责任为由，向法院起诉要求法院判令两被告连带赔偿谢某某经济损失共计200 182元。

一审法院认为被告李某某与原告谢某某发生矛盾，李某某致谢某某受伤，侵犯了原告的健康权，其应承担由此给原告造成的经济损失；原告谢某某在使用被告李某某的手机被老师没收后，未能采取有效的方法化解与李某某之间的矛盾，其自身对侵权行为的发生亦有过错，应承担相应的责任；被告某某中学对学生在校期间发生的矛盾疏于排查和教育，对校内学生的安全疏于管理和保护，亦应承担相应的赔偿责任。因此法院判决：由被告李某某的监护人李甲、高乙赔偿原告谢某某各项经济损失127 226.54元；由被告某某中学赔偿原告谢某某各项经济损失42 408.85元。

法条链接

《中华人民共和国民法典》

第一千一百六十五条　行为人因过错侵害他人民事权益造成损害的，应当承担侵权责任。

依照法律规定推定行为人有过错，其不能证明自己没有过错的，应当承担侵权责任。

第一千一百六十六条　行为人造成他人民事权益损害，不论行为人有无过错，法律规定应当承担侵权责任的，依照其规定。

第一千一百七十三条　被侵权人对同一损害的发生或者扩大有过错的，可以减轻侵权人的责任。

（周浩然律师）

43 学校有权不给学生发放本科学位证吗?

法官意见

近年来,高等院校学生因未通过等级考试、必修课成绩不合格或考试作弊、违反校规校纪等原因拿不到学位证而起诉高等学校的事件时有发生。高等学校由于以上原因是否有权不授予学生学位证引发了人们的热议。

意见一:学校是不是案件适格主体。

高等学校对在校学生有进行学籍管理、奖励或处分的职责,有代表国家对在校学生颁发学历证书、学位证书的职责。高等学校与在校学生之间系属教育行政管理关系,在校学生对高等学校涉及在校学生基本权利的管理行为不服的,有权提起行政诉讼,高等学校是行政诉讼的适格被告。

意见二:学校是否有权力不授予学生学位证书。

高等学校享有代表国家对在校学生颁发相应的学位证书的权力。高等学校作为公共教育机构,其对在校学生颁发学位证书的权力是国家法律授予的,其颁发学位证书的行为作为高等学校在教育活动中的管理行为,由高等学校单方面作出,无须征得在校学生的同意,属于行政行为的范畴。

案例评析

赖某诉某学校教育行政管理纠纷案*

原告系被告某学校本科就读学生,2012 年 9 月入学,2016 年 6 月毕业,取得本科毕业证。但被告以原告曾因考试作弊受到处分为由,不予颁发学位证书。原告多次向被告申诉,均遭拒绝。原告认为被告不予颁发学位证书涉及程序违法,遂诉至法院要求某学校授予原告学士学位,并颁发学位证书。

————————————

* (2016)皖 0203 行初 8 号。

一审法院认定，本案被告某学校按照自主办学原则及学位条例确定的学位授予宗旨，制定《某学校授予学士学位工作细则》，将授予学士学位应具备的条件予以细化，不违反现行法律法规规定。本案原告因在考试中夹带与考试相关的纸条作弊被记过处分，被告虽无充分证据证明其在处分时已将处分决定书送交给原告本人，但根据《学生手册》的规定，原告应当知晓其夹带纸条行为的后果。另根据原告自述，其在 2016 年毕业前夕知晓了处分决定，但原告并未提交证据证明其就该处分提出了异议并进行了申诉。根据《某学校学生考试工作暂行规定》的规定，原告作弊行为被记过并不违反法律法规规定。被告据此不授予原告学士学位，于法有据，法院予以确认。

法条链接

《中华人民共和国学位条例》

第二条　凡是拥护中国共产党的领导、拥护社会主义制度，具有一定学术水平的公民，都可以按照本条例的规定申请相应的学位。

《中华人民共和国学位条例暂行实施办法》

第二十五条　学位授予单位可根据本暂行实施办法，制定本单位授予学位的工作细则。

（侯春亮法官）

44　学校让学生去实习，没有工资、社保，合法吗？

律师意见

实习期是否需要支付工资和办理社保呢？首先需要对实习的类型进行分析确认。社会人士在工作实习期间是需要发工资、缴纳社保的，但如果是学生实习，需要区分以下几种情况。

（1）勤工助学。勤工助学是指学生在学校的组织下利用课余时间，通过劳动取得合法报酬，用于改善学习和生活条件的实践活动。《高等学校学生勤工助学管理办法》规定在校学生以校外勤工助学形式进行实习时，用人单位应支付相应的劳动报酬，而且校外勤工助学酬金标准不应低于学校所在的当地政府或有关部门规定的最低工资标准。根据《关于贯彻执行〈中华人民共和国劳动法〉若干问题的意见》第十二条的规定，在校生利用业余时间勤工助学，不视为就业，未建立劳动关系，可以不签订劳动合同。勤工助学的在校学生与用人单位未建立劳动关系，故用人单位可以不为其办理社保。

（2）职业学校学生实习。职业学校学生实习，包括认识实习、岗位实习等形式。《职业学校学生实习管理规定》规定，对岗位实习的实习生用人单位应当支付工资。但鉴于职业学校的学生仍属于在校生，一般不认定其与用人单位存在劳动关系，故用人单位可以不为其办理社保。但根据以上管理规定的要求，职业学校和实习单位应根据国家有关规定，为实习学生投保实习责任保险。

（3）就业实习。就业实习，是指学生以与用人单位建立稳定的劳动关系为目的，在毕业前进入用人单位实习。关于就业实习，司法实践中较为普遍的观点是：在取得毕业证前，实习学生仍系在校生，归属学校管理，一般不认为其与用人单位已建立劳动关系。毕业前的实习工资由实习学生与用人单位协商确定，用人单位可以不为实习学生办理社保，但双方在建立劳动关系后，用人单位需按照劳动合同法的规定向其支付工资并办理社保。

案例评析

潘某某与某公司劳动争议纠纷案[*]

潘某某为某大学的在校学生，因学校安排的实习需要，于 2014 年 3 月 3 日入职某公司进行实习工作，担任采购员、外送员、咖啡师等职。潘某某在某公司实习期间的实习工资为每月 1800 元。2014 年 4 月 22 日，某公司支付了潘某某工资 1770 元。2014 年 5 月 23 日，潘某某从某公司离职。离职时某

---

[*]（2014）高新民初字第 3914 号。

公司未予支付潘某某实习工资 3000 元。潘某某向法院提起诉讼，请求法院判令某公司支付工资及未签订书面劳动合同的双倍工资差额，某公司为其补缴社会保险。

法院认为，由于潘某某系在校大学生，潘某某基于实习的需要到某公司所从事的工作系其学业之组成部分，并非意味着与用人单位建立了劳动关系，故其与某公司之间不存在事实劳动关系，某公司不需要与潘某某签订书面劳动合同，为其办理社会保险，但潘某某于实习期间的实习报酬仍受法律保护，某公司应予支付。据此法院判决，某公司应支付潘某某工资，驳回潘某某其他诉讼请求。

法条链接

《高等学校学生勤工助学管理办法》

第二十八条 学生参与校内非营利性单位的勤工助学活动，其劳动报酬由勤工助学管理服务组织从勤工助学专项资金中支付；学生参与校内营利性单位或有专门经费项目的勤工助学活动，其劳动报酬原则上由用人单位支付或从项目经费中开支；学生参加校外勤工助学，其劳动报酬由校外用人单位按协议支付。

《职业学校学生实习管理规定》

第十八条 接收学生岗位实习的实习单位，应当参考本单位相同岗位的报酬标准和岗位实习学生的工作量、工作强度、工作时间等因素，给予适当的实习报酬。在实习岗位相对独立参与实际工作、初步具备实践岗位独立工作能力的学生，原则上应不低于本单位相同岗位工资标准的 80% 或最低档工资标准，并按照实习协议约定，以货币形式及时、足额、直接支付给学生，原则上支付周期不得超过 1 个月，不得以物品或代金券等代替货币支付或经过第三方转发。

第三十五条 职业学校和实习单位应当根据法律、行政法规，为实习学生投保实习责任保险。责任保险范围应当覆盖实习活动的全过程，包括学生实习期间遭受意外事故及由于被保险人疏忽或过失导致的学生人身伤亡，被保险人依法应当承担的赔偿责任以及相关法律费用等。

学生实习责任保险的费用可按照规定从职业学校学费中列支；免除学费的可从免学费补助资金中列支，不得向学生另行收取或从学生实习报酬中抵扣。职业学校与实习单位达成协议由实习单位支付学生实习责任保险投保经费的，实习单位支付的投保经费可从实习单位成本（费用）中列支。

鼓励实习单位为实习学生购买意外伤害险，投保费用可从实习单位成本（费用）中列支。

（张渝英律师）

45 我把车借给朋友开，结果他撞人了，我需要赔偿吗？

律师意见

一般而言，车辆外借后，车主无法实际控制车辆，此时，实际使用人是车辆运行的支配者、利益归属者，应当由实际使用人承担责任。至于车主是否需要赔钱，主要看其是否有过错。在几种特殊情况下，如果车主对损害的发生有过错，车主应当承担相应的赔偿责任。

要点一：车主对出借行为存在过错的情形有哪些？

根据《中华人民共和国民法典》和最高人民法院发布的相关司法解释的规定，有下列情形之一的，可以认定车主存在过错：

（1）出借的机动车存在缺陷，并因缺陷发生交通事故。车主对车辆负有维修保养义务，应当确保出借车辆没有刹车制动失灵、车灯不亮、胎压不均衡等影响安全行驶的故障，确保车况良好且无瑕疵。

（2）借用人没有机动车驾驶资格仍出借。该情形包括：没有取得机动车驾驶证（将车借给无驾照的未成年人）；没有取得驾驶证准予驾驶的车型（如持有 B 类驾照却驾驶 A 类车辆）；通过了驾照考试但尚未核发驾驶证，驾照已过有效期，驾照被暂扣、吊销或注销等。

（3）明知借用人存在饮酒，服用国家管制的精神、麻醉药品，患有妨碍驾车的疾病等危险因素导致不能驾驶或者不宜驾驶机动车等情形仍出借的。患有妨碍安全驾驶机动车的疾病是指患有足以影响观察、判断事物能力和控制行为能力的疾病，如严重听力或视力疾病、癫痫等。

（4）其他应当认定机动车所有人或者管理人有过错的情形。这是兜底性规定，根据不同情况进行具体分析和认定。

要点二：车主对出借行为存在过错时，其应承担怎样的赔偿责任？

由于事故和危险主要是由驾驶人的行为引起的，而非车辆本身，因此，实际驾驶人应对事故承担主要责任，车主对出借车辆有"过错"时，承担与其过错程度相适应的赔偿责任，而非承担连带责任。有一点需要注意，因车主有投保交强险的法定义务，如果其没有投保交强险，则车主首先应在交强险范围内承担赔偿责任，超出交强险的部分，再根据车主的过错程度，承担相应的赔偿责任。还有一点需要注意，如果实际驾驶人没有取得驾驶资格，或存在醉酒、服用国家管制的精神药品、麻醉药品后驾驶车辆情形的，保险公司在交强险范围内向受害人承担保险赔偿责任后，有权在赔偿范围内向侵权人进行追偿，包括向被保险人追偿。

律师提醒：这里向大家推荐几个"防借"小妙招：（1）直接在车上贴一些表明自己的态度的装饰物。（2）给车辆加装指纹防盗锁，如果每次启动车都需要车主解锁，一般也就打消了借用人的借车念头。（3）告知借用人车况不好、需要检修的情况，顾忌安全的人也会知难而退。

案例评析

游某某诉刘某某、全某某、某保险公司机动车交通事故责任纠纷案＊

某晚，刘某某和朋友聚会时喝了不少酒，饭后，他向朋友全某某借车办点私事，全某某碍于面子，只好把车钥匙给了刘某某。谁知刘某某当日已达到醉酒程度，一路上，他既没有保持安全车速，也没有注意观察路况，最终车辆失控冲入某施工现场，造成工人游某某受伤、车辆损毁。刘某某担心醉驾被查，就驾车逃离了现场。交警认定刘某某对此次事故负全部责任。因协商未果，游某某将刘某某、全某某和某保险公司告上法庭。

一审法院认为，刘某某是在喝完酒、吃完晚饭后当面向全某某借车的，

＊ （2019）赣 10 民终 260 号。

全某某作为车辆所有人且是具有驾驶资格的成年人，负有对借车人的驾驶资格、借车时是否饮酒等禁止驾驶车辆的情况进行主动审查的注意义务，而全某某未尽到应有的审查注意义务。一审法院认为某保险公司应先在交强险范围内承担赔偿责任，其赔偿后有权在赔偿范围内再向侵权人追偿，保险公司无须在商业三者险范围内承担赔偿。一审法院判决某保险公司在交强险医疗费、伤残赔偿款限额内先行承担赔偿款，不足部分由刘某某承担80%的赔偿责任，由全某某承担20%的赔偿责任。

二审法院裁定维持原判。

法条链接

《中华人民共和国民法典》

第一千二百零九条 因租赁、借用等情形机动车所有人、管理人与使用人不是同一人时，发生交通事故造成损害，属于该机动车一方责任的，由机动车使用人承担赔偿责任；机动车所有人、管理人对损害的发生有过错的，承担相应的赔偿责任。

《最高人民法院关于审理道路交通事故损害赔偿案件适用法律若干问题的解释》

第一条 机动车发生交通事故造成损害，机动车所有人或者管理人有下列情形之一，人民法院应当认定其对损害的发生有过错，并适用民法典第一千二百零九条的规定确定其相应的赔偿责任：

（一）知道或者应当知道机动车存在缺陷，且该缺陷是交通事故发生原因之一的；

（二）知道或者应当知道驾驶人无驾驶资格或者未取得相应驾驶资格的；

（三）知道或者应当知道驾驶人因饮酒、服用国家管制的精神药品或者麻醉药品，或者患有妨碍安全驾驶机动车的疾病等依法不能驾驶机动车的；

（四）其他应当认定机动车所有人或者管理人有过错的。

第十五条 有下列情形之一导致第三人人身损害，当事人请求保险公司在交强险责任限额范围内予以赔偿，人民法院应予支持：

（一）驾驶人未取得驾驶资格或者未取得相应驾驶资格的；

（二）醉酒、服用国家管制的精神药品或者麻醉药品后驾驶机动车发生交通事故的；

（三）驾驶人故意制造交通事故的。

保险公司在赔偿范围内向侵权人主张追偿权的，人民法院应予支持。追偿权的诉讼时效期间自保险公司实际赔偿之日起计算。

（李丹律师）

46 我开车撞人了，怎么做才可以维护自身权益？

律师意见

天天开车的老司机有时候难免碰到剐蹭，如果不小心发生了撞人的交通事故，如何才能降低损失、减轻责任呢？

要点一：发生交通事故后要采取正确做法。

（1）立即停车，发出警示：停车拉紧手刹或开启电子驻车功能，切断电源，开启警示双闪，摆放三角形警告牌；夜晚还须开启示宽灯、尾灯，以避免新的碰撞事故发生。

（2）保护好现场：在警察到来之前，可用绳索设置警戒线，不要擅自移动现场位置和痕迹，如需移动现场位置，一定要在原始位置上做好相关标记；如果故意破坏、伪造现场或者毁灭证据，肇事者需承担全部责任。

（3）及时报案：及时拨打"122"或"110"，将发生事故的时间、地点、车牌号码和伤亡情况报给公安机关；事故现场着火时，拨打"119"向消防人员报告情况；及时向保险公司报告参保车辆和人员情况。

（4）照顾伤者：事故造成人员伤亡时，拨打"120"向医院求救，如果现场有起火、有毒物质泄漏等危险的，切勿随意移动伤者，不要给伤者喂食物，不适当的移动和处理均可能对伤者造成更大的伤害。

（5）及时留存现场证人的姓名、联系方式，可以将事故现场的交通方向、交通标志、碰撞位置等拍照留存，如实向交警陈述事实，配合交警做好调查工作。

如果不幸遭遇交通事故，不要慌乱无措，要保持理性和冷静，避免不必要的麻烦，减少不必要的损失。

要点二：千万不能心存侥幸或因害怕担责而肇事逃逸。

有些司机为了逃避法律责任，怀着侥幸心理逃逸，殊不知，逃逸行为会导致更严重的法律后果，使肇事者承担原本不需要承担的责任，得不偿失！

造成交通事故发生后逃逸的，驾驶人除需要缴纳罚款以外，还会被吊销驾驶证，而且终生不能再考取驾照。由此可见，相关规定对肇事者的处罚相当严厉。如果驾驶人存在逃逸行为，交警部门往往会认定其对交通事故承担全部责任，保险公司通常会根据保险条款的免责约定在商业三者险范围内拒绝赔偿，因此，驾驶人承担的赔偿金额可能会大大提高。

刑法对交通运输肇事后逃逸的行为规定了严厉的刑事处罚。即对逃逸人员判处三年以上七年以下有期徒刑，因逃逸致人死亡的，处七年以上有期徒刑。

要点三：及时聘请专业人员跟进事故处理、核算事故损失。

为了减少交通事故引起的赔偿责任，要把握好两个重要阶段：一是交警部门出具《交通事故责任认定书》的阶段。如果对交警部门现场勘验、调查取证、车辆鉴定、认定事实、适用法律、事故责任认定结论有异议的，要及时向上级交管部门书面申请复核，请求纠正错误。二是事故理赔阶段。要审查受害人的伤情伤残、住院治疗、误工、护理、被抚养人员等损失情况，要审查保险公司的免责理由能否成立。责任划分和理赔直接影响到驾驶人承担的赔偿金额，如果驾驶人不了解相关知识，可以聘请专业人员跟进案件。

案例评析

周某某与易某某、某保险公司机动车交通事故责任纠纷案*

某天晚上，易某某驾驶汽车回家，由于注意力不集中，突然与一辆摩托车追尾相撞，导致摩托车司机周某某当场死亡。易某某立即打电话给前妻李某某，委托她报警报险，并把行驶证和驾驶证放在了车上，随后弃车逃离了

---

* （2019）湘06民终361号。

事故现场。李某某赶到事故现场后向"122"及保险公司报案，一开始，李某某谎称是她本人驾车，后来禁不住交警的盘问，只好如实交代了易某某驾车肇事的事实。交警随后电话联系易某某，要求他在一个小时内到案接受询问和酒精测试，易某某在电话中承认自己造成了交通事故，但他随后却关机，也没有在规定时间内投案，直到第二天才到交警部门投案自首。交警认定易某某负此次事故的全部责任。经交警部门组织调解，易某某同意赔偿周某某近亲属80万元，并先垫付赔偿款30万元，余款由保险公司予以赔偿。因保险公司不同意在保险限额范围内进行理赔，周某某的近亲属只好向法院提起诉讼。

一审法院认为，易某某驾车疏忽大意，未确保安全行驶，追尾造成周某某当场死亡，易某某对本次事故负全部责任。易某某没有饮酒驾车等违法驾驶行为，在事故发生后告诉前妻迅速报案报险，没有破坏事故现场，这表明易某某采取了一定的积极措施，保险公司在商业险责任限额内免责的理由不成立。一审法院判决保险公司在交强险和商业三者险责任限额范围内赔偿周某某经济损失70余万元，易某某赔偿周某某损失9万余元。

二审法院认为，易某某在发生事故后未依法采取任何措施即逃离现场，且在交警部门要求其一小时内到案接受询问、接受酒精测试后，故意关机、拒不按时到案，直到次日下午才投案自首，可以被认定为肇事逃逸，保险公司在商业三者险内可以免除赔偿责任。二审法院判决撤销一审判决，改判保险公司在交强险限额内向周某某近亲属支付11万元，超出交强险的部分由易某某承担赔偿责任。

法条链接

《中华人民共和国道路交通安全法实施条例》

第九十二条　发生交通事故后当事人逃逸的，逃逸的当事人承担全部责任。但是，有证据证明对方当事人也有过错的，可以减轻责任。

当事人故意破坏、伪造现场、毁灭证据的，承担全部责任。

《中华人民共和国刑法》

第一百三十三条　违反交通运输管理法规，因而发生重大事故，致人重伤、死亡或者使公私财产遭受重大损失的，处三年以下有期徒刑或者拘役；交通运输肇事后逃逸或者有其他特别恶劣情节的，处三年以上七年以下有期徒刑；因逃逸致人死亡的，处七年以上有期徒刑。

（李丹律师）

47 我没有摇上号，但朋友有车牌，我"借名"买车，会有什么法律风险呢？

法官意见

近年来，北京、上海、深圳等城市先后出台了汽车限购措施。限购政策下，由于购车指标有限，出现了大量"借名登记""车户分离"等车辆的形式物权和实质物权相分离的现象，那这种"借名"买车会产生哪些法律风险呢？

要点一：对于实际买车人的风险——所有权归属无法登记确认引发的其他风险。

根据我国法律规定，机动车所有权的取得可以通过买卖合同的方式继受取得，所有权的转移一般以实际交付为要件。物权的设立、变更、转让和消灭适用登记生效原则和登记对抗原则，机动车物权的设立采取登记对抗原则，即登记不是取得机动车物权的必要条件，但具有对抗善意第三人（善意第三人指不知情的第三人，即在合法交易中，对法律关系双方真实情况不知情的已经办理了登记的权利人）的效力。因此，机动车的实际出资人在一般情况下对车辆具有实质所有权。但在限购政策下，因为行政主管部门对限定号牌的车辆取得设定了相应的资格条件，实际购车人如不具备相应资格时，就无法取得车辆所有权。

即便车辆的登记车主和实际出资人之间对于车辆归属没有争议，但也不能排除登记车主的债权人将车辆申请查封扣押以实现债权的情况。因为没有登记过户的车辆所有权无法对抗善意第三人。

要点二：对于出借号牌或购车指标者的风险——车辆运行风险。

民法典对于转让并交付单位办理所有权转移登记的机动车发生交通事故

的责任承担做了明确规定，即由实际车主承担赔偿责任。但这里需要强调的是，该机动车所有权转移登记手续仅指尚未办理，而非不能办理。在实际生活中，出借牌号或者购车指标的行为多数以双方签订有偿租借协议为表现形式。因此，不能认定其符合民法典规定的上述情形，对出借牌号或购车指标的行为更倾向于运用租赁、借用机动车发生交通事故时的规定予以规制，即使用人承担赔偿责任，机动车所有人（登记车主）对损害发生有过错时应当承担相应的赔偿责任。

法官提醒：购车指标是一种许可资格，其并非物权法保护意义上的物，行驶证也只是所有权凭证的载体之一。限购政策下，购车指标已逐渐成为一种稀缺资源，具有了"经济价值"。但是法院无法直接确定购车指标的财产性利益，也无法割裂车牌号和车辆本身进行单独处理。号牌必须与车辆相统一，如果实际出资人因不具有购车指标而不能将车辆过户至其名下的，登记的车主应一并取得车辆和号牌所有权，并支付实际购车人车辆相应的折价款，保证双方的利益均衡。

案例评析

齐某诉王某所有权确认纠纷案*

2010 年，被告王某出资购买上海大众途安牌小汽车一辆，初始登记在自己名下。2010 年 7 月 21 日，被告王某将该车转移登记至原告齐某名下（原告未支付相应对价），但车辆至今仍由被告王某实际占有使用。另，2010 年 12 月 23 日，根据北京市公布的《北京市小客车数量调控暂行规定》，在京购车必须具有购车资格，至判决作出前，被告仍不具有购车资格。齐某担心车辆违章或发生交通事故时自己要承担风险，故诉至法院请求判决车辆归齐某所有，并同意给付王某车辆对价。

一审法院审理认为，本案中涉诉车辆登记转移发生在北京市出台限购政策之前，且为双方当事人自愿真实的意思表示，虽经双方确认涉诉车辆为王

---

* （2014）顺民初字第 3619 号。

某出资购买，但经王某自认截至 2013 年 5 月 7 日其未取得小客车配置指标，也未在双方协商的时间内转移车辆登记，车辆过户登记不能在出资人没有小客车配置指标的情况下仅以其出资购买车辆就将车辆过户至其名下。因此，原告将车辆归原告所有的请求，合理合法，法院予以支持。关于被告出资购买车辆一事，被告在庭审中明确表示不在本案中一并处理，被告可就车辆款补偿问题与原告协商解决或另案处理。

王某不服一审判决提出上诉，在审理过程中上诉人王某申请撤回上诉，二审法院裁定予以准许。

法条链接

《中华人民共和国民法典》

第二百二十五条　船舶、航空器和机动车等的物权的设立、变更、转让和消灭，未经登记，不得对抗善意第三人。

第二百三十四条　因物权的归属、内容发生争议的，利害关系人可以请求确认权利。

《北京市小客车数量调控暂行规定》

第七条　指标有效期为 12 个月，不得转让。指标有效期内，不得重复办理配置指标申请登记。

单位和个人（含家庭申请人）对办理指标申请时所提供信息的真实性、准确性负责，提供虚假信息的，取得的指标无效，并承担相应法律责任。

《〈北京市小客车数量调控暂行规定〉实施细则》

第三十三条　小客车指标确认通知书仅限指标所有人使用。对于经公安、司法机关等调查确认有买卖、变相买卖、出租或者承租、出借或者借用小客车指标确认通知书行为的，由指标管理机构公布指标作废；已使用指标完成车辆登记的，由公安机关交通管理部门依法撤销机动车登记，由指标管理机构公布指标作废。同时，三年内不予受理该申请人提出的指标申请。

（张婷法官）

48 我被人开车撞了，应该如何向对方索赔?

出门在外需要注意安全。但是，遭遇突发事件难以避免。如被人开车撞伤，应当如何合理合法地向对方索赔，以维护自身合法权益呢? 需要注意以下几个索赔要点。

要点一：索赔的方式和程序。

伤者在治疗终结且确定损害结果后，可以向交警部门申请调解。调解不成，可向人民法院起诉; 也可以不经调解，直接向人民法院起诉。

如果通过诉讼索赔，涉及的主要程序有:

(1) 伤者可自行或委托代理人向法院起诉（须准备基本立案证据），交通事故案件一般由被告所在地或事故发生地基层法院管辖。

(2) 法院受理案件后，如果担心肇事方转移、隐匿财产，可向法院申请财产保全。原告收到法院的开庭传票和举证通知书等法律文书后，按照相关规定跟进诉讼流程。

(3) 一审、二审诉讼期间，各方都可以在法院主持下达成调解协议，无法调解的，法院会依法判决。

(4) 如果被告没有履行判决书或调解书中确定的赔偿义务，原告可申请法院强制被告履行赔偿义务。

要点二：发生交通事故后的主要索赔项目。

发生交通事故以后，伤者可以索赔的损失项目主要包括: 医疗费、误工费、护理费、残疾赔偿金（死亡赔偿金）、住院期间伙食补助费、交通费、住宿费、营养费、鉴定费、残疾辅助器具费、丧葬费、被扶养人生活费、精神损害抚慰金。

要点三：诉讼索赔所需的主要证据。

"打官司就是打证据"，如果证据不足，当事人要承担相应的不利后果。交通事故案件所需的主要证据有:

（1）原、被告的身份信息和相互关系证据，该类证据主要有：身份证、法定代理人身份证明、亲属关系证明、公司的工商登记信息等。

（2）驾照员和车辆登记信息以及车辆投保情况，该类证据主要有：司机的驾驶证、车辆行驶证、车辆登记证书、车辆的交强险和商业险投保单等。

（3）交通事故经过及责任划分情况，该类证据主要有：道路交通事故认定书、证人证言、现场勘验检查笔录及照片等。

（4）伤者（或死者）接受治疗及司法鉴定情况，该类证据主要有：医院的诊断证明、住院病历、医疗费发票、院外购药发票及医生处方、司法鉴定意见书（包含伤残等级、护理依赖程度、误工和营养期限等）、死因鉴定书（适用于死亡案件）等。

（5）与赔偿相关的其他证据，主要有：伤者受伤前（或死者生前）的工作情况，需要伤者进行扶养或抚养的人员情况，交通费、住宿费、鉴定费、施救费、停车费等票据，车辆或货物损失的评估报告等。

案例评析

李某某诉甘某某、叶某某、某保险公司、某汽运公司机动车交通事故责任纠纷案*

某天中午，李某某驾驶自家电瓶车出门办事，行驶过程中与甘某某驾驶的一辆重型货车相撞，李某某当即陷入昏迷状态，甘某某见状立即报险、报警，并将李某某送到医院进行救治。经司法鉴定，李某某构成十级伤残，误工期240日，护理期120日，营养期120日。经交警大队认定，甘某某对本次事故负全部责任，李某某不承担责任。然而，李某某可获得的赔偿一直没有到位。李某某遂将司机甘某某、实际经营者叶某某、车辆所有人某汽运公司、车辆投保的某保险公司一并起诉到法院，要求保险公司支付医药费、护理费、营养费、交通费、住院伙食补助费、残疾赔偿金、交通费等损失30余万元，要求车辆实际经营者、车辆所有人和驾驶员三方对保险公司赔付不

---

* （2019）浙 0324 民初 6929 号。

足部分承担连带赔偿责任。

一审法院认为，保险公司先在交强险责任限额范围内予以赔偿，不足部分，由保险公司根据合同约定，再在商业第三者责任险赔偿范围内予以赔偿；仍有不足的，依照道路交通安全法和侵权责任法的相关规定由侵权人予以赔偿。一审法院判决保险公司在机动车保险责任限额内赔偿原告李某某医疗费、住院伙食补助费、护理费、营养费、误工费、交通费、残疾赔偿金、精神损害抚慰金、财产损失等经济损失共计 21 万余元，驳回李某某的其他诉讼请求。

法条链接

《中华人民共和国道路交通安全法》

第七十六条 机动车发生交通事故造成人身伤亡、财产损失的，由保险公司在机动车第三者责任强制保险责任限额范围内予以赔偿；不足的部分，按照下列规定承担赔偿责任：

（一）机动车之间发生交通事故的，由有过错的一方承担赔偿责任；双方都有过错的，按照各自过错的比例分担责任。

（二）机动车与非机动车驾驶人、行人之间发生交通事故，非机动车驾驶人、行人没有过错的，由机动车一方承担赔偿责任；有证据证明非机动车驾驶人、行人有过错的，根据过错程度适当减轻机动车一方的赔偿责任；机动车一方没有过错的，承担不超过百分之十的赔偿责任。

交通事故的损失是由非机动车驾驶人、行人故意碰撞机动车造成的，机动车一方不承担赔偿责任。

《最高人民法院关于审理道路交通事故损害赔偿案件适用法律若干问题的解释》

第十三条 同时投保机动车第三者责任强制保险（以下简称交强险）和第三者责任商业保险（以下简称商业三者险）的机动车发生交通事故造成损害，当事人同时起诉侵权人和保险公司的，人民法院应当依照民法典第一千二百一十三条的规定，确定赔偿责任。

被侵权人或者其近亲属请求承保交强险的保险公司优先赔偿精神损害的，人民法院应予支持。

《中华人民共和国民法典》

第一千二百一十三条　机动车发生交通事故造成损害，属于该机动车一方责任的，先由承保机动车强制保险的保险人在强制保险责任限额范围内予以赔偿；不足部分，由承保机动车商业保险的保险人按照保险合同的约定予以赔偿；仍然不足或者没有投保机动车商业保险的，由侵权人赔偿。

（李丹律师）

49 我家孩子在医院看病用药后，残疾了，我应当如何维权呢？

律师意见

这个问题涉及医疗机构的医务人员是否存在用药不当的情形。判断医院是否需要承担损害赔偿责任，必须从不同层次进行分析。

第一个层次，孩子的残疾是由于医疗机构用药所致，还是疾病在发病过程中应有的临床表现。如果是孩子发病过程中应有的临床表现，如脑内肿瘤导致肢体运动功能障碍，那么就要考虑医疗机构是否有延误诊治的过错，此类情况因不是此处的论述重点，故不加赘述。如果确属医疗机构用药所致，那就要进入第二个层次进行探讨。

第二个层次，如因医疗机构用药导致患者残疾，医疗机构是否一定会承担责任呢？答案是也不尽然，我们还需要进一步分辨残疾是因患者自身因素导致，或因药物副作用导致，还是医疗机构用药错误导致。

患者自身因素导致，是指医疗机构诊疗过程符合常规，用药符合《临床用药须知》相关规定，并且医疗机构在医嘱中明确了用药剂量、用药时间以及服药期间的注意事项，但由于患者个体体质因素，其对药物过敏，或私自改变医嘱，导致患者发生损害后果的，不需要医疗机构承担相应的赔偿责任。如在使用糖皮质激素治疗疾病过程中，没有按照医嘱在停药时逐量递减，导致疾病复发或病势更为凶猛的，损害结果就与患者自身因素有很大关系。

我们都知道，是药三分毒，很多药物都会存在大小不等的毒副作用，比如大环内酯类抗生素（常见的红霉素类药物）具有肝毒性，氨基糖苷类抗生素（如庆大霉素）具有耳毒性和肾毒性，糖皮质激素（如泼尼松、氢化可的松）可导致骨质疏松、股骨头坏死等，如长期使用上述药物或者超剂量使用，可能会导致人体损害。对于此类情况医疗机构是否承担过错赔偿责任呢？这主要取决于医疗机构用药时是否注意到了用药的副作用，是否采取了告知和预防措施。如果医疗机构没有履行上述高度注意义务，那么其承担责任是必然的，如果已经尽到了高度注意义务，依然无法避免损害后果，我们便无法过度苛责医疗机构。

医疗机构的用药错误，主要是指因医师的粗心大意或盲目自信，用药时没有结合患者的具体情况，在没有明确用药指征的情况下随意用药，导致患者出现损害后果。如须谨慎使用催产素，催产素是一种强效的宫缩药物，在患者宫缩无力，产程过长时可以考虑使用，但使用催产素时应当严格遵循用药指征，在不必要时，过多使用催产素可使子宫收缩过强、过频，影响胎盘的血液灌注，从而导致胎儿乏氧窘迫，甚至导致胎儿脑瘫。这种情况下医疗机构就应当承担赔偿责任。

医疗机构的护理人员因严重不负责任导致用药错误，使患者遭受损害后果的，医疗机构也应承担赔偿责任。护理人员在用药时应遵循"三查八对"制度。三查是指：操作前查、操作中查、操作后查；三查内容为：查药品的有效期、配伍禁忌，查药品有无变质、浑浊，查药品的安瓿有无破损、瓶盖有无松动。八对内容为：查对床号、姓名、药名、剂量、时间、浓度、用法、有效期。如果护理人员没有尽到上述义务，错误用药，导致患者承受损害后果的属于医疗过错行为。

综上所述，医疗机构是否对孩子的残疾负责，主要应当考察用药是否符合医疗常规，同时是否尽到了充分的告知义务和高度的注意义务。

案例评析

王某与某人民医院医疗损害责任纠纷案*

王某于 2013 年 4 月 9 日因发热就诊于某人民医院，后因某人民医院错

＊（2014）朝民初字第 793 号。

误使用阿糖胞苷导致王某身体出现不良后果，经鉴定，确定某人民医院在为王某实施治疗的过程中存在医疗过错，其医疗过错与王某的全血细胞减少、慢性肾功能不全加重、肾性贫血加重的不良后果存在因果关系。被告的责任程度为全部责任。

法院认为，阿糖胞苷为治疗急性白血病或恶性淋巴瘤抗癌药，其不良反应对骨髓有抑制作用，可使白细胞及血小板减少，严重者可发生再生障碍性贫血或巨幼细胞贫血，且肝肾功能不全者应慎用。原告入院时被诊断为发热待查，出院时被诊断为肠道感染、过敏性皮炎、慢性肾功能不全—肾衰期，上述症状均不是阿糖胞苷用药的适用症，但被告在原告的治疗过程中却给静点 7 天阿糖胞苷总量 3.5g，导致了原告上述不良后果。由此可见，被告显然没有履行医疗操作规范及谨慎注意义务，两次鉴定均认定被告存在医疗过错。被告应根据自己的过错承担相应的赔偿责任。

法条链接

《中华人民共和国民法典》

第一千二百一十八条　患者在诊疗活动中受到损害，医疗机构或者其医务人员有过错的，由医疗机构承担赔偿责任。

第一千二百二十一条　医务人员在诊疗活动中未尽到与当时的医疗水平相应的诊疗义务，造成患者损害的，医疗机构应当承担赔偿责任。

（李春昕律师）

50　产前检查都正常，但孩子出生后有出生缺陷，产检医院对此有过错吗？

律师意见

出生缺陷也被称为先天性异常，是指婴儿出生前发生的身体机构、功能或代谢异常，缺陷新生儿的出生会给新生儿本身及其家庭造成巨大的经济负担和精神痛苦，因而国家也不遗余力地建立完善了各种防治制度，并陆续出台了如《中华人民共和国母婴保健法》《中华人民共和国母婴保健法实施办法》《产前诊断技术管理办法》等相关法律、法规及规章，其中《中华人民共和国母婴保健法》也明确规定，经产前检查，医师发现或者怀疑胎儿异常的，应当对孕妇进行产前诊断，经产前诊断，如发现胎儿患有严重遗传性疾病的、胎儿有严重缺陷的、因患有严重疾病继续妊娠可能危及孕妇生命安全或严重危害孕妇健康的，应当向夫妻双方说明情况，并提出终止妊娠的医学意见。

但是产前检查技术仍很难达到百分之百的准确率，因此产前检查结果正常，却发生出生缺陷的，并不必然都是因医疗过错所致。应该如何判断是不是医疗过错所致呢？

首先，需要查明产检医院及医务人员是否按照产前检查的相应技术规范进行相关操作，以此来判断其是否有医疗过错。如果医务人员的医疗行为符合产前检查的技术规范，则其不存在医疗过错；反之，若医疗行为违反了产前检查技术规范的，则医疗过错的判定将不可避免。比如产前超声检查是目前产前检查最重要的手段，对此，我们就要审查医务人员是否按照《产前超声检查指南》的技术操作指引实施产前检查。

其次，我们还要着重关注细节层面的技术问题，即胎儿畸形是不是现有产前超声检查技术所能检出的。根据胎儿畸形在产前检查明确诊断的技术方面的难度大小，来判断医务人员是否在检查过程中尽到了审慎义务，是否在产前检查发现异常时给予了足够的注意和重视。如果技术难度不大，但检查时漏诊的，足以说明医务人员没有充分重视产前检查，没有尽到应尽义务，自然存在医疗过错。

律师提醒：如果出生缺陷不幸降临一个家庭，会导致该家庭的痛苦和迷茫，此时应当尽可能保存好完整的产检记录、交费记录、超声检查报告单等资料，与医疗机构进行协商解决（笔者反对以"医闹"的形式妨碍医疗机构的正常工作秩序，"医闹"行为可能受到刑事处罚或治安处罚），如协商不成可以提起诉讼，并请求法院委托专业鉴定机构对医疗机构是否具有医疗过错进行鉴定，如对医疗过错的参与度等问题进行鉴定。

吴某与某省妇幼保健院医疗损害责任纠纷案*

2014 年 5 月至 10 月，原告吴某在被告某医院进行育龄孕妇检查，在唐氏筛查结果显示为高风险的情况下，被告某医院没有告知其要进行羊水穿刺以待进一步确诊，后原告吴某于 2014 年 11 月在某省妇幼保健院剖腹生产一女婴（取名为邱某），而邱某被诊断为"唐氏综合征"。后吴某起诉至法院，法院委托鉴定机构进行鉴定，鉴定意见为：（1）被鉴定人之女 21 三体综合征的临床诊断成立。（2）某医院对被鉴定人的产前检查存在过错，医疗过错行为造成被鉴定人产前胎儿 21 三体综合征的漏诊。该过错与被鉴定人之女 21 三体综合征漏诊、错误出生之间存在主要的因果关系，建议其医疗过错参与度为 60% 左右。

法院认为，鉴定机构出具的《法医学鉴定意见书》合法有据。被告某医院未充分履行告知义务且其建议的检查方法不当，一定程度上造成了原告产前胎儿 21 三体综合征的漏诊，侵害了原告的优生优育选择权。原告有权要求被告承担损害赔偿责任。

该判决说明，医院没有尽到充分的注意义务和说明义务，侵害了原告的优生优育选择权，应当承担损害赔偿责任。

《中华人民共和国母婴保健法》

第十七条 经产前检查，医师发现或者怀疑胎儿异常的，应当对孕妇进行产前诊断。

第十八条 经产前诊断，有下列情形之一的，医师应当向夫妻双方说明情况，并提出终止妊娠的医学意见：

（一）胎儿患严重遗传性疾病的；

---

* （2015）鄂江夏民一初字第 00274 号。

（二）胎儿有严重缺陷的；

（三）因患严重疾病，继续妊娠可能危及孕妇生命安全或者严重危害孕妇健康的。

《中华人民共和国民法典》

第一千二百一十九条　医务人员在诊疗活动中应当向患者说明病情和医疗措施。需要实施手术、特殊检查、特殊治疗的，医务人员应当及时向患者具体说明医疗风险、替代医疗方案等情况，并取得其明确同意；不能或者不宜向患者说明的，应当向患者的近亲属说明，并取得其明确同意。

医务人员未尽到前款义务，造成患者损害的，医疗机构应当承担赔偿责任。

（李春昕律师）

51　医疗美容导致人身损害，我应该如何维权？

律师意见

医疗美容是指运用药物、手术、医疗器械以及其他具有创伤性或者不可逆性的医学技术方法对人的容貌和人体各部位形态进行修复与再塑的美容方式，如隆鼻术、面部除皱术、隆乳术，等等。医疗美容与我们日常生活中的一般美容有着显著的区别。

鉴于医疗美容的有创性，医疗美容行业受到了法律、法规、规章及相关诊疗规范的严格限制，如《医疗美容服务管理办法》要求开办医疗美容机构必须经卫生行政部门登记注册并获得《医疗机构执业许可证》且必须在取得《医疗机构执业许可证》的医疗美容机构或开设医疗美容科室的医疗机构场地内实施医疗美容项目，而提供服务的范围必须限定在卫生行政部门核定的诊疗科目内，未经批准不得擅自扩大诊疗范围。从事医疗美容的人员应当具备医疗美容主诊医师资格，且从事不同科目的主诊医师也需要达到特定的条件才可以进行医疗美容手术。外国医生在国内行医也需要取得《外国医师短期行医许可证》，如果没有此证，则属于非法行医。

我们在接受医疗美容服务时，如果人身受到损害，应当如何维权呢？

首先，对于一个普通的医疗美容手术接受者而言，全面掌握医疗美容机构的资质及从业人员资质是否全部符合《医疗美容服务管理办法》的相关要求，是不可能的。因此，可以到卫生行政部门投诉，行政主管部门会依据投诉对医疗机构的相关资质进行调查，为我们将来可能提起的诉讼提供证据支持。

其次，出现医疗美容损害后，需及时封存病历、美容器械及注射药剂，这样有助于我们保存好与医疗侵权行为相关的证据材料，以备后续的诉讼、鉴定能够顺利进行。需要特别提醒的是，医疗美容手术前需要我们签字时应仔细审查病历中的有关记载，包括手术名称、术式、手术目的、参与手术人员、护理人员、麻醉人员的姓名是否与实际操作人一致等。

最后，如双方协商不成，提起诉讼，我们可以依据《中华人民共和国民法典》《最高人民法院关于审理人身损害赔偿案件适用法律若干问题的解释》《最高人民法院关于确定民事侵权精神损害赔偿责任若干问题的解释》的有关规定，就医疗行为是否有过错、过错参与度及伤残程度、误工、护理、营养期等问题积极启动鉴定程序，并依据鉴定意见主张医疗费、误工费、护理费、住院伙食补助费、营养费、精神损害抚慰金等费用，如果造成残疾的还可主张残疾赔偿金。

案例评析

某医疗美容诊所与王某某生命权、健康权、身体权纠纷案*

2016年3月9日，王某某在某医疗美容诊所整容，整容之后左侧面部出现了麻木感、伴左侧太阳穴处胀痛、左眼麻木肿胀及吃饭时左侧吞咽不适等症状，遂就诊于山东中医药大学附属医院，被诊断为三叉神经病变。

后王某某起诉至法院，鉴定中心出具的鉴定意见显示：某医疗美容诊所在对王某某的医疗服务过程中存在医疗过错，该医疗过错与王某某药物注射之后出现面部神经损伤以及需要接受后续治疗的结果之间具有因果关系。从法医学立场分析，该因果关系程度应被评定为主要因果关系程度范围。法院

---

* （2018）鲁01民终2128号。

认为，公民享有生命健康权，公民的生命权、健康权受法律保护。法院判决某医疗美容诊所承担80%的过错赔偿责任。

上述判决说明，我们在遇到医疗美容侵权时，务必及时封存病历及其他相关器材、注射药剂等材料，以便提起诉讼时在鉴定过程中有据可循。

法条链接

《中华人民共和国民法典》

第一千二百一十八条　患者在诊疗活动中受到损害，医疗机构或者其医务人员有过错的，由医疗机构承担赔偿责任。

《最高人民法院关于审理人身损害赔偿案件适用法律若干问题的解释》

第一条第一款　因生命、身体、健康遭受侵害，赔偿权利人起诉请求赔偿义务人赔偿物质损害和精神损害的，人民法院应予受理。

《医疗美容服务管理办法》

第八条　美容医疗机构必须经卫生行政部门登记注册并获得《医疗机构执业许可证》后方可开展执业活动。

第九条　医疗机构增设医疗美容科目的，必须具备本办法规定的条件，按照《医疗机构管理条例》及其实施细则规定的程序，向登记注册机关申请变更登记。

（李春昕律师）

财产性纠纷及消费者权益保护

52　借条与欠条有什么区别？

法官意见

借条与欠条，均是债务人为债权人出具的一种体现双方权利义务关系的凭证，二者的区别如下：

基础法律关系不同：借条代表的是一种借款合同关系，借款人向出借人借款，出借人给付借款。欠条从形式上看，并不能直接体现基础法律关系，因借款、劳务、买卖或者侵权损害赔偿等产生的债权债务关系，都可以形成欠条的基础。

诉讼后，法院审查范围不同：借条能直接反映借贷关系，因自然人之间的借款合同是以出借人将款项实际交付为生效条件的，如果借条内容写明"今借到某某×××元"，在对方没有反驳证据的情况下，法官会对借款人已经实际收到借款，借贷合同生效的事实予以采信。而欠条持有人起诉至法院，法院除审查欠条的真实性、客观性以及关联性外，还要对形成欠条的基础法律关系进行审查，如果对方对此事实予以否认、抗辩，则欠条持有人必须进一步举证证明欠条形成的基础法律关系。

对于诉讼时效起算时间的问题，借条与欠条是一样的，并不以是否约定还款期限为标准进行区分。实践中，有些观点认为约定还款期限的，借条或欠条均自还款期限届满6日起三年内向人民法院主张权利，但未约定还款期限的，借条的出借人可以随时向借款人要求还款，诉讼时效从权利人主张权利之时开始计算。但未约定履行期限的欠条，从出具之日起计算诉讼时效，即权利人应当在欠条出具之日起三年内向人民法院主张权利，其依据是《最高人民法院关于债务人在约定的期限届满后未履行债务而出具没有还款日期的欠款条诉讼时效期间应从何时开始计算问题的批复》："据你院报告称，双方当事人原约定，供方交货后，需方立即付款。需方收货后因无款可付，经供方同意写了没有还款日期的欠款条。根据民法典第一百九十五条的规定，应认定诉讼时效中断。如果供方在诉讼时效中断后一直未主张权利，诉讼时效期间则应从供方收到需方所写欠款条之日起重新计算。"

法释〔2020〕17号，针对的仍是当事人双方之间存在的付款期限约定的情形，即"供方交货后，需方立即付款"，重新出具的欠条虽未注明还款期限，但对原付款期限的约定并未进行变更，故答复诉讼时效自"所写欠款条之日起重新计算"。对于当事人双方自始未约定履行期限而出具的欠条，应适用《最高人民法院关于买受人在交易时未支付价款向出卖人出具没有还款日期的欠款条诉讼时效期间应从何时开始计算问题的请示的答复》

（〔2005〕民二他字第 35 号）："根据你院报告所述情况，冯树根向广州市白云农业综合服务有限公司（以下简称白云农业公司）购买农药，双方并未签订书面买卖合同，也无证据证明双方对合同的履行期限进行约定，因此，该合同属于未定履行期限的合同……本案诉讼时效期间应从白云农业公司向冯树根主张权利时起算。本案不符合法复〔1994〕3 号批复适用的条件。"根据该批复，未约定还款期限的欠条，诉讼时效也自权利人主张权利时起算。

法官提醒： 诉讼时效并不可作为借条和欠条的区别之处。从如实反映当事人法律关系的层面来讲，如果双方当事人存在借款关系的，最好由借款人直接出具"借到"款项的借条，如果是因其他法律关系产生欠款的，可以出具欠条，但应在欠条中详细说明产生欠款的事实。另外需要注意的是，让出具人在凭证上标注住址或约定送达地址之类的信息，便于起诉后法院高效送达。

案例评析

石某与某公司买卖合同纠纷案*

石某从事蛋鸭养殖，多次在某公司处购买饲料。石某分别于 2011 年 12 月 28 日、2012 年 1 月 20 日、2012 年 2 月 11 日向某公司出具欠款条 3 张，金额分别为 8920 元、1500 元、2000 元，共计 12 420 元。石某一直未偿还欠款，某公司遂起诉至法院。石某认为，从书写内容及形式上可以看出欠条是证明条，并非欠条，且某公司于 2018 年 7 月 1 日提起诉讼，已超过诉讼时效，应驳回某公司的诉讼请求。法院认为，凭条具有买卖饲料数量、欠款金额、欠款人签字以及所签时间，构成欠条的要件，属于欠条而不是证明条，以上欠条能够证明石某欠某公司货款数额。对于诉讼时效问题，法院认为，本案系因买卖合同而产生的债权债务纠纷，因石某向原告出具的欠条上并未约定还款期限，所以债务人可以随时履行义务，债权人也可以随时要求债务

---

* （2019）鲁 14 民终 379 号。

人履行义务，故石某的抗辩理由不能成立。一审法院判决石某偿还某公司饲料款 12 420 元，二审法院裁定维持原判。

法条链接

《中华人民共和国民法典》

第五百一十一条　当事人就有关合同内容约定不明确，依据前条规定仍不能确定的，适用下列规定：

……

（四）履行期限不明确的，债务人可以随时履行，债权人也可以随时请求履行，但是应当给对方必要的准备时间。

……

《最高人民法院关于审理民间借贷案件适用法律若干问题的规定》

第十四条第一款　原告以借据、收据、欠条等债权凭证为依据提起民间借贷诉讼，被告依据基础法律关系提出抗辩或者反诉，并提供证据证明债权纠纷非民间借贷行为引起的，人民法院应当依据查明的案件事实，按照基础法律关系审理。

（苏艳法官）

53　"定金"和"订金"有什么区别？

律师意见

生活中，消费者在买房、买车时，在其合同或收据中经常会涉及"定金"或"订金"字样，一字之差，两者的性质一样吗？会有什么区别呢？

要点一："定金"和"订金"的性质不同。

"定金"是指为了确保合同履行，由当事人一方按照合同标的额的一定比例，预先给付对方的金钱或替代物。定金属于法律上的一种担保方式，目的在于督促债务人履行债务，保障债权人的债权得以实现。定金应当通过书面形式予以约定。

"订金"并非规范的法律概念，其性质取决于双方的约定，是当事人的一种支付手段，不具备担保性质。当事人如果没有对"订金"性质进行约定，那"订金"的性质主要是预付款。比如，消费者购买电器向商家支付了订金，如果商家违约，其应无条件退款；如果消费者违约，在没有特别约定的情况下，可以与商家协商并要求其退款。

要点二：定金与订金的主要区别。

（1）定金有担保性质，是为了担保债务的履行，支付定金本身并不是履行债务的行为，债务人履行债务后，定金应当抵作价款或者被收回。而订金不具有担保性质，在没有明确约定的情形下，订金是预付款，支付订金是一种履行债务的行为，订金起不到担保债务履行的作用，支付订金不代表合同成立。

（2）定金有"定金罚则"，即，给付定金的一方不履行义务时，无权要求对方返还定金；接受定金的一方不履行义务时，应当双倍返还定金。订金没有相应罚则，交付和收受订金的一方不履行合同义务，不承担双倍返还订金的后果。

（3）定金数额受到法律限制，定金数额不可以超过主合同标的额的20%。订金的数额由当事人自由约定，法律一般不作限制。

（4）定金可适于各种合同，订金通常只适用于履行债务时以金钱为给付手段的合同，如买卖合同、租赁合同、承揽合同等。

律师提醒："定金"和"订金"是两个不同的概念，会产生不同的法律效果，在购买房屋、车辆等商品前，要特别小心谨慎，一定要看清合同、交款凭据中规定的是"定金"还是"订金"。

案例评析

韦某某与某投资公司商品房预约合同纠纷案*

2014年5月，韦某某看中了一套小区商品房，经过一番考虑，他和开发

---

* （2017）桂10民终1279号。

商签订了《认筹协议》，并交纳了入会认筹诚意金 2 万元。之后，双方又签订了一份《内部认购协议书》，并约定：韦某某认购一套房屋并自愿交纳订金 2 万元，签订《商品房买卖合同》时该订金自动无息抵作购房款；如任何一方反悔不签订《商品房买卖合同》的，则视为单方违约，若乙方（韦某某）违约，其已支付的订金将作为违约金，甲方（开发商）不予退还；若甲方（开发商）违约，则双倍返还订金。双方同意将韦某某缴纳的 2 万元认筹金转为购房订金。一年多以后，房屋终于符合预售条件，公司通知韦某某签订《商品房买卖合同》并办理换签手续，但韦某某一直不来公司办理相关手续。不久，公司通知韦某某不予退还购房订金。韦某某不服，遂向法院起诉。

一审法院认为，双方在《内部认购协议书》中约定，韦某某违约时，其已支付的订金作为违约金，公司不予退还；公司违约时，则双倍返还订金。韦某某缴纳的"购房订金"是作为订立《商品房买卖合同》的担保，具有"定金"性质，缴纳的"购房订金"应被视为"购房定金"。韦某某拒绝签订《商品房买卖合同》的行为已构成单方违约，其应当承担违约责任。一审法院判决驳回了韦某某的诉讼请求。

二审法院认为，韦某某交付的订金没有超过商品房价格的 20%。双方对"订金"的适用也作了约定，韦某某违约不签订《商品房买卖合同》，其支付的订金作为违约金，公司可不予退还；公司违约，则双倍返还订金。2 万元"订金"的法律性质应为定金，具有担保功能。因韦某某有违约行为，本案可适用定金罚则。二审法院裁定维持原判。

此案说明，"订金"不是"定金"，一字之差的背后是截然不同的法律效果，签订合同时，应明确"订金"或"定金"的适用情形。

法条链接

《中华人民共和国民法典》

第五百八十六条 当事人可以约定一方向对方给付定金作为债权的担保。定金合同自实际交付定金时成立。

定金的数额由当事人约定；但是，不得超过主合同标的额的百分之二十，超过部分不产生定金的效力。实际交付的定金数额多于或者少于约定数额的，视为变更约定的定金数额。

第五百八十七条　债务人履行债务的，定金应当抵作价款或者收回。给付定金的一方不履行债务或者履行债务不符合约定，致使不能实现合同目的的，无权请求返还定金；收受定金的一方不履行债务或者履行债务不符合约定，致使不能实现合同目的的，应当双倍返还定金。

《最高人民法院关于审理商品房买卖合同纠纷案件适用法律若干问题的解释》

第四条　出卖人通过认购、订购、预订等方式向买受人收受定金作为订立商品房买卖合同担保的，如果因当事人一方原因未能订立商品房买卖合同，应当按照法律关于定金的规定处理；因不可归责于当事人双方的事由，导致商品房买卖合同未能订立的，出卖人应当将定金返还买受人。

《商品房销售管理办法》

第二十二条第二款　符合商品房销售条件的，房地产开发企业在订立商品房买卖合同之前向买受人收取预订款性质费用的，订立商品房买卖合同时，所收费用应当抵作房价款；当事人未能订立商品房买卖合同的，房地产开发企业应当向买受人返还所收费用；当事人之间另有约定的，从其约定。

（李丹律师）

54　电话录音、聊天记录可以作为证据吗？应该如何取得这些证据？

法官意见

随着现代信息技术的不断发展和应用，人们沟通交流的方式变得更加高效、便捷，用以记录和留存信息的载体也呈现出多样化的特点。尤其是越来越多的经济行为开始依靠网络，在谈交易、签合同、记录履行情况时，不再受空间和距离的束缚，不拘泥于签订纸面文件，而是形成了存储于多种介质中的电子数据。然而，时下仍有人担忧，如果出现纠纷和争议，电话录音、聊天记录等能否作为证据呢？

对此，答案是肯定的。我国民事诉讼法及其司法解释明确规定了录音资料和聊天记录可以作为证据使用。在证据分类上，通话录音属于视听资料，聊天记录属于电子数据。2019年12月25日公布的《最高人民法院关于民事诉讼证据的若干规定》进一步明确了多种信息载体的聊天记录均可作为证据。司法实践中，已经有大量案例采信了当事人提交的电子证据和视听资料，尤其是各地互联网法院，因为审理范围关乎网络空间的规制，其证据形式以电子证据为主。

如何取得此类证据，并在发生争议时使这些证据能够被法院采信呢？笔者有如下建议。

意见一：在证据形成阶段，要及时留存证据。

首先，要确保证据的真实性、完整性。打电话时，如果所谈事项比较重要，可在通话开始时按下录音键，在手机中留存此次通话的完整录音文件。网上聊天时，如有关键信息，可以截图保存聊天记录，并将发送、接收的图片、视频、文档下载下来。保留证据时，不应只截取某个信息，要保留完整的记录。其次，要确保证据具有关联性。电话、网上聊天时人们经常使用小名、网名，甚至是没有名字，故应注意在交谈中确认对方姓名，或以其他方式印证对方真实身份。最后，要确保证据来源的合法性。取证行为不要侵害他人的合法权利，更不要涉及违法犯罪。例如，不能潜入对方家中安装摄像头、窃听设备，不能利用病毒、黑客技术查看对方电脑文件，不能胁迫对方作出不真实的意思表示等。

意见二：在证据保管阶段，要妥善固定证据。

对手机里的录音文件、通话记录、聊天记录，要妥善保存一段时间，确定没有用处时再删除。另，手机有丢失、损毁、程序升级或系统重装导致存储信息丢失的风险，不宜作为唯一的信息存储载体，应及时将重要信息导入电脑，制作备份文件，或者可到公证处，在公证人员的见证下，把手机中的重要文件提取出来，保存到电子硬盘中，并将公证过程刻录光盘。制作备份的过程系对原始证据的转存转录，过程中有篡改数据的可能性，故通过公证保管证据比较稳妥。

意见三：在证据使用阶段，要规范提交证据。

诉讼中，以通话录音作为证据的，应当提供存储录音文件的原始载体

（例如手机）并当庭播放质证，除此之外，还要提交一份完整的文字整理材料及刻录录音文件的光盘。以聊天记录作为证据的，亦应出示原始载体，并提交一份直接来源于电子数据的打印件，或者电子版复印件。原始文件丢失的，公证书有同等证明力；备份文件（复制文件）在对方当事人认可的情况下，或与其他证据相印证达到证明标准，亦具有证明力。证据无法直接体现聊天记录的对象身份时，可以向运营方申请信息披露，或者申请法院调取证据。

案例评析

某公司与何某买卖合同纠纷案[*]

某公司、何某之间存在多次买卖关系。2017 年 9 月 27 日，何某通过某公司工作人员彭某在某公司平台购买 50 件三文鱼，总货款约 7.5 万元。当日，何某支付定金 2.6 万元。2017 年 10 月初，何某收到从某公司处订购的货物。对于尾款问题，双方产生争议，某公司称没有收到尾款，何某称已将现金支付给某公司工作人员彭某。某公司起诉至法院，请求判令何某偿还货款 4.9 万元并支付逾期利息。

诉讼中，何某提交了两份微信聊天记录截图打印件。一份是 2017 年 11 月 6 日 20 点 36 分，何某向一"小男孩头像"的微信好友发送信息，内容为："小弟我再给你个机会，我在店里的监控已经查到了，你再不给我回个电话，那我只能动用法律手段了，我只要一报警你根本跑不掉。"2017 年 11 月 7 日 6 点 36 分，"小男孩头像"回复："何姐，我没有逃避，我这几天在家里筹钱，现在还差 1 万多，请您给我两天时间，两天后我去江阳市场把这个事情搞定。谢谢何姐。"2017 年 11 月 7 日 12 点 7 分，何某向"小男孩头像"发送两条微信，一条为："你把 3 万多先汇过来，一万多我给你宽几天，你公司准备起诉我了。"另一条为："你下午安排一下，我等你，你公司一旦起诉我，我只能向派出所报案，这金额可达 3 年以上有期徒

---

　　* （2019）沪 02 民终 8422 号。

刑……"

　　另一份是何某好友与"小男孩头像"在 2017 年 10 月 31 日的微信聊天记录。何某好友："彭，你告诉我这个钱到底什么情况，不要犯错。下午 2 点之前，必须到账，不然公司查账，不是我和马总能保得了你的。""小男孩头像"回复："那我怎么办。"何某好友要求"小男孩头像"找家人或亲戚快点打款，"小男孩头像"称："这会儿我爸手机关机，我再打电话。"何某好友："彭，出问题不用怕。你把钱补上，这个事情就过去了，不要做傻事情。"

　　综上，法院认为何某已经将货物的尾款支付给彭某。一审法院判决：对某公司的诉讼请求不予支持。某公司上诉。二审法院裁定驳回上诉，维持原判。

　　本案中，对于争议焦点"何某是否已付尾款"的事实，何某仅提交了两份微信聊天记录为证，但这两份证据有原件，与本案有关联、来源合法，法院予以采信，并根据高度盖然性证明标准，法院采信了何某的主张，驳回了某公司的诉讼请求。可见，聊天记录可用于民事诉讼，在具备证据"三性"的情况下，其证明力也很强。

法条链接

《中华人民共和国民事诉讼法》

　　第六十六条　证据包括：

　　（一）当事人的陈述；

　　（二）书证；

　　（三）物证；

　　（四）视听资料；

　　（五）电子数据；

　　（六）证人证言；

　　（七）鉴定意见；

　　（八）勘验笔录。

　　证据必须查证属实，才能作为认定事实的根据。

《最高人民法院关于适用〈中华人民共和国民事诉讼法〉的解释》

第一百一十六条　视听资料包括录音资料和影像资料。

电子数据是指通过电子邮件、电子数据交换、网上聊天记录、博客、微博客、手机短信、电子签名、域名等形成或者存储在电子介质中的信息。

存储在电子介质中的录音资料和影像资料，适用电子数据的规定。

《最高人民法院关于民事诉讼证据的若干规定》

第十四条　电子数据包括下列信息、电子文件：

（一）网页、博客、微博客等网络平台发布的信息；

（二）手机短信、电子邮件、即时通信、通讯群组等网络应用服务的通信信息；

（三）用户注册信息、身份认证信息、电子交易记录、通信记录、登录日志等信息；

（四）文档、图片、音频、视频、数字证书、计算机程序等电子文件；

（五）其他以数字化形式存储、处理、传输的能够证明案件事实的信息。

第十五条　当事人以视听资料作为证据的，应当提供存储该视听资料的原始载体。

当事人以电子数据作为证据的，应当提供原件。电子数据的制作者制作的与原件一致的副本，或者直接来源于电子数据的打印件或其他可以显示、识别的输出介质，视为电子数据的原件。

（张洁法官）

55　借钱不出具借条或者借条内容不规范，有哪些风险呢？

律师意见

实践中，民间借贷常常发生在亲朋好友之间。因此，双方基于信任，在订立借条时常常过于随意，不注重借款人身份证号、利息等信息。甚至出借人碍于情面，不要求对方出具借条，导致出现有些借款人到期无法偿还时，就通过各种理由推脱甚至否定存在借款一事的现象。此时，出借人因为借条内容不完整或未出具借条，无法通过借条等证据证明双方之间存在借贷的合意。诉讼过程中，因证据欠缺，法官难以确认出借人转账行为的性质究竟是借款，还是双方存在诸如赠与等其他法律关系，最终导致诉求无法获得支持。尽管在没有借条的情况下，也可以通过聊天记录、录音证据、证人证言等进行事后补正，但这就大大增加了当事人的举证成本。

根据《最高人民法院关于审理民间借贷案件适用法律若干问题的规定》第十六条，原告仅依据金融机构的转账凭证提起民间借贷诉讼，被告抗辩转账系偿还双方之前借款或者其他债务的，被告应当对其主张提供证据证明。被告提供相应证据证明其主张后，原告仍应就借贷关系的成立承担举证责任。因此，出借人仅凭金融机构的转账凭证证明借贷关系的存在，很可能面临借款人抗辩其属于其他民事法律关系的风险，最终导致出借人"哑巴吃黄连，有苦说不出"的尴尬局面。

民间借贷关系成立需具备两个条件，一是双方之间的借款合意，二是所借款项已经交付。实践中，借贷合意与资金的支付是认定案件的基本前提和关键，而资金的实际使用人和实际用途仅仅是对民间借贷案件的认定中起到辅助作用。故在出借人提供转账凭证的情况下，可以认定出借人就借贷关系的存在完成了初步的举证责任，此时还应当结合被告（借款人）的答辩情况，对是否存在借贷合意作出分析认定。

律师提醒：在出借钱款尤其是大额款项时，应要求对方出具借条，同时明确载明出借人以及借款人的姓名、身份证号、借款目的、借款金额、借款期限、利息、逾期利息等关键性信息，要求借款人签字捺印，注明日期，并附上身份证复印件。而对于大额借款，也可以在借条中约定因维权所产生的诉讼费、保全费、调查费、诉讼保全担保费、执行费、律师费等费用由对方承担，从而降低后期的维权成本。

案例评析

孙某与周某民间借贷纠纷案*

周某与孙某民间借贷纠纷一案中，孙某向周某借款，并约定利息。双方

------

* （2017）苏 1111 民初 2167 号。

是多年的朋友，同时也是生意伙伴，故未出具借款合同。后期，孙某尚欠周某本金 450 万、利息 78.75 万未归还。经多次催缴仍不偿还，周某遂将孙某诉至法庭。周某通过转账记录、孙某自行书写出具的对账单以及二者关于资金使用问题的录音证明双方当事人之间成立借款关系。而孙某答辩称：双方之间没有借贷关系，相互转账系资金使用。润辉公司系独立的法人，对外有多项投资以及其他业务，原告向润辉公司转账，与被告无关。原告和被告之间的账目，是民间借贷关系或者是其他法律关系，被告难以界定。

镇江市润州区人民法院认为：其一，根据《最高人民法院关于审理民间借贷案件适用法律若干问题的规定》，原告仅依据金融机构的转账凭证提起民间借贷诉讼，被告抗辩转账系偿还双方之前借款或者其他债务的，被告应当对其主张提供证据证明。被告提供相应证据证明其主张后，原告仍应就借贷关系的成立承担举证责任。因此，周某提交了金融转账凭证，属于完成了初步的举证责任，而被告辩称双方之间不存在借贷关系，结合被告的答辩情况和本案的其他证据，本院无法确定原告与被告之间存在民间借贷的合意。其二，周某提交的录音中，原告、孙某多次通话中，也未明确相互之间的借贷关系，不符合民间借贷双方当事人的沟通特点。原告提交的收条复印件、对账单复印件也未体现民间借贷的特征。其三，周某、孙某、案外人润辉公司之间存在其他的关联交易以及利益关系。故本院认为，原告只是完成了初步的举证责任，结合被告的答辩情况和本案的其他证据，本院无法确定原告与被告之间存在民间借贷的合意。

根据周某提交的证据和对事实的陈述未达到可以认定双方当事人之间存在民间借贷合意的高度盖然性。故对于原告以民间借贷作为事实和理由要求被告承担归还本金和利息的诉讼请求，润州区人民法院不予支持。

法条链接

《最高人民法院关于审理民间借贷案件适用法律若干问题的规定》

第十六条　原告仅依据金融机构的转账凭证提起民间借贷诉讼，被告抗辩转账系偿还双方之前借款或者其他债务的，被告应当对其主张提供证据证明。被告提供相应证据证明其主张后，原告仍应就借贷关系的成立承担举证责任。

《最高人民法院关于适用〈中华人民共和国民事诉讼法〉的解释》

第九十一条　人民法院应当依照下列原则确定举证证明责任的承担，但法律另有规定的除外：

（一）主张法律关系存在的当事人，应当对产生该法律关系的基本事实承担举证证明责任；

（二）主张法律关系变更、消灭或者权利受到妨害的当事人，应当对该法律关系变更、消灭或者权利受到妨害的基本事实承担举证证明责任。

（王学堂律师）

56　我借给朋友三万元现金，无借条，我怕他不承认，当下我该怎么办？

律师意见

我借给朋友三万元现金，没有借条，我怕他不承认，应该怎么办呢？遇到这种情况，建议在与对方交涉的过程中，通过录像、录音或短信（微信）等方式固定证据，该证据要包含能够证明借款事实存在的内容，如果将来借款人不承认借款的存在，该证据可以在诉讼中得以使用，起到证明作用。

（1）录像。

出借人可以在一名至两名亲友、员工的陪同下与对方会面，自己与对方交谈，陪同者在一旁用手机、摄像机等工具对整个过程进行录像。原则上应当采用隐蔽的方式，不要让对方察觉。录像时有以下几点注意事项。

①协商过程中，首先交代谈话时间、地点、谈话者身份，尽可能地明确借款发生的时间、地点、人物、起因、金额、交接过程等细节。要在正常谈话的语气氛围中，较为自然地提及上述信息，但不要提及与法律有关的话题，以免引起对方警觉。

②自己尽量少说话，引导并促使对方说出相关事实，或者己方说出，引导对方承认。

③不得采用要挟、威胁等语气商谈，否则可能会被认定为证据的取得不合法，而导致法院不予采信。

④录像尽量一次录完不中断。如果条件不允许，录制了多段录像的，应当保持各个文件的独立完整性，不要剪辑、拼接，否则会对该证据的真实性造成影响。

（2）录音。

录音分现场录音和通话录音。

①现场录音。由陪同人员或本人使用手机、录音笔等录音设备完成，可以使用两部以上的录音设备同时进行录音，以确保取证成功。有人陪同的话可以与录像方式同时使用。现场录音的注意事项与录像方式相同。

②通话录音。使用有录音功能的手机与对方通话，同时将通话内容录音。注意事项与录像方式相同。

有条件的话，可以向公证处申请对录音录像的过程进行公证。经过公证的证据的法律效力要高于没有公证的证据的法律效力。

（3）短信、微信。

首先应确保与自己对话的短信（微信）确实是借款人本人在使用（必要的话需要其他证据配合予以证明）。沟通过程中的注意事项与录像方式①②③基本相同，只是谈话时间、谈话者身份等要素在手机界面上已经有所体现，不再作为必要的要素。

（4）关于录音录像、短信（微信）证据的提取。

录音录像完成后，保留好录音录像设备中的原始文件，并做好备份，对内容进行整理后转换成电子版文字并打印出来，将来如果提起诉讼，要将备份文件、电子版和打印件均提交给法院，并在法庭上出示录音录像的设备。

短信（微信）的原始对话，要在手机中保存好，切勿丢失。将对话界面内容完整截屏，形成图片保存后打印出来。将来如果提起诉讼，图片的电子版和打印件要提交给法院，并在庭审时出示手机中的原始对话内容。

录音录像和短信、微信记录，是在没有其他有力证据的情况下，不得已而采取的事后补救手段，法律对此类证据的合法性有比较高的要求，其证明效力也低于借条等原始凭证，单独使用容易被认定为无效。

律师提醒：日常社会活动中还是要注意及时保留原始证据。当不得不采用上述手段时，也要依法、严谨取证，建议取证前先咨询律师，以免劳而无功，给自己造成损失。

案例评析

马甲诉马乙民间借贷纠纷案*

马乙于 2013 年 7 月 26 日向马甲借款 25 000 元，但未出具借条，也未约定还款时间。一年后马乙偿还了 1000 元，未还余款。但马乙在与马甲的儿子通话时认可了该借款，马甲保留了通话录音。马甲提起诉讼请求法院判令马乙偿还借款本金 24 000 元及利息 2400 元，同时承担本案诉讼费用。马乙不认可存在借款 25 000 元的事实。

一审法院认为，原告主张的借款，虽然没有借条支持，但被告在与原告方通话时认可了该借款，故对马甲要求马乙偿还借款余款 24 000 元的诉讼请求，应予支持。对利息的计算，因被告未到庭，原告对自己主张的利息的计算方法未提供证据证明，不予支持。法院判决：由马乙自本判决生效之日起10 日内偿还马甲借款人民币 24 000 元；驳回马甲的其他诉讼请求。

二审法院认为，涉案借款虽然没有出具借条，但马甲提供的其儿子与被告的通话录音能证明双方存在借款事实，原告对未出具借条能作出合理解释。二审法院认为原判认定事实清楚，判决得当，裁定驳回上诉，维持原判。

法条链接

《中华人民共和国民事诉讼法》

第七十四条 人民法院对视听资料，应当辨别真伪，并结合本案的其他证据，审查确定能否作为认定事实的根据。

《最高人民法院关于民事诉讼证据的若干规定》

第九十条 下列证据不能单独作为认定案件事实的根据：

……

---

* （2017）黔 05 民终 3561 号。

（四）存有疑点的视听资料、电子数据；

……

（王建东律师）

57 我借款给朋友已经四年了，如今我要求他还款，他以过了诉讼时效为由不还款，我该怎么办？

律师意见

诉讼时效是指如权利人在法定的时效期间内不行使权利，当时效期间届满时，义务人获得诉讼时效抗辩权。在法律规定的诉讼时效期间内，权利人提出请求的，人民法院可以强制义务人履行其所承担的义务。而在法定的诉讼时效期间届满之后，权利人行使请求权的，人民法院就不再予以保护。

依据《中华人民共和国民法典》第一百八十八条的规定，民间借贷法律关系的诉讼时效为三年。计算诉讼时效期间，不应从借款发生之日起算，而是按以下几种情况予以区别处理。

（1）约定了还款期限的，从该期限届满之日次日起计算诉讼时效期间。

例如，如果双方当时或者事后约定了还款日为2016年7月1日，诉讼时效期间应当自该期限届满之日的次日，即2016年7月2日起计算三年，至2019年7月1日届满。

（2）没有约定还款期限的，可以分为以下两种情况。

①债权人催告还款，债务人未回应，或者表示立即还款，应当自催告次日起计算。

例如，如果债权人于2016年10月1日要求债务人还款，债务人没有表态，或者表示立即还款的，诉讼时效期间应当从2016年10月2日起计算三年，至2019年10月1日届满。

②债务人明确表示拒绝还款的，从债务人明确表示拒绝还款的次日起计算。

例如，如果没有证据证明债权人向债务人要求还款的具体日期，但有证据证明债务人曾于2016年10月1日明确表示拒绝还款的，诉讼时效期间同样应当从 2016 年 10 月 2 日起计算三年，至 2019 年 10 月 1 日届满。

依据《中华人民共和国民法典》第一百九十五条的规定，出现提起诉讼、当事人一方提出要求或者同意履行义务等情形时，会导致诉讼时效中断。从中断时起，诉讼时效期间重新开始计算。

例如，双方约定了还款日为 2016 年 7 月 1 日，诉讼时效期间应当从 2016 年 7 月 2 日起连续计算三年，至 2019 年 7 月 1 日届满。如果在届满之前的 2019 年 6 月 1 日，债权人向债务人主张权利（包括要求还款、提起诉讼、仲裁或同等效力的其他情形），或者债务人表示同意履行还款义务，并有证据能够证明的，则诉讼时效中断，诉讼时效期间从 2019 年 6 月 2 日起重新计算三年，至 2022 年 6 月 1 日才会届满。

案例评析

周某与荀某民间借贷纠纷案*

周某于 1998 年向荀某借款 12.6 万元，包括现金和国债，2003 年 3 月 5 日周某向荀某出具借据一份，确定本息合计 22.76 万元。2010 年 5 月 10 日周某又向荀某出具一份借条，确定金额为 22.7 万元，承诺在 2010 年 7 月 15 日前还清。2010 年 5 月 10 日周某再次给荀某出具一份借条，承诺 2017 年 7 月 30 日前还清 22.7 万元。后周某未按承诺偿还。荀某及其家人在此后一直通过电话及其他方式向周某主张偿还借款。庭审中周某抗辩称债权已超过诉讼时效期间。

一审法院认定：从荀某当庭陈述、周某的抗辩，及荀某所举证据，能够看出荀某一直在主张权利，不存在超过诉讼时效。法院判决：周某于判决生效后三日内偿还荀某 19.7 万元。

二审法院认为：依据《中华人民共和国民法典》第一百九十五条第一项规定："有下列情形之一的，诉讼时效中断，从中断、有关程序终结时起，诉讼时效期间重新计算：（一）权利人向义务人提出履行请求。"本案中，

---

* （2021）吉 04 民终 346 号。

荀某向一审法院提供的通话记录能够证明，荀某并未放弃案涉债权，一直向周某主张权利，因此上述债权请求行为能够引起诉讼时效中断的效果，故荀某于 2021 年 2 月 2 日向法院起诉未超过诉讼时效。法院判决：一审判决认定事实清楚、适用法律正确，驳回上诉，维持原判。

法条链接

《中华人民共和国民法典》

第一百八十八条 向人民法院请求保护民事权利的诉讼时效期间为三年。法律另有规定的，依照其规定。

诉讼时效期间自权利人知道或者应当知道权利受到损害以及义务人之日起计算。法律另有规定的，依照其规定。但是，自权利受到损害之日起超过二十年的，人民法院不予保护，有特殊情况的，人民法院可以根据权利人的申请决定延长。

第一百九十二条 诉讼时效期间届满的，义务人可以提出不履行义务的抗辩。

诉讼时效期间届满后，义务人同意履行的，不得以诉讼时效期间届满为由抗辩；义务人已经自愿履行的，不得请求返还。

第一百九十五条 有下列情形之一的，诉讼时效中断，从中断、有关程序终结时起，诉讼时效期间重新计算：

（一）权利人向义务人提出履行请求；

（二）义务人同意履行义务；

（三）权利人提起诉讼或者申请仲裁；

（四）与提起诉讼或者申请仲裁具有同等效力的其他情形。

（王建东律师）

58 同事向我借款 50 万元，约定年利率 36%，到还款期限后，他以高利贷为由不还款，我该怎么办？

律师意见

同事向我借款 50 万元，约定年利率 36%，到还款期后，他以高利贷为由不还款，我该怎么办呢？2020 年 8 月 20 日修正的《最高人民法院关于审理民间借贷案件适用法律若干问题的规定》明确，以中国人民银行授权全国银行间同业拆借中心自 2019 年 8 月 20 日起每月发布的一年期贷款市场报价利率（LPR）的 4 倍为标准确定民间借贷利率的司法保护上限，取代"以 24% 和 36% 为基准的两线三区"的规定。以 2020 年 7 月 20 日发布的一年期贷款市场报价利率 3.85% 的 4 倍计算为例，民间借贷利率的司法保护上限为 15.4%。

2020 年 8 月 20 日之后新受理的一审民间借贷案件，借贷合同成立于 2020 年 8 月 20 日之前，当事人请求适用当时的司法解释计算自合同成立到 2020 年 8 月 19 日的利息部分的，人民法院应予支持；对于自 2020 年 8 月 20 日到借款返还之日的利息部分，适用起诉时本规定的利率保护标准计算。

关于本问题的 50 万元借款，借款人不能以 36% 的年利率过高为理由，拒绝支付任何利息。如果借款人拒绝支付利息，出借人有权向人民法院提起民间借贷诉讼。

自合同成立之日至 2020 年 8 月 19 日期间的利息，如果借款人没有支付过任何利息，出借人请求按照年利率 36% 支付利息的，出借人仅有义务偿还年利率 24% 范围内的利息，法院会支持年利率 24% 范围内的利息，对超出年利率 24% 的部分，不予支持。

自 2020 年 8 月 20 日至借款返还之日期间的利息，年利率不得超过合同成立时一年期贷款市场报价利率的 4 倍。以 2020 年 7 月 20 日发布的一年期贷款市场报价利率 3.85% 的 4 倍计算为例，该上限为 15.4%。出借人仅有义务偿还年利率 15.4% 范围内的利息，法院最高会支持年利率 15.4% 范围内的利息，对超出年利率 15.4% 的部分，不予支持。

借贷合同成立时间	计息期间	利率
2020 年 8 月 20 日前	自合同成立至 2020 年 8 月 19 日	"两线三区"利率最高 24%
	2020 年 8 月 20 日至借款返还之日	不超过合同成立时一年期贷款市场报价利率的 4 倍
2020 年 8 月 20 日后	自合同成立至借款返还之日	不超过合同成立时一年期贷款市场报价利率的 4 倍

案例评析

钟甲诉钟乙民间借贷纠纷案*

2020 年 6 月 1 日，被告钟乙向原告钟甲借款 30 000 元，原告通过微信转账方式向被告支付了借款 28 500 元，被告出具借条一张交原告收执。该借条中载明："本人钟乙，身份证：441××××××××××××610，向钟甲借款人民币 30 000 元整，大写：叁万元整，每月给回 1500 元息，用期 3 个月归还。"此后，被告至今未支付任何款项给原告。

法院认为，本案中，双方之间成立民间借贷法律关系。该借条的约定仅在原告实际支付的借款 28 500 元的范围内成立，且该借条中所约定的借款利息超过合同成立时一年期贷款市场报价利率 4 倍的法律强制性规定的部分无效，其他约定不违反法律法规的规定，合法有效。因此，原告诉请判决被告立即偿还借款本金 30 000 元和利息（自 2020 年 6 月 1 日起至归还借款之日止，以实欠本金为基数，按银行间同业拆借中心公布的贷款市场报价利率 4 倍计算）给原告，符合法律规定及双方约定，本院予以支持。

法院作出判决，被告钟乙欠原告钟甲借款本金 28 500 元及利息（利息计算方式：以未还借款为本金，以 2020 年 6 月 1 日的一年期贷款市场报价利率 4 倍为利率，自 2020 年 6 月 1 日起计算至还清欠款之日止的利息）。

---

*　（2021）粤 1881 民初 2331 号。

法条链接

《最高人民法院关于审理民间借贷案件适用法律若干问题的规定》

第二十五条 出借人请求借款人按照合同约定利率支付利息的，人民法院应予支持，但是双方约定的利率超过合同成立时一年期贷款市场报价利率四倍的除外。

前款所称"一年期贷款市场报价利率"，是指中国人民银行授权全国银行间同业拆借中心自 2019 年 8 月 20 日起每月发布的一年期贷款市场报价利率。

第二十六条 借据、收据、欠条等债权凭证载明的借款金额，一般认定为本金。预先在本金中扣除利息的，人民法院应当将实际出借的金额认定为本金。

第二十八条 借贷双方对逾期利率有约定的，从其约定，但是以不超过合同成立时一年期贷款市场报价利率四倍为限。

未约定逾期利率或者约定不明的，人民法院可以区分不同情况处理：

（一）既未约定借期内利率，也未约定逾期利率，出借人主张借款人自逾期还款之日起参照当时一年期贷款市场报价利率标准计算的利息承担逾期还款违约责任的，人民法院应予支持；

（二）约定了借期内利率但是未约定逾期利率，出借人主张借款人自逾期还款之日起按照借期内利率支付资金占用期间利息的，人民法院应予支持。

（王建东律师）

59 我给朋友做担保，朋友没钱还款，债主要求我还款，我该还款吗？

法官意见

出借人为保障债权能够顺利实现，让借款人提供担保是一种很普遍的做法。担保有物上的担保，比如抵押、质押；也有金钱担保，比如定金、保证金；还有人的担保，就是保证。保证又分为两种，即一般保证和连带责任保证。因连带责任保证的担保力度较强，对债权人有利，保证人的负担相对较重，而一般保证的担保力度相对较弱，保证人的负担也就相对较轻，所以设定保证的方式存在不同：一般保证只能由债权人与保证人明确约定"借款人不能履行债务时，保证人才承担保证责任"，如果无此约定或对于担保的方式约定不明确的，那么为了保护债权人利益，保证的方式被依法推定为"连带责任保证"。

两种保证责任的承担，均与"保证期间"相关，债权人必须在保证期间内提出还款主张，否则会导致保证人免责。所谓保证期间，是指债权人与保证人约定或者法律规定的，保证人承担保证责任的特定期间。约定的期间不能早于或等于主债务履行期限，而法定的保证期间是指在当事人没有约定的情况下，法律规定在主债务履行期届满之日起六个月内为保证期间。

如果保证人承担的是连带责任保证，只要债权人既在"保证期间"，同时又在"保证范围内"向保证人提出还款主张的，这种"主张"不受形式的限制，可以是起诉、仲裁，也可以是普通的催收，对此，保证人应当履行保证责任。

而一般保证的保证人，其履行保证责任需具备以下前提条件：（1）债权人必须在保证期间内，向借款人提起诉讼或者仲裁，未满足"期间"或"程序"的任一条件的，保证人的责任将被依法免除；（2）借款人不能履行债务。确定主债务人不能履行债务，一般保证人才承担保证责任。在强制执行主债务人仍不能履行债务前，保证人可拒绝承担保证责任，或者保证人向债权人提供了债务人可供执行财产的真实情况，债权人放弃或者怠于行使权利致使该财产不能被执行的，保证人可以请求人民法院在其提供可供执行财产的实际价值范围内免除保证责任。但法律也规定了除外情形，当主债务人有以下情形时，保证人就应向债权人承担保证责任：（1）债务人住所变更，致使债权人要求其履行债务发生重大困难的；（2）人民法院受理债务人破产案件，中止执行程序的；（3）保证人以书面形式放弃前款规定的权利的。这也是法律在保证人以及债权人之间所作的一个权衡。

无论是一般保证还是连带责任保证的保证人，在向债权人履行了还款责任后，均有权依法向主债务人追偿。如果保证人有多人的，除非在担保合同中约定保证人之间可以相互追偿，否则履行了保证责任的保证人，不享有向其他保证人追偿的权利。

案例评析

滕某某与姚某保证合同纠纷案*

2018 年 12 月 1 日，卢某某向滕某某出具借条一份，载明：今因经营周转于 2018 年 12 月 1 日向出借人滕某某借到 200 000 元，借款期限 3 个月，2019 年 2 月 28 日到期还本。姚某在担保人姓名处签字捺印，卢某某在借款人处签字捺印。2019 年 3 月 5 日、2019 年 3 月 15 日、2019 年 3 月 24 日，滕某某向卢某某催款，并多次要求姚某联系卢某某还款未果，后起诉卢某某与姚某共同偿还借款本息。

一审法院认为，当事人对保证方式未作约定，根据 1995 年《中华人民共和国担保法》规定，姚某应当承担连带保证责任。因双方也未约定保证期间，姚某应在借款期限届满之日起六个月内向姚某主张权利，即 2019 年 2 月 28 日起六个月，否则保证人不承担保证责任。根据滕某某与姚某的微信聊天记录，2019 年 3 月，滕某某多次要求姚某联系卢某某还款，可以认定滕某某在保证期间内，向姚某主张承担担保责任。故姚某作为保证人应对卢某某的债务承担连带责任保证，姚某承担保证责任后，有权向卢某某追偿。姚某不服一审判决提起上诉，主张本案应当适用民法典关于保证制度的规定，即按照一般保证处理。二审法院认为，本案事实发生于民法典实施之前，应当适用 1995 年《中华人民共和国担保法》及其司法解释相关规定。一审法院认定姚某作为保证人应对卢某某的债务承担连带责任保证，并无不当，遂驳回上诉，维持原判。

法条链接

《中华人民共和国民法典》

第六百八十六条第二款　当事人在保证合同中对保证方式没有约定或者

---

*（2021）京 03 民终 1141 号。

约定不明确的，按照一般保证承担保证责任。

第三百九十二条　……第三人提供物的担保的，债权人可以就物的担保实现债权，也可以请求保证人承担保证责任。提供担保的第三人承担担保责任后，有权向债务人追偿。

《全国法院民商事审判工作会议纪要》

第五十六条　……承担了担保责任的担保人向其他担保人追偿的，人民法院不予支持，但担保人在担保合同中约定可以相互追偿的除外。

《最高人民法院关于适用〈中华人民共和国民法典〉有关担保制度的解释》

第二十五条　当事人在保证合同中约定了保证人在债务人不能履行债务或者无力偿还债务时才承担保证责任等类似内容，具有债务人应当先承担责任的意思表示的，人民法院应当将其认定为一般保证。

当事人在保证合同中约定了保证人在债务人不履行债务或者未偿还债务时即承担保证责任、无条件承担保证责任等类似内容，不具有债务人应当先承担责任的意思表示的，人民法院应当将其认定为连带责任保证。

（苏艳法官）

60　朋友以我的名义贷款，他将贷款用于经营并写下保证书承诺由他承担还款责任，之后朋友"跑"了，银行向我催款，我该怎么办？

律师意见

很多小微企业因为资质不好，银行发放贷款时需要企业提供抵押担保、保证金质押、存单质押等，为了能够给企业融到资本，企业主只能以借自己的朋友、亲属等之名的方式申请贷款，为企业融资。那么当实际贷款人不能向名义贷款人按时支付贷款利息导致名义贷款人的贷款逾期时，银行通常会怎么处理呢？

一种情况是银行不知晓名义贷款人与实际贷款人之间的借名贷款关系的，则名义贷款人要承担逾期还款的责任。

由于是名义贷款人与银行签署的借款合同，银行只能向与之签署合同的相对方（名义贷款人）主张权利。银行向法院提起诉讼时有权对名义贷款人名下的房产、股权、车辆、银行账户等采取查封、冻结等财产保全措施，使名义贷款人无法正常使用相应的财产，而且一旦名义贷款人不履行判决书确认的还款责任的，银行便会在执行程序中依据法定程序要求法院拍卖、变卖已采取保全措施的财产以实现其债权。

这时名义贷款人只能依据实际贷款人出具的《保证书》，另行提起诉讼，要求实际贷款人偿还名义贷款人的损失。

另一种情况是银行知晓名义贷款人与实际贷款人之间的借名贷款关系的，则名义贷款人无需承担还款责任。

由于银行知道名义贷款人与实际贷款人之间的借名贷款关系，则名义贷款人与银行签署的借款合同直接约束银行和实际贷款人。这时银行当然也就无权对名义贷款人名下的任何财产采取保全措施。

但是如果名义贷款人除借款合同外，另行与银行签署了抵押担保合同，将自己的房产抵押给银行的，那么银行很可能基于法定的抵押权对抵押房产折价或拍卖、变卖的价款就实际借款人不能偿还债务部分享有优先受偿权，届时名义贷款人的房产也很难幸免。

律师提醒：不要为了哥们义气随便借用自己的名义帮人贷款，更不要随意为他人提供担保。

案例评析

某银行与刘某、某公司等借款合同纠纷案*

2016 年，某公司的法定代表人刘某某要求以刘某的名义向银行立据借款 100 万元，用于偿还员工应某某在银行处给该公司的借款中的 100 万元。2017 年 11 月，刘某为某公司借款的 100 万元到期，在银行方工作人员承诺该笔借款可以用某公司在银行处的股权变现优先受偿的情况下，刘某继续与银行签订了《个人借款合同》，2018 年 11 月 26 日贷款到期。

---

* （2019）湘 0581 民初 2292 号。

合同签订后，2017 年 11 月 27 日，银行按合同约定向刘某的账户发放贷款 100 万元。当天，该笔借款就用于偿还刘某 2016 年 11 月在银行处为某公司的借款，刘某自始至终没有实际占有、使用该笔借款，也没有持有该银行卡，该笔借款实际由某公司使用，用于偿还某公司在银行处的借款。在整个借款过程中，银行清楚这笔借款实际使用人是某公司。借款后，某公司以刘某的名义按月偿还了部分利息。

一审法院认为：本案的借款合同应约束银行与某公司，借款应由某公司偿还，刘某不需要承担偿还借款的责任。因为刘某只是在某公司与银行就借款事宜调查协商清楚之后，被动地、机械地完成形式上的签字程序，而且贷款到期后，银行从来没有向刘某催收过，而是向某公司的法定代表人刘某某催收。

该案说明了银行知晓借名贷款关系的，名义贷款人与银行签署的合同才能约束实际贷款人，由实际贷款人承担还款的责任。

法条链接

《中华人民共和国民法典》

第四百六十五条　依法成立的合同，受法律保护。

依法成立的合同，仅对当事人具有法律约束力，但是法律另有规定的除。

第九百二十五条　受托人以自己的名义，在委托人的授权范围内与第三人订立的合同，第三人在订立合同时知道受托人与委托人之间的代理关系的，该合同直接约束委托人和第三人；但是，有确切证据证明该合同只约束受托人和第三人的除外。

第九百二十六条　受托人以自己的名义与第三人订立合同时，第三人不知道受托人与委托人之间的代理关系的，受托人因第三人的原因对委托人不履行义务，受托人应当向委托人披露第三人，委托人因此可以行使受托人对第三人的权利。但是，第三人与受托人订立合同时如果知道该委托人就不会订立合同的除外。

受托人因委托人的原因对第三人不履行义务，受托人应当向第三人披露委托人，第三人因此可以选择受托人或者委托人作为相对人主张其权利，但是第三人不得变更选定的相对人。

委托人行使受托人对第三人的权利的，第三人可以向委托人主张其对受托人的抗辩。第三人选定委托人作为其相对人的，委托人可以向第三人主张其对受托人的抗辩以及受托人对第三人的抗辩。

（唐文月律师）

61 朋友用他的车、房作担保向我借钱，并把车本、房本都给我了，但我们没有去做登记，存在法律风险吗？

法官意见

抵押权人对抵押财产享有控制权、支配权。抵押人未经抵押权人同意，不得处分抵押财产。当债务人有多个债权人，其财产不足以清偿全部债权时，有抵押权的债权人，可以优先于其他债权人受到清偿。法律对于抵押权的设定、实现方式等进行了详尽地规定，如果不符合法定的要件，当初设定抵押的目的可能就无法实现。债务人用自有房屋和汽车作担保，不向债权人转移占有担保物，仅交付产权证明，从形式上符合了"抵押"的特征。但是，不办理抵押登记，却存在一定的法律风险。

首先，对于房屋等不动产，办理抵押登记是抵押权设立的要件。未办理登记，意味着抵押权没有依法设立，即债权人不是法律意义上的"抵押权人"。在司法实践中，有抵押人交付假房本的；有将真房本交付，再到产权部门申请挂失补办，然后将房屋出售，或者抵押给他人并办理登记的，如果有上述情形存在，债务人不能清偿债务时，债权人对于抵押物没有任何优先的权利。

其次，对于汽车等动产类抵押，法律规定，未办理登记，抵押权仍可依法设立。但是，不办理抵押登记不具有对抗善意第三人的效力。何谓"不得对抗善意第三人"：（1）合同签订后，如果抵押人将抵押财产转让，对于善意取得该财产的第三人，抵押权人无权追偿。（2）抵押合同签订后，如果抵押人以该财产再次设定抵押，而后位抵押权人进行了抵押登记，那么，实现抵押权时，后位抵押权人可以优于前位未进行抵押登记的抵押权人受偿。抵押财产登记后，不论抵押财产转移到谁手中，只要债务履行期届满债务人没有履行债务，抵押权人都可以就该抵押财产实现抵押权，同时还有先于未登记的抵押权人受偿的权利。

现今社会，利用同一财产，在同一阶段，为不同权利人提供担保的情况极为常见。为了切实保障自己债权的实现，无论抵押物是不动产还是动产，建议都办理抵押登记。在抵押合同成立的前提下，债权人的补救措施有：（1）与抵押人协商，尽快去产权登记部门办理抵押登记手续。办理抵押的过程，也是核实抵押人房屋产权是否真实的过程。（2）如果协商不成，债权人可以将抵押人起诉至法院，请求抵押人办理抵押登记手续。（3）如果抵押物灭失或由于抵押物转让他人等原因不能办理抵押登记的，债权人可请求抵押人以抵押物的价值为限承担责任。这一项一般针对非债务人本人做抵押人的情形。因为债务人自有的财产，本身就承担着清偿债务的责任，只是在约定的抵押财产灭失或转让后，其偿债能力就变弱了。

关于实现抵押权的方式，《中华人民共和国民法典》明文禁止"流押（流质）"，即在债务履行期届满前，抵押权人不得与抵押人约定债务人不履行到期债务时抵押财产归债权人所有。但是在债权到期后，债务人不能清偿债务的，可以与抵押人协议以抵押财产折价或者以拍卖、变卖该抵押财产所得的价款优先受偿。如双方对于实现方式达不成一致意见的，债权人可通过诉讼的方式进行解决。

抵押权实现后，如果双方确定的抵押财产的价款高于被担保的债权时，超出的部分要归抵押人所有。

案例评析

孟某某与郭某甲、郭某乙等案外人执行异议之诉*

郭某甲与郭某乙系同胞兄弟。郭某乙向孟某某借款，郭某甲以自己名下的房产及轿车作为抵押担保，但均未办理抵押登记。后出借人孟某某起诉郭

---

* （2019）冀02民终5449号。

某乙、郭某甲还款，法院作出判决：郭某乙归还孟某某借款本息，郭某甲在抵押财产范围内承担担保责任。郭某乙、郭某甲未按判决书规定的期限履行给付义务，孟某某向法院申请执行。执行过程中发现，郭某甲已将抵押轿车处置给他人，而抵押房产并不在郭某甲名下。

法院认为，因郭某甲提供抵押的三辆汽车已被其自行处置，造成财产灭失，其提供抵押的两套房产均未登记在郭某甲名下，造成执行机构无法执行，上述抵押财产灭失及无法执行的原因均由郭某甲自身原因造成，该原因不能免除郭某甲的担保责任，法院有权在抵押财产的价值范围内执行属于郭某甲的其他财产。

法条链接

《中华人民共和国民法典》

第四百零一条 抵押权人在债务履行期限届满前，与抵押人约定债务人不履行到期债务时抵押财产归债权人所有的，只能依法就抵押财产优先受偿。

第四百零二条 以本法第三百九十五条第一款第一项至第三项规定的财产或者第五项规定的正在建造的建筑物抵押的，应当办理抵押登记。抵押权自登记时设立。

第二百二十五条 船舶、航空器和机动车等的物权的设立、变更、转让和消灭，未经登记，不得对抗善意第三人。

《全国法院民商事审判工作会议纪要》

第六十条 不动产抵押合同依法成立，但未办理抵押登记手续，债权人请求抵押人办理抵押登记手续的，人民法院依法予以支持。因抵押物灭失以及抵押物转让他人等原因不能办理抵押登记，债权人请求抵押人以抵押物的价值为限承担责任的，人民法院依法予以支持，但其范围不得超过抵押权有效设立时抵押人所应当承担的责任。

（苏艳法官）

62 债权人死亡了，债务人还需要履行还款义务吗？

律师意见

债权人死亡了，是不是就不用履行债务了？部分债务人可能会有如此疑问，实际上"人死债灭"的说法并无法律依据。

意见一：债权人死亡，其债权将作为遗产由其继承人继承。

债权是一种财产利益，属于《中华人民共和国民法典》规定的遗产范围。因此，债权人死亡后，其履行标的为财物的债权将作为遗产由其继承人继承取得。债权人立有遗嘱的，该债权由遗嘱继承人继承；债权人未立遗嘱的，该债权由法定继承人继承。在继承开始后，遗产未分割前，遗产为全体继承人共同共有，债务人拒不偿还时，全体继承人应共同提起诉讼主张债权。

意见二：继承人自愿继承债权后，如债权人生前还负有债务，继承人则须在遗产范围内承担偿付责任。

《中华人民共和国民法典》规定，继承遗产应当清偿被继承人依法应当缴纳的税款和债务，缴纳税款和清偿债务以其继承的遗产实际价值为限。对超过遗产实际价值部分，继承人自愿偿还的不在此限。继承人放弃继承的，对被继承人依法应当缴纳的税款和债务可以不负偿还责任。因此，继承人自愿继承债权即遗产后，则负有在遗产范围内清偿债权人生前债务的义务。

案例评析

张某甲、张某乙、张某丙、张某丁与张某戊民间借贷纠纷案*

张某某生前与张某戊存在借贷关系，经结算，张某戊于 2015 年 5 月 2 日向张某某出具借据一张，借据载明借款数额为 44 800 元，并约定利息。后张某戊分别于 2016 年 3 月 1 日偿还张某某 1000 元，2016 年 9 月 12 日偿还

---

* （2019）鲁 1623 民初 3144 号。

张某某 3000 元，2017 年 2 月 9 日偿还张某某 2000 元，2018 年 9 月 27 日偿还张某某 3000 元。

张某某去世后，张某甲、张某乙、张某丙、张某丁（四人为张某某的子女）向张某戊索要借款，张某戊拒不偿还，张某甲、张某乙、张某丙、张某丁共同向法院提起诉讼。

法院认为：合法的借贷关系受法律保护，张某某生前借给张某戊款项的事实清楚，证据充分，二者间的借贷关系成立。借贷双方对前期借款本息结算后将利息计入后期借款本金并重新出具债权凭证，如果前期利率没有超过年利率 24%，重新出具的债权凭证载明的金额可认定为后期借款本金，张某某与张某戊前期约定的利率为月息 1.2%，不违反法律规定，故本案借据中载明的数额可认定为后期借款本金。按照《中华人民共和国民法典》的规定，债权人死亡后，债权可以作为遗产由债权人的继承人继承，继承人有权向债务人起诉要求还款。张某甲、张某乙、张某丙、张某丁作为张某某的第一顺位法定继承人，其要求张某戊按照实际欠款数额及约定利息偿还债务的请求，应予支持。

此案说明，即使债权人死亡，合法有效的债务也不会因此消灭，债务人仍然负有向债权人的继承人还本付息的义务。

法条链接

《中华人民共和国民法典》

第六百七十四条 借款人应当按照约定的期限支付利息……

第六百七十五条 借款人应当按照约定的期限返还借款……

第一千一百二十二条 遗产是自然人死亡时遗留的个人合法财产。

依照法律规定或者根据其性质不得继承的遗产，不得继承。

第一千一百二十七条 遗产按照下列顺序继承：

（一）第一顺序：配偶、子女、父母；

（二）第二顺序：兄弟姐妹、祖父母、外祖父母。

继承开始后，由第一顺序继承人继承，第二顺序继承人不继承；没有第一顺序继承人继承的，由第二顺序继承人继承。

本编所称子女，包括婚生子女、非婚生子女、养子女和有扶养关系的继子女。

本编所称父母，包括生父母、养父母和有扶养关系的继父母。

本编所称兄弟姐妹，包括同父母的兄弟姐妹、同父异母或者同母异父的兄弟姐妹、养兄弟姐妹、有扶养关系的继兄弟姐妹。

（梁茂卿律师）

63 在网络直播间给女主播的打赏，能索要回来吗？

律师意见

随着自媒体平台爆发式的发展，催生了大量网红主播。给网红主播"打赏"、刷礼物成为时髦的代名词。然而价值上千的礼品、动辄上万元的"打赏"一旦付出，有可能要回吗？关于"打赏"的追回有以下几点建议。

意见一：完全民事行为能力人自愿打赏主播的行为系赠与行为，赠与完成后，不能要求返还。

在网络平台直播过程中，网民向主播刷礼物、"打赏"的时候并未给主播设定义务，其对主播的"打赏"行为属于无偿的、单务的合同行为，因此与主播形成一种赠与合同关系。只要网民年满16周岁以自己的劳动收入为主要生活来源或者年满18周岁，能够完全辨认自己行为的，赠与行为有效。根据《中华人民共和国民法典》规定，赠与物转移前，赠与尚可撤销；赠与物转移、主播接受后，则赠与完成，网民再无权要求返还。

意见二："打赏"的财物如果属于他人财产的，须经他人同意，否则赠与无效，受赠人即网络主播须退还。

赠与人仅能将自己的财产无偿赠与受赠人，却不能处分他人的财产。因此，在网络平台直播过程中，网民将他人的财物，如夫妻共同财产中属于配偶的财产份额、挪用的公款等"打赏"给主播后，财物实际所有人不同意赠与的，赠与无效，网络主播须退还。

张某某诉李某甲、李某乙赠与合同纠纷案 *

　　张某某与李某乙系夫妻关系，李某甲系一名网络平台主播。2018 年 3 月，李某乙因一次偶然机会通过网络认识了李某甲。李某乙先后通过微信、支付宝、银行转账等方式共向李某甲支付 1 483 354. 36 元（其中 17 000 元属消费性支出，与李某甲无关，应予以剔除）。法院经审理认定，赠与合同是赠与人将自己的财产无偿给予受赠人，受赠人表示接受赠与的合同。本案中，李某乙与李某甲之间并未对上述款项的支付行为设立任何条件，李某甲收取了上述款项，应认定李某乙的上述行为属于赠与行为，李某乙与李某甲之间形成赠与合同关系。然而，赠与人仅能将自己的财产无偿赠与受赠人，却不能处分他人的财产。本案中张某某与李某乙系夫妻关系，除有证据证明涉案款项属于李某乙一方的个人财产以外，李某乙在其夫妻关系存续期间的所有财产原则上均属于其与张某某的夫妻共同财产。本案尚无证据证实涉案款项属于李某乙一方的个人财产，应依法认定涉案款项属于李某乙与张某某的夫妻共同财产。张某某提起本案诉讼即表明其不同意李某乙对夫妻双方共同财产作出的赠与行为，本案赠与物货币为种类物且可予以计量分割，加之，李某乙作为完全民事行为能力人，应完全知晓其行为后果，因此其处分属于夫妻共同财产中的个人部分不违反法律规定，应视为有效行为，但其无权处分夫妻共同财产中属于张某某的部分，该部分的处分行为无效，李某甲应予返还。

　　此案说明，"打赏"网络主播的行为系民事主体之间的赠与行为，如赠与人为完全民事行为能力人且在完全自愿的情况下实施"打赏"行为的，则网络主播作为受赠人接受"打赏"后，赠与行为即完成，赠与人不得主张退还。但是，如果赠与人赠与的财物系他人财产如夫妻共同财产中属于配偶方的财物，则须他人同意，否则涉及他人财物的赠与无效。

　　＊ （2019）赣 0281 民初 1402 号。

法条链接

《中华人民共和国民法典》

第一百五十五条　无效的或者被撤销的民事法律行为自始没有法律约束力。

第六百五十七条　赠与合同是赠与人将自己的财产无偿给予受赠人，受赠人表示接受赠与的合同。

（梁茂卿律师）

64 我被村口的精神病人打伤了，该找谁赔偿呢？

法官意见

人类社会是一个充满风险的社会，有的人走着走着就被楼上的高空坠物砸成重伤，有的人躺在家里也会被劣质的电热毯烧伤……类似大大小小的风险可谓无处不在。那么，如果遇到出门被精神病人打伤的情况，我们该怎么办？

首先，我们要做的就是报警。如果受伤程度较轻，警察一般会从中协调，尽量促成受害者从精神病人家属那里获得相应的赔偿，达到化解社会矛盾的效果；如果受伤程度较重，警察还能启动刑事调查程序，对精神病人究竟有无精神病及有无刑事责任能力等事项进行司法鉴定，这也有利于受害者下一步向施害者主张权利。

其次，对于精神病人造成的伤害，到底应该由谁承担责任呢？《中华人民共和国民法典》第一千一百八十八条第二款规定，有财产的无民事行为能力人、限制民事行为能力人造成他人损害的，从本人财产中支付赔偿费用；不足部分，由监护人赔偿。当然，法院在审理案件时会综合考量双方的过错情况、监护人是否尽到监护责任、受害者的损失等因素确定一个合理的赔偿数额。

最后，应确定谁才是精神病人的监护人。根据《中华人民共和国民法典》第二十七条、第二十八条规定，如果精神病人是未成年人的，其父母是监护人，如果其父母已经死亡或者没有监护能力的，由下列有监护能力的人按顺序担任监护人："（一）祖父母、外祖父母；（二）兄、姐；（三）其他愿意担任监护人的个人或者组织，但是须经未成年人住所地的居民委员会、村民委员会或者民政部门同意。"如果精神病人是成年人的，由下列有监护能力的人按顺序担任监护人："（一）配偶；（二）父母、子女；（三）其他近亲属；（四）其他愿意担任监护人的个人或者组织，但是须经被监护人住所地的居民委员会、村民委员会或者民政部门同意。"

法官提醒：为了避免给自己招来不必要的麻烦，在日常生活中我们还是需要多注意言行，不要去嘲笑精神病人，更不要主动去刺激、招惹精神病人！

案例评析

陈某某与孙某某、孙某、黄某健康权纠纷案*

原告陈某某系苏州市姑苏区某小区 10 幢东门 101 室业主，被告孙某某为同小区 9 幢西门 103 室业主，被告孙某、黄某为孙某某的父母。2016 年 6 月 25 日 17 时 40 分左右，原告手持一汤盆往小区 9 幢和 10 幢之间的小路上倾倒汤盆里的面汤时，与站在小路中间的孙某某因面汤有无溅到孙某某身上发生争吵，后孙某某先后使用原告的汤盆及拳头等对原告进行殴打，造成原告头部等处受伤。受伤后，原告到医院接受门诊治疗，共花费医药费合计5247.74 元。

司法鉴定所于 2016 年 7 月 6 日受理了对孙某某有无精神病及有无刑事责任能力事项的司法鉴定。鉴定所于 2016 年 10 月 13 日作出精神医学司法鉴定意见书，鉴定意见如下：孙某某为偏执型分裂症（发病期），无刑事责任能力。后经苏州市公安局姑苏分局平江派出所委托，苏州大学司法鉴定中心于2016 年 10 月 13 日对原告陈某某的损伤程度作出司法鉴定，鉴定意见显示，陈

---

* （2017）苏 0508 民初 49 号。

某某此次外伤致头皮瘢痕遗留及肢体皮肤瘢痕遗留均属人体轻微伤。

法院认为，公民的健康权受法律保护，造成侵害的，责任人应当予以赔偿。综合考量事情发生的起因、过程及双方的过错程度，法院酌定孙某某一方对陈某某的损害后果承担80%的赔偿责任。

那孙某某一方的赔偿责任应由谁负担呢？本案中，孙某某经鉴定被认定为偏执型分裂症（发病期）、无刑事责任能力，故其并非完全民事行为能力人。被告孙某、黄某作为孙某某的父母，为孙某某法定监护人，其应当切实履行对孙某某的监护职责。孙某某在精神疾病发病期内致陈某某人身受到损害，被告孙某、黄某有违监护职责，故被告孙某、黄某应当依法承担侵权责任，孙某某则应在其财产范围内负赔偿责任。故，法院判决被告孙某某于该判决生效之日起10日内从其本人财产中支付原告陈某某各项损失合计4318.19元，不足部分由被告孙某、黄某赔偿。

法条链接

《中华人民共和国民法典》

第一千一百八十八条 无民事行为能力人、限制民事行为能力人造成他人损害的，由监护人承担侵权责任。监护人尽到监护职责的，可以减轻其侵权责任。

有财产的无民事行为能力人、限制民事行为能力人造成他人损害的，从本人财产中支付赔偿费用；不足部分，由监护人赔偿。

（韩世勇法官）

65 我和几个朋友一起喝酒，其中一个朋友在回家途中醉驾身亡，朋友家属要我们赔偿，于法有据吗？

法官意见

酒友醉酒后死亡或发生交通事故的，受害的酒友及其家属向法院起诉要求同饮者赔偿，同饮者到底应不应该赔偿受害的酒友的损失呢，或者说在什么情况下同饮者需要承担责任呢？

过度劝酒的行为是引发后续注意义务的前提，同席者，特别是组织者对于席间同饮者的安全注意义务也不会因为没有过度劝酒行为而当然免除。处理该类案件应当区别对待，并不是所有同饮者都应当承担责任。

意见一：大家一起喝酒，互相过度劝酒，事后各自离开的责任认定。

过度劝酒（就是我们通常所说的灌酒），是指在席间通过语言、行为等刺激、强迫对方喝酒的情节。如果同饮者明知对方有身体疾病还灌酒导致对方病发受损的，或者同饮者特别是组织者在散席后明知饮酒者已醉酒无法支配自己的行为还放任其行为最终造成意外发生的，均应当承担适当的赔偿责任。

意见二：大家一起喝酒，相互没有劝酒行为，同席者看到有人喝多了还及时进行了提醒，事后发生意外的情况。

如果参与的人员有证据证明其进行了及时且有效的劝阻，事后或许不需要承担责任。如果参与者提交的证据不充分，此时在责任承担方面应当考虑让参与人员少承担赔偿责任。这类责任不属于惩罚性赔偿，而是出于人道主义给付的慰问金。

意见三：同席者在席间没有劝酒行为，受害人因个人原因导致散席时有醉酒情形，同席者特别是组织者未尽到安全注意义务的情况。

由于受害人是完全行为能力人，虽然已醉酒，但也不能免除其对自身损害后果发生的主要责任。其他同席者，特别是组织者在此时应当尽必要的注意义务，安全护送醉酒者回家，如果放任其自己回家，最终导致发生意外的，同席者应当承担一定的赔偿责任，组织者的赔偿责任更重。酒席上提前离开的同席者，在席间没有劝酒，如果有人发生意外，这类同席者在一般情况下不需要承担责任。此外，有些聚会在开席前会签订一个免责声明，即大家喝酒助兴，互不劝酒，如果出现任何后果自行负责，同席者互不承担责任。这样的免责声明在同席人存在侵权行为的时候也是无效的。

案例评析

田某、田某某、刘某某诉姚某、王某、郑某、孟某、孔某、王某甲、乔某、王某乙生命权纠纷案 *

田某甲系原告田某某之子，原告刘某某之夫，原告田某之父。八名被告与田某甲系同事关系。2015 年 7 月 28 日中午 12 点下班后，由被告姚某召集并组织，田某甲与八名被告共同到饭店喝酒，席间，田某甲、姚某、郑某、王某四人饮酒，其余人未饮酒。宴会结束后，乔某与王某结伴先行返回单位，孔某因未饮酒，打算将田某甲、姚某、王某乙开车送回家。随后，王某甲与郑某、孟某相继开车离开。孔某的车行至单位门口时，王某乙自行离开，田某甲、姚某、孔某以及王某四人在单位门口聊天。田某甲坚持要求自行骑摩托车回家，姚某、王某、孔某劝阻未成功。结果田某甲在回家路上发生交通事故身亡。经北京市公安局顺义分局交通支队认定，田某甲酒后驾驶负此次事故全部责任。

事发后，田某甲的继承人以生命权、健康权、身体权纠纷为由诉至法院，认为八名酒友存在过度劝酒行为，是导致田某甲死亡的根本原因，要求八名酒友连带赔偿原告因田某甲死亡所产生的死亡赔偿金、被扶养人生活费、精神损害抚慰金等各项经济损失共计 116 万余元。

法院经审理认为：田某甲作为完全民事行为能力人，其醉酒驾驶的违法犯罪行为是导致其发生交通事故死亡的重要原因，田某甲应当对其死亡结果承担主要责任。三名原告主张八名被告存在过度劝酒的行为，但没有证据予以证明。乔某、孟某、郑某、王某甲在田某甲坐上孔某驾驶的车辆后相继离开。王某乙在乘坐孔某驾驶的车辆到达单位后，也自行离开。上述五名被告此时并不能预见之后田某甲驾驶摩托车回家的行为，亦无法对其进行劝阻，故该五人在本案中不应当承担民事赔偿责任。姚某、王某、孔某在单位门口与田某甲聊天结束后，明知田某甲饮酒并亲眼见其骑二轮普通摩托车回家，

---

* （2015）顺民初字第 16202 号。

即使如姚某所述田某甲坚持骑摩托车回家，其与王某对田某甲的驾车行为进行了劝阻，之后又与孔某开车追赶田某甲，但未达到有效劝阻结果，放任了最终惨剧的发生，该三人在此环节上存在一定过错，应当承担适当的赔偿责任。姚某作为本次宴席的召集组织者，安全注意义务较其他参与者要重，应当在三人过错范围内承担较大比例责任，姚某、王某、孔某应当承担的具体责任比例由法院酌定。综上，法院判决：姚某承担 5 万元赔偿责任，孔某和王某各承担 2 万元赔偿责任，其余人不承担责任。

法条链接

《中华人民共和国民法典》

第五百九十二条 当事人都违反合同的，应当各自承担相应的责任。

当事人一方违约造成对方损失，对方对损失的发生有过错的，可以减少相应的损失赔偿额。

第一千一百七十三条 被侵权人对同一损害的发生或者扩大有过错的，可以减轻侵权人的责任。

（张婷法官）

66 我家水管漏水，损坏了楼下住户价值 10 万元的字画，我需要赔偿吗?

律师意见

中国有句俗语：远亲不如近邻。邻里关系是我们日常生活关系中重要的一环，但邻舍之间难免会滋生矛盾。邻里因漏水产生的法律纠纷在日常生活中比较常见。

楼上水管漏水损坏楼下住户的字画，属于民法上的侵权。侵权分为一般侵权和特殊侵权。《中华人民共和国民法典》侵权责任编并没有对相邻房屋漏水导致的纠纷适用何种侵权责任进行规定，但是其第一千一百六十五条第一款规定，"行为人因过错侵害他人民事权益造成损害的，应当承担侵权责任"。据此可以认定本问题应适用一般侵权的过错归责原则。一般侵权责任的构成要件包括：（1）行为人从事了民事违法行为；（2）造成了他人财产或人身损害的事实；（3）违法行为与损害后果之间具有因果关系；（4）行为人主观上有故意或过失的过错。

结合题述问题分析：首先，楼上的邻居房屋漏水应属于民事违法行为，这一点是无可置疑的。其次，楼上漏水造成了楼下住户的字画损失，对此，楼下住户应证明楼上漏水与字画损失之间存在因果关系。在侵权案件中，如不能证明损害结果与侵权行为之间存在因果关系，则侵权行为不成立。如果因果关系成立，那么还需要找到侵权主体，即是楼上邻居的行为导致了漏水还是因为开发商交付的房屋质量不合格（如墙体裂缝）导致了漏水。最后，楼下的住户还需要证明受损结果，即字画的价值。对于楼上邻居是故意还是过失，一般情况下需要相关责任人承担举证责任，楼下住户仅需证明楼上漏水的行为发生、字画受损的结果以及受损和漏水之间存在因果关系即可。

案例评析

熊某某与罗某某相邻关系纠纷案*

罗某某、熊某某为楼上楼下邻居关系，罗某某装修房屋时未对卫生间部位做防水处理，2017 年 4 月至 5 月，罗某某房屋内卫生间一直渗水，熊某某、熊某某的租户、物业公司均多次与罗某某沟通，罗某某拒不维修。由于卫生间漏水导致熊某某的租客提前退租，租金损失为 9000 元，熊某某另给予新租户 40 天免租期作为装修期，因漏水问题不能及时解决，免租期顺延，暂计装修免租期 3 个月，熊某某租金损失 15 000 元。另渗水导致熊某某原租户字画损坏，价值 5000 元。

法院经审查认为：罗某某房屋确有渗漏发生，且对承租人使用房屋的确造成了影响，熊某某的租客退租与罗某某房屋的渗漏存在因果关系，故对熊某某要求罗某某赔偿租金损失的主张，予以支持。

＊（2018）川 0105 民初 1958 号。

《中华人民共和国民法典》

第一千一百六十五条第一款　行为人因过错侵害他人民事权益造成损害的，应当承担侵权责任。

第一千一百八十四条　侵害他人财产的，财产损失按照损失发生时的市场价格或者其他合理方式计算。

（刘俊峰律师）

67 我和朋友开办了一家合伙企业，我现在急需用钱，能退出合伙吗？

法官意见

合伙企业根据"人合"性质组建成立，不同于公司的"资合"，所以合伙企业的加入和退出更注重的是人与人之间的关系。而合伙人在退伙时应当怎么处理呢？

情形一：合伙协议中已经约定合伙期限。

合伙人在设立合伙企业时应该签订书面合伙协议，协议中应当载明合伙事务的执行、入伙与退伙、争议解决办法、合伙企业的解散与清算等。当在协议中约定合伙期限时，合伙人可以在协议约定的合伙事由出现时退伙，也可以在得到其他合伙人一致同意时退伙。但是，合伙人在退伙时给合伙企业造成损失的，退伙的合伙人应当赔偿由于自身退伙给合伙企业造成的损失。

情形二：合伙协议中未约定合伙期限。

协议中未约定退伙期限时，退伙合伙人可以提前三十日通知其他合伙人自己要退伙，而且退伙合伙人不能因为自身的退伙给合伙企业带来不利的影响。

情形三：《中华人民共和国合伙企业法》第四十八条第一款规定了当然退伙的情形。

合伙人在符合以下情况时视为当然退伙，即作为合伙人的自然人死亡或者被依法宣告死亡；个人丧失偿债能力；作为合伙人的法人或者其他组织依法被吊销营业执照、责令关闭、撤销，或者被宣告破产；法律规定或者合伙协议约定合伙人必须具有相关资格而丧失该资格；合伙人在合伙企业中的全部财产份额被人民法院强制执行。这里的当然退伙不受提前三十天通知其他合伙人的约束，也不会因为合伙人的当然退伙给合伙企业造成损失而让退伙合伙人予以赔偿。

案例评析

章某某诉张某某合伙纠纷案*

2003年，张某某在工商管理部门登记成立某采石场，取得经营者为张某某的个体工商户营业执照。2004年3月8日，张某某与章某某签订协议书，约定：章某某负责某采石场碎石开采经营，给张某某160万元投资利润，章某某经营盈亏与张某某无关；张某某负责销售及资金回笼。后章某某生产石料并通过张某某进行销售。昌金高速公路路面项目部于2004年4月30日、5月1日、5月13日共计向某采石场账户支付货款34万元。后因张某某未将货款支付给章某某，加之章某某在经营期间拖欠工人工资、租用设备租金等，发生资金困难，以致生产难以继续，后章某某离开某采石场。之后，某采石场由张某某经营。章某某在某采石场生产经营期间，在某采石场明星工地和大塘工地投入前期基础建设费用共计1 231 450.35元。因张某某未将回笼款归还章某某，双方产生纠纷。章某某向人民法院提起了诉讼。

这起合伙企业的投入、产出以及经营分配方面的纠纷，经过法院四次审理，江西省萍乡市中级人民法院作出了一审判决，江西省高级人民法院作出了二审和再审判决，最后，最高人民检察院又向最高人民法院抗诉，最高人民法院进行了提审。最终判决为：张某某支付章某某碎石销售款4 500 937.50元；章某某支付张某某已代其偿还债务款1 405 572.19元；章某某支付张某某投资利润1 133 333.33元；章某某支付张某某已代其交纳的

---

* （2016）最高法民再154号。

税款 400 000 元。

《中华人民共和国合伙企业法》

第四十五条 合伙协议约定合伙期限的，在合伙企业存续期间，有下列情形之一的，合伙人可以退伙：

（一）合伙协议约定的退伙事由出现；

（二）经全体合伙人一致同意；

（三）发生合伙人难以继续参加合伙的事由；

（四）其他合伙人严重违反合伙协议约定的义务。

第四十六条 合伙协议未约定合伙期限的，合伙人在不给合伙企业事务执行造成不利影响的情况下，可以退伙，但应当提前三十日通知其他合伙人。

第四十七条 合伙人违反本法第四十五条、第四十六条的规定退伙的，应当赔偿由此给合伙企业造成的损失。

（李又平法官）

68 我是公司股东，公司对外欠账无力偿还，我需要负清偿责任吗？

律师意见

公司是企业法人，依据民法典、公司法的规定，公司以其全部财产对公司的债务独立承担责任。因此，公司的法人财产独立于股东的个人财产，股东在一般情况下不需要为公司债务负清偿责任。

但是，公司的法人财产从哪里来？公司法规定，公司的股东以其认缴的出资额或认购的股份为限对公司承担责任。公司的财产首先通过股东认缴出资额、认购股份获得。因此，如果公司章程规定的实缴出资期限已届满，而股东尚未履行或者未全面履行出资义务或者抽逃出资的，股东就要在未缴出资额本息范围内对公司的债务负补充赔偿责任。

如果公司章程规定的实缴出资期限尚未届满，债权人能否要求股东对公司债务负清偿责任呢？法律保护股东合法的期限利益，故债权人一般情况下不能要求未届出资期限的股东在未出资范围内对公司不能清偿的债务承担补充赔偿责任，但可以通过其他方式获得救济：

（1）如果公司不能清偿到期债务，并且资不抵债或者明显缺乏清偿能力的，债权人可以向法院申请公司破产。公司进入破产程序，股东就要缴纳所认缴的出资，而不受出资期限的限制。

（2）债权人起诉公司获得生效判决后申请法院执行。法院穷尽执行措施无财产可供执行，公司已具备破产原因，但不自行申请破产的，债权人可以向法院诉请股东在未出资范围内对公司债务承担补充赔偿责任。

另外，公司股东滥用期限利益损害债权人利益的，即在公司债务产生后公司股东（大）会决议或以其他方式延长股东出资期限的，债权人有权向法院诉请股东在未出资范围内对公司债务承担补充赔偿责任。

综上，如果股东未按公司章程规定的期限全面履行出资义务或者出资后又抽逃；或出资期限虽未届满，但公司符合破产条件；或公司在债务产生后延长股东出资期限的，股东就要对公司债务在相应范围内承担补充赔偿责任。

案例评析

某甲公司诉某乙公司及其四名股东借款、股东出资纠纷案*

某乙公司设立时的注册资本为 1000 万元，其股东分别为傅某、房某某、牛某某、陈某某，分别认缴股本金为 325 万元、300 万元、325 万元、50 万元。2013 年 10 月，四名股东分别陆续向公司账户存入投资款 325 万元、300万元、325 万元、50 万元，然后又在短时间内转出投资款。

某甲公司从银行贷款 500 万元后，与某乙公司签订合同，将上述贷款500 万元又转借给被告某乙公司用于购买煤炭。借款到期后，因某乙公司未能向某甲公司归还借款，某甲公司遂将某乙公司及其四名股东诉至法院，要

---

* （2017）青民终 38 号。

求各被告共同偿还借款。

法院审理后认为，原告某甲公司与被告某乙公司的借款事实成立，但原告非金融机构，不具备发放贷款的经营权限，其向被告某乙公司转借贷款的行为，违反了我国有关金融法规，应确认无效。但对于原告某甲公司向被告某乙公司提供的借款及为此支出的利息，被告某乙公司作为借款的实际使用人应予返还，被告傅某、房某某、牛某某、陈某某在公司设立时抽逃出资，四名被告应当在各自认缴的出资额范围内对公司债务不能清偿的部分承担补充赔偿责任。

被告提出上诉，二审法院审理后裁定维持原判。

法条链接

《中华人民共和国民法典》

第六十条　法人以其全部财产独立承担民事责任。

《中华人民共和国公司法》

第三条　公司是企业法人，有独立的法人财产，享有法人财产权。公司以其全部财产对公司的债务承担责任。

有限责任公司的股东以其认缴的出资额为限对公司承担责任；股份有限公司的股东以其认购的股份为限对公司承担责任。

《中华人民共和国企业破产法》

第二条第一款　企业法人不能清偿到期债务，并且资产不足以清偿全部债务或者明显缺乏清偿能力的，依照本法规定清理债务。

第三十五条　人民法院受理破产申请后，债务人的出资人尚未完全履行出资义务的，管理人应当要求该出资人缴纳所认缴的出资，而不受出资期限的限制。

（王学堂、王立强律师）

69 我是公司股东，其他股东不让我参与公司经营管理，也不给我分红，我该如何维护自己的权益？

律师意见

这个问题涉及公司与股东之间的法律关系，还涉及股东选择管理者的权利和知情权、分红权，以及上述权利受到侵犯时获得救济的权利。

意见一：公司的经营管理是按照公司法的规定运作的，股东如果要直接参与经营管理，就必须在公司的管理机构中担任相应的职位。

这些职位包括董事、监事和高级管理人员，如果股东不能被任命，基于公司自治原则，股东也无权要求法院判令其担任公司的某个职务。该股东可以退而求其次，通过行使股东知情权了解公司的经营状况。此外，股东对董事、监事、高级管理人员有监督权。

意见二：在公司存续的情况下，按照实缴的出资比例或公司章程规定的比例分取红利，是股东从公司获取投资回报的主要手段。

公司分配当年税后利润时，应当首先弥补以前年度的亏损，并提取利润的百分之十列入公司法定公积金。经股东会或者股东大会决议，还可以从税后利润中提取任意公积金。剩余的税后利润，便可以用于股东分红。

当公司符合分红的条件而长期不分红时，股东应首先通过公司自治程序解决纠纷，即向董事会提出制订利润分配方案的要求，并促使其获得股东会通过。如果被拒绝，就要看公司不分配利润的具体原因，以决定下一步的救济措施。

有限责任公司在实际运作中存在大股东变相分配利润，隐瞒、转移公司利润，并恶意操控董事会和股东会拒不分配利润，损害其他股东的实体利益的情形。这种情况已非公司自治所能解决，司法应适度干预，其他股东可以提起公司盈余分配纠纷诉讼。

某门业公司与某热力公司、李某某公司盈余分配纠纷案*

某热力公司的股东为某工贸公司（持股比例60%）和某门业公司（持股比例40%）。2010年某热力公司的全部资产被当地政府整体收购，从而获得大量现金收入，经清算净收益为75 973 413.08元。

被告李某某同为某热力公司、公司大股东某工贸公司及案外人某公司的法定代表人，未经公司另一股东某门业公司同意，没有合理事由将公司5600万余元公司资产转让款转入某公司账户，由该公司长期占用。某门业公司要求公司分配利润遭拒后，提起公司盈余分配纠纷诉讼，要求某热力公司进行盈余分配，李某某对分配盈余负连带责任。

法院认为：某热力公司的全部资产被整体收购后没有其他经营活动，有巨额的可分配利润，具备公司进行盈余分配的前提条件；李某某作为股东某工贸公司的法定代表人，未经另一股东某门业公司同意，无合理事由将5600万余元公司资产转让款转入其开办的某公司账户。李某某转移公司利润，给某门业公司造成了损失，某工贸公司涉及滥用股东权利，符合进行强制盈余分配的实质要件。李某某严重损害公司股东利益，给公司造成损失，应当对某热力公司支付某门业公司的盈余分配款承担赔偿责任。

法院最终判决：某热力公司支付某门业公司盈余分配款16 313 436.72元；如某热力公司到期不能给付，由李某某承担赔偿责任。

《中华人民共和国公司法》

第四条　公司股东依法享有资产收益、参与重大决策和选择管理者等权利。

第七十四条　有下列情形之一的，对股东会该项决议投反对票的股东可

---

* （2016）最高法民终528号。

以请求公司按照合理的价格收购其股权：

（一）公司连续五年不向股东分配利润，而公司该五年连续盈利，并且符合本法规定的分配利润条件的；

……

自股东会会议决议通过之日起六十日内，股东与公司不能达成股权收购协议的，股东可以自股东会会议决议通过之日起九十日内向人民法院提起诉讼。

第一百四十九条　董事、监事、高级管理人员执行公司职务时违反法律、行政法规或者公司章程的规定，给公司造成损失的，应当承担赔偿责任。

（王立强律师）

70 我是公司的大股东或法定代表人，我可以随心所欲地支配公司的财产吗？

律师意见

可能有人会认为，我现在已经是一个公司的大股东或法定代表人了，我是不是可以随便支配公司的所有财产呢？其实并不是这样，应当注意区分以下情况分别处理。

意见一：股东或法定代表人随心所欲地支配公司财产可能构成犯罪。

公司是独立的企业法人，其财产独立于股东、法定代表人、员工的个人财产。公司的大股东或法定代表人在管理公司的财产时，应基于促使公司合法权益最大化的原则予以管理，遵守公司章程与我国公司法的规定，不得侵犯公司债权人和其他小股东的合法权益，不得随意外借、挪用或以订立虚假合同方式套取公司的钱财，否则可能涉嫌构成挪用资金罪、侵占罪。

意见二：股东或法定代表人随心所欲地支配公司财产可能构成财产混同。

财产混同是指公司财产与股东财产混为一谈，不能划分清楚。如果股东或法定代表人随心所欲地支配公司财产，影响到公司的债务清偿能力，进而侵犯到公司债权人合法权益的，很可能会构成股东或法定代表人财产与公司财产之间的混同，此时被侵犯权益的公司债权人可以对与公司构成了财产混同的股东或法定代表人提起诉讼，要求股东或法定代表人对公司未能清偿的到期债务承担连带清偿责任。

案例评析

姚某、王某某挪用资金罪*

姚某系荣腾公司法定代表人、总经理。荣腾公司股东丁某、刘某1召开临时股东会，形成决议，一是同意姚某对外以公司名义借款，二是授权姚某将对外借款存入姚某个人结算账户用于公司经营，三是同意以公司的经营收入作为对外借款的还款来源。

荣腾公司开发建设楼盘的施工方刘某2因荣腾公司欠其工程款申请查封了一些房屋。姚某的同学王某某为了赚钱，和姚某一起找刘某2，提出帮刘某2销售其申请查封的房屋。当日，姚某代表荣腾公司、刘某2以挂靠的安装有限公司名义、王某某以实际控制的房地产经纪有限公司名义，三方签订销售委托合同，约定由王某某销售刘某2申请查封的房屋，王某某需向刘某2支付首笔房款人民币200万元。

王某某因无钱支付刘某2房款，提议以荣腾公司开发建设的房屋抵押借款，然后借给其使用，其销售刘某2申请查封的房屋赚取的差价，与姚某五五分成，姚某同意。经王某某联系，姚某以荣腾公司法定代表人身份，用九套房屋以办理商品房预售网签的方式作为债的担保，向邵某借款人民币210万元。邵某先行扣除利息25.2万元，汇入姚某中国工商银行个人账户人民

---

* （2021）吉02刑终5号。

币 184.8 万元。

姚某收到 184.8 万元借款后未入荣腾公司账户，直接从其中国工商银行个人账户向王某某吉林银行个人账户汇款人民币 120 万元，借给王某某使用。

同日，王某某向刘某 2 支付房款人民币 120 万元。其中 90 万元因刘某 2 同意替荣腾公司垫付电力配套费，而由王某某直接从其吉林银行个人账户转入荣腾公司银行对公账户。

原审法院认为，被告人姚某作为公司的工作人员，利用职务上的便利，挪用本单位资金借给他人进行营利活动，数额较大，其行为已构成挪用资金罪。被告人王某某作为姚某挪用资金的使用人，与姚某共谋并参与向邵某借得挪用款，是姚某的共犯，其行为亦构成挪用资金罪。公诉机关指控的罪名成立。在共同犯罪中，姚某、王某某所起作用相当。王某某犯罪以后自动投案，且如实供述自己的罪行，是自首，可以从轻处罚。根据被告人姚某、王某某犯罪的事实、犯罪的性质、情节和对于社会的危害程度，被告人姚某犯挪用资金罪，判处有期徒刑一年十个月。被告人王某某犯挪用资金罪，判处有期徒刑一年。

二审法院驳回上诉，维持原判。

法条链接

《中华人民共和国公司法》

第二十条　公司股东应当遵守法律、行政法规和公司章程，依法行使股东权利，不得滥用股东权利损害公司或者其他股东的利益；不得滥用公司法人独立地位和股东有限责任损害公司债权人的利益。

公司股东滥用股东权利给公司或者其他股东造成损失的，应当依法承担赔偿责任。

公司股东滥用公司法人独立地位和股东有限责任，逃避债务，严重损害公司债权人利益的，应当对公司债务承担连带责任。

第一百四十八条　董事、高级管理人员不得有下列行为：

（一）挪用公司资金；

（二）将公司资金以其个人名义或者以其他个人名义开立账户存储；

（三）违反公司章程的规定，未经股东会、股东大会或者董事会同意，将公司资金借贷给他人或者以公司财产为他人提供担保；

……

董事、高级管理人员违反前款规定所得的收入应当归公司所有。

《中华人民共和国刑法》

第二百七十一条第一款 公司、企业或者其他单位的工作人员，利用职务上的便利，将本单位财物非法占为己有，数额较大的，处三年以下有期徒刑或者拘役，并处罚金；数额巨大的，处三年以上十年以下有期徒刑，并处罚金；数额特别巨大的，处十年以上有期徒刑或者无期徒刑，并处罚金。

第二百七十二条第一款 公司、企业或者其他单位的工作人员，利用职务上的便利，挪用本单位资金归个人使用或者借贷给他人，数额较大、超过三个月未还的，或者虽未超过三个月，但数额较大、进行营利活动的，或者进行非法活动的，处三年以下有期徒刑或者拘役；挪用本单位资金数额巨大的，处三年以上七年以下有期徒刑；数额特别巨大的，处七年以上有期徒刑。

（王学堂、朱琳律师）

71 我在超市买了过期牛奶，朋友说可以要求十倍赔偿，这样做于法有据吗？

律师意见

在超市购买食品时，有一部分人往往会看商品是否新鲜，是否超过保质期再决定是否购买。但也有一部分人不看保质期，选择直接购买食品。而不看保质期的一部分人有时回家后才发现所购买的食品已经过期了，他们应该如何处理此类情况呢？

购买过期食品涉及食品安全问题。食品安全一直是国家、社会和老百姓所关注的话题。2009年2月28日，第十一届全国人民代表大会常务委员会第七次会议通过了《中华人民共和国食品安全法》，于2015年4月对其进行了修订，并且在 2018 年 12 月、2021 年 4 月又对其进行了修正。修正的法律明确规定了对于生产或者销售不符合安全标准的食品，消费者要求赔偿的方式。

消费者如果在超市购买了过期食品，可以采取下列方法，维护自己的权益：

（1）消费者拿着购买的食品以及购买凭证到超市与超市相关人员沟通，协商解决赔偿问题；

（2）如果超市拒绝赔偿，消费者可以到超市属地管理的市场监督管理局进行投诉，由相关部门予以解决；

（3）消费者也可以直接选择到法院起诉，要求超市进行赔偿，除要求超市赔偿损失外，还可以要求超市再支付食品价款的十倍赔偿，也可以是损失的三倍赔偿。

律师提醒：消费者在购买食品时，一定要注意保质期。如果真的因疏忽购买了过期食品，要及时保存好购买食品的凭证以及因此造成的损失的证据。

案例评析

王某某诉某超市买卖合同纠纷案*

2018 年 4 月 11 日，王某某在某超市内购买某品牌鱼豆腐一袋，价格 7.5 元，结账时某超市给了王某某结账小票。王某某购买食品的包装袋上写明了生产日期为 2017 年 7 月 10 日，保质期 9 个月。王某某购买食品的时间恰好超过了该食品的保质期 2 天。王某某向超市索赔，超市拒绝向王某某按照支付款的十倍予以赔偿，王某某将超市诉至法院，要求超市赔偿其 1000 元。

一审法院认定，超市主张涉案食品的食品包装上的条形码不具有唯一性，所以不能说明王某某的过期食品就是从某超市购买的，某超市对这一说

---

* （2019）京 01 民终 5302 号。

法未予充分举证。而王某某提供了从超市购买的小票，小票中显示的商品名称与涉案的过期食品名称一致。因此一审法院判决超市退还货款 7.5 元，赔偿王某某 1000 元。

二审法院认为食品的生产日期是涉及食品安全的重大问题，现有证据表明，王某某购买涉案商品时，涉案商品即已超出保质期，系不符合食品安全标准的食品，某超市明知涉案商品不符合食品安全标准而进行销售，其应承担惩罚性赔偿责任，二审法院维持了一审法院的判决。

法条链接

《中华人民共和国食品安全法》

第一百四十八条 消费者因不符合食品安全标准的食品受到损害的，可以向经营者要求赔偿损失，也可以向生产者要求赔偿损失。接到消费者赔偿要求的生产经营者，应当实行首负责任制，先行赔付，不得推诿；属于生产者责任的，经营者赔偿后有权向生产者追偿；属于经营者责任的，生产者赔偿后有权向经营者追偿。

生产不符合食品安全标准的食品或者经营明知是不符合食品安全标准的食品，消费者除要求赔偿损失外，还可以向生产者或者经营者要求支付价款十倍或者损失三倍的赔偿金；增加赔偿的金额不足一千元的，为一千元。但是，食品的标签、说明书存在不影响食品安全且不会对消费者造成误导的瑕疵的除外。

《最高人民法院关于审理食品药品纠纷案件适用法律若干问题的规定》

第三条 因食品、药品质量问题发生纠纷，购买者向生产者、销售者主张权利，生产者、销售者以购买者明知食品、药品存在质量问题而仍然购买为由进行抗辩的，人民法院不予支持。

（蒲丽律师）

72 明知是假冒产品还要购买，能获得相应的赔偿吗？

律师意见

对于明知是假冒产品还要购买能否获得赔偿的问题不能一概而论，有些法院支持知假买假人的索赔请求，有些法院认为知假买假不存在欺诈的情况，不予支持。知假买假人如果购买的是食品药品，其获得法院支持的概率要比购买其他商品获得赔偿的概率高。

购买假冒产品后进行索赔的主要依据是《中华人民共和国消费者权益保护法》第五十五条规定的三倍赔偿制度和《中华人民共和国食品安全法》第一百四十八条规定的十倍赔偿制度。如适用《中华人民共和国消费者权益保护法》第五十五条需证明卖方有欺诈行为；适用《中华人民共和国食品安全法》第一百四十八条规定，按目前法院普遍采用的观点，只需要证明产品质量不合格即可。因此，对于知假买假的行为需要加以区分，如果是"职业打假"人员起诉的，法院可能不会支持其赔偿请求，如果"职业打假"人员并非以"知假买假"方式进行"打假"，而是以"试买检测"的方式进行"打假"的，则属于消费受到"侵害"的情形，符合《中华人民共和国食品安全法》第一百四十八条规定的惩罚性赔偿的构成要件。综上，"知假买假"能否获得赔偿要依据索赔人适用的法律进行判断，如果适用的是《中华人民共和国消费者权益保护法》第五十五条规定，则需要证明经营者存在欺诈行为，购买者被误导作出错误的购买意思表示。显然，"知假买假"的行为人，本身是不可能被误导而作出错误意思表示的，因此其索赔请求很可能不能获得法院支持。如果适用的是《中华人民共和国食品安全法》第一百四十八条规定，则按目前普遍的司法观点及《最高人民法院关于审理食品药品纠纷案件适用法律若干问题的规定》第三条规定，只需要购买者证明购买的食品药品不符合质量要求，其索赔请求大概率会获得法院的支持。

邓某某与冉某某、醇香食品经营部买卖合同纠纷案*

2019 年 10 月 27 日，邓某某在醇香食品经营部购买了 22 880 元的茶叶，后发现购买的茶叶没有生产日期、生产厂家及合格证，不符合食品安全标准，遂起诉至法院要求醇香食品经营部退还货款并赔偿 228 800 元。冉某某辩称邓某某"知假买假"，是职业打假人员，其在法院提起的类似诉讼有上百起，邓某某不是消费者；醇香食品经营部出售的产品不属于"不符合食品安全标准的食品"，该产品未侵犯邓某某的健康权。法院适用《最高人民法院关于审理食品药品纠纷案件适用法律若干问题的规定》第三条规定而认定，即使邓某某为职业打假人，知假买假，但由于冉某某经营的醇香食品经营部销售的食品不符合产品质量要求，因而其应承担赔偿责任。

而在周某某与无锡某公司产品销售者买卖合同纠纷案中 [案号：（2018）苏民申 6185 号]，被告无锡某公司产品销售者根据《中华人民共和国消费者权益保护法》第五十五条抗辩周某某知假买假，不存在主观上受到欺诈的情形。最后法院认为周某某属于知假买假的打假人，其曾反复针对同一类商品或同一商家向人民法院提起诉讼主张赔偿，牟利目的明显。遂驳回了周某某的起诉。

《中华人民共和国消费者权益保护法》

第五十五条 经营者提供商品或者服务有欺诈行为的，应当按照消费者的要求增加赔偿其受到的损失，增加赔偿的金额为消费者购买商品的价款或者接受服务的费用的三倍；增加赔偿的金额不足五百元的，为五百元。法律另有规定的，依照其规定。

经营者明知商品或者服务存在缺陷，仍然向消费者提供，造成消费者或

---

* （2019）渝 0240 民初 5164 号。

者其他受害人死亡或者健康严重损害的，受害人有权要求经营者依照本法第四十九条、第五十一条等法律规定赔偿损失，并有权要求所受损失二倍以下的惩罚性赔偿。

《中华人民共和国食品安全法》

第一百四十八条　消费者因不符合食品安全标准的食品受到损害的，可以向经营者要求赔偿损失，也可以向生产者要求赔偿损失。接到消费者赔偿要求的生产经营者，应当实行首负责任制，先行赔付，不得推诿；属于生产者责任的，经营者赔偿后有权向生产者追偿；属于经营者责任的，生产者赔偿后有权向经营者追偿。

生产不符合食品安全标准的食品或者经营明知是不符合食品安全标准的食品，消费者除要求赔偿损失外，还可以向生产者或者经营者要求支付价款十倍或者损失三倍的赔偿金；增加赔偿的金额不足一千元的，为一千元。但是，食品的标签、说明书存在不影响食品安全且不会对消费者造成误导的瑕疵的除外。

《最高人民法院关于审理食品药品纠纷案件适用法律若干问题的规定》

第三条　因食品、药品质量问题发生纠纷，购买者向生产者、销售者主张权利，生产者、销售者以购买者明知食品、药品存在质量问题而仍然购买为由进行抗辩的，人民法院不予支持。

（刘俊峰律师）

73 办理健身卡、理发卡后，发现商家"跑路"了，我该怎么做才可以减少经济损失呢？

律师意见

随着我国经济的发展，人们的消费水平大幅提升，消费模式也发生了很大的变化，预付款消费变成一种流行的消费模式。在预付款消费过程中，如果商家"跑路"，消费者应当如何有效维护自身合法权益呢？

意见一：如果遭遇商家"跑路"，消费者可拨打"12315"热线电话或在"12315"平台进行咨询、投诉和举报。

依据《中华人民共和国消费者权益保护法》《市场监督管理投诉举报处理暂行办法》的相关规定，消费者可以通过"12315"平台就消费者权益争议向市场监管部门进行投诉。故消费者在办理健身卡、理发卡后，遭遇商家"跑路"的情况时，可以通过上述方式维权。

意见二：如遭遇商家"跑路"，可采取诉讼措施维护权益。

在预付款消费模式中，消费者作为客户，为获得特定的商品或服务而向商家预存一定费用，用于购买商家的商品、服务，商家因此向消费者提供商品、服务。根据合同法原则及相关规定，双方已构成服务合同关系。依法成立的合同受法律保护，商家应遵循契约精神按照双方已达成一致的约定履行义务，向客户提供符合约定的商品或服务。如商家未按照事先对客户的承诺履行义务，则构成违约，应当承担违约责任。在商家"跑路"的情况下，客户可以依法向人民法院提起民事诉讼，要求商家退还未实际消费的预付款，以维护自身权益。

意见三：如遭遇商家"跑路"，可采取报警措施维护权益。

鉴于大部分商家"跑路"案件均为因预存款消费引起的民事纠纷，不符合刑事案件立案条件，故难以立案。但是，若消费者遭遇的不良商家以非法占有为目的，采取虚构事实或隐瞒真相的方法诈骗消费者，在骗取大量钱财后"跑路"的，消费者应及时报案，防止商家携款潜逃。如果消费者自身被骗取的金额达不到刑事案件立案标准的，可以联合其他被害人，共同向公安机关报案，但是对于商家是否构成诈骗罪还须根据具体案件情况进行分析。

意见四：办理消费卡的防骗措施。

一是根据自己的实际需求（如是否会长期在该商家消费等）确定是否办理消费卡，以免因一时冲动陷入消费"陷阱"。二是如遇到需要预付高额费用的商家，更应慎重，在消费前可登录国家企业信用信息公示系统或是"天眼"等系统查询商家的相关信息（如商家规模、经营情况等），了解其是否有经营异常或是严重违法失信的问题。三是在办理消费卡前，需要了解清楚消费卡的情况，包括但不限于消费项目、使用期限、消费地点及退卡条件等。四是与商家签署书面合同，将双方约定的内容通过合同的方式固定下来，积极要求商家开具发票（如暂时无法开具发票，亦应开具加盖商家公章的收据），保存好合同、票据、支付凭证等材料，方便发生消费纠纷时进行举证。

案例评析

俞某某与某公司服务合同纠纷案 *

2018 年 5 月 13 日，俞某某支付 7388 元购买某公司的"瑜伽年卡"，用于在某公司接受瑜伽健身服务，"瑜伽年卡"有效期间为 2018 年 6 月 5 日至 2020 年 10 月 5 日。某公司于 2019 年 1 月 30 日停业，不再提供瑜伽服务，俞某某诉至法院。

法院认为，当事人合法民事权益受法律保护。俞某某与某公司间的瑜伽会籍申请表合法有效，双方已经成立服务合同法律关系。在会员有效期内，某公司本应当按照约定全面履行自己的义务，包括安排瑜伽课程、开放场馆并接受俞某某前来锻炼等。然而，某公司于 2019 年 1 月 30 日起闭门停业，该违约行为致使俞某某此后的 20 个月无法享受付费会员权益。故此，俞某某要求退还剩余 5277.20 元的预付卡费于法不悖，应予以支持。故，法院判决：某公司支付原告俞某某人民币 5277.20 元。

法院支持了原告退还会籍费的诉讼请求，且判决被告按照中国人民银行同期贷款利率的标准计算利息。

法条链接

《中华人民共和国消费者权益保护法》

第五十三条　经营者以预收款方式提供商品或者服务的，应当按照约定

---

* （2019）沪 0104 民初 10310 号。

提供。未按照约定提供的，应当按照消费者的要求履行约定或者退回预付款；并应当承担预付款的利息、消费者必须支付的合理费用。

《市场监督管理投诉举报处理暂行办法》

第三条　本办法所称的投诉，是指消费者为生活消费需要购买、使用商品或者接受服务，与经营者发生消费者权益争议，请求市场监督管理部门解决该争议的行为。

本办法所称的举报，是指自然人、法人或者其他组织向市场监督管理部门反映经营者涉嫌违反市场监督管理法律、法规、规章线索的行为。

第四条　国家市场监督管理总局主管全国投诉举报处理工作，指导地方市场监督管理部门投诉举报处理工作。

县级以上地方市场监督管理部门负责本行政区域内的投诉举报处理工作。

（张渝英律师）

房产及环境污染纠纷

74 装修公司给我家装修房子过程中，工人因不当操作在我家死亡，工人家属起诉我和装修公司要求赔偿，于法有据吗？我能要求装修公司赔偿房产贬值的损失吗？

律师意见

本案中首先需要明确，当事人房主是否审查了装修公司的装修资质等相关材料，若没有进行审查就将工程发包给无资质的装修公司的，应认定当事人没有尽到审查义务，而装修公司将工程派给工人操作，并导致该工人在从事雇用活动中死亡的，当事人房主应与装修公司一起对工人的死亡承担连带赔偿责任。

法律法规之所以规定要求选择具有相应资质等级的装饰装修单位进行房屋装修，是因为承包人应当具有相应的装修技术、能力，尤其要有较强的安全作业意识，能按照国家规定，为自己和雇员提供安全作业条件，减少安全事故的发生，最大限度地保护雇员的人身安全。作为装修工程发包人的房主若选择的是有资质等级的装饰装修单位，则不承担有关责任。

房主的房屋因装修出现工人非正常死亡的，按民风民俗及公众的一般心理，将导致房主在使用房屋时产生极大的精神压力，也会导致房屋市场交易价值严重贬损。装修公司在一定程度上应赔偿房主的损失。若装修公司存在过错导致施工人员死亡在房主家中，侵害了房主的财产权益，应当承担侵权责任。

案例评析

程某某与某装修公司装修合同纠纷案*

程某某与某装修公司签订装修合同，约定某装修公司对程某某的房屋进行装修。装修过程中，由于某装修公司疏于管理，装修工人违规操作，导致一名装修工人触电在程某某的房屋里死亡。

法院认为房屋的市场价值由建筑成本、地理位置、供求关系、人文环境等诸多因素综合决定，虽然房屋内发生人员非正常死亡事件未造成房屋物理受损及影响房屋的实际使用价值，但广大群众对该类房屋普遍存在忌讳、不安、恐惧等抵触心理，这在客观上导致了该类房屋相对难以转让、出租或其交换价值贬损。法院认定某装修公司装修工人的非正常死亡致使涉案房屋价值受到损害。

法院认为程某某未能提供有力证据证实其财产损失金额，鉴定机构对此也无法进行评估，综合考虑程某某购买房屋时的价格、房屋受损时的市场价格、某公司的过错程度等因素，酌定某装修公司赔偿程某某共 50 000 元。

法条链接

《中华人民共和国民法典》

第一千一百八十三条　侵害自然人人身权益造成严重精神损害的，被侵权人有权请求精神损害赔偿。

因故意或者重大过失侵害自然人具有人身意义的特定物造成严重精神损害的，被侵权人有权请求精神损害赔偿。

---

*　（2015）佛南法樵民一初字第 212 号。

第一千一百八十四条 侵害他人财产的，财产损失按照损失发生时的市场价格或者其他合理方式计算。

（何树亮律师）

75 我购买了一套房子，交房时发现开发商承诺的花园没有了，室内窗户也变小了，我可以据此要求退房吗？

律师意见

购房时，开发商会通过广告等方式宣传所售楼盘的规划及卖点。而在交房时，购房者发现开发商承诺的房屋特色卖点不存在了，如承诺的花园没有了，室内窗户等的尺寸也变小了。此时，购房者可以通过哪些途径维护自身权益呢？

意见一：在交房时发现房屋与开发商承诺的房屋不一致，消费者可以要求开发商减少房屋价款或者退房。

《最高人民法院关于审理商品房买卖合同纠纷案件适用法律若干问题的解释》第三条规定，开发商"就商品房开发规划范围内的房屋及相关设施所作的说明和允诺具体确定，并对商品房买卖合同的订立以及房屋价格的确定有重大影响的，构成要约"，如果开发商在与购房者签署合同前明确承诺小区有花园或者在宣传广告中有类似的说明或允诺的，则此承诺构成要约，对开发商具有约束力，在同购房者签署购房合同后，开发商应依约履行，如果交付的房屋和合同约定的不一致，开发商应承担违约责任。同时，《中华人民共和国民法典》第五百七十七条规定，当事人一方不履行合同义务或者履行合同义务不符合约定的，应当承担继续履行、采取补救措施或者赔偿损失等违约责任。开发商在预售房屋时，如果向购房者承诺有花园，房屋平面图中有具体的窗户尺寸，但是在交房时房子没有花园，窗户尺寸也不合格，等等，购房者可以要求开发商承担违约责任，具体的责任承担方式依合同约定，如果合同没有约定责任承担方式，购房者可以选择要求开发商减少房屋价款或者退房，并要求其承担违约金。

对于开发商违约行为，购房者维权的前提是要注意搜集证据。具体可以参考笔者下面所列证据：

  （1）房屋产权凭证或房屋买卖合同及公证书；

  （2）关于房屋交付情况的证明及买卖双方交付、收取房款的凭证；

  （3）商品房的质量、面积情况或者提出异议的证据；

  （4）开发商曾承诺的小区规划图或者宣传广告载明的小区规划；

  （5）其他相关证据。

  意见二：向当地的市场监督管理局、住房和城乡建设局投诉，要求依法依规对发布虚假广告的开发商和相关责任主体进行处罚。

  我国法律规定房地产广告必须真实、合法、科学、准确，不得欺骗和误导公众，违法发布房地产广告的行为，应当受到处罚。《中华人民共和国广告法》第四十九条和《中华人民共和国消费者权益保护法》第四十五条，赋予了行政管理部门对广告进行监督管理的职责，相关行政管理部门可以对违法违规发布虚假广告、欺骗消费者的经营者进行处罚。

案例评析

李某某与某公司商品房销售合同纠纷案[*]

  李某某购买某公司开发的某花园的商品房时，某公司向其散发的宣传广告记载该小区规划有网球场、篮球场、游泳池、花园、人工湖等休闲配套设施。某公司在小区完工时也按照宣传广告的内容在小区南侧陆续修建了上述设施。但在 2013 年至 2014 年期间，三亚市土地储备开发中心、三亚市住建局、规划局等部门多次告知业主：某公司有意隐瞒了两万平方米绿地所有权不属于某公司，而是属于三亚市人民政府的事实，左右了业主的购买倾向，导致业主多支付了购房款。上述设施的修建也并未取得规划许可，该地上的附属物将被全部清理。2014 年 6 月 27 日，三亚市综合行政执法局将上述设施、设备全部拆除，并收回该两万平方米绿地。李某某遂将某公司起诉至法院要求其承担违约责任。

---

 [*]　（2015）城民一初字第 2141 号。

经法院审理，由于某公司未取得涉案地块的使用权，也未办理规划报建手续，便擅自在该地块上修建小区配套设施，致使该配套设施被政府拆除，客观上导致了合同约定应予配置的部分附属设施已无法使用，其行为已构成违约，某公司应承担赔偿损失的违约责任。

法条链接

《中华人民共和国民法典》

第五百七十七条　当事人一方不履行合同义务或者履行合同义务不符合约定的，应当承担继续履行、采取补救措施或者赔偿损失等违约责任。

第五百八十四条　当事人一方不履行合同义务或者履行合同义务不符合约定，造成对方损失的，损失赔偿额应当相当于因违约所造成的损失，包括合同履行后可以获得的利益；但是，不得超过违约一方订立合同时预见到或者应当预见到的因违约可能造成的损失。

《中华人民共和国消费者权益保护法》

第四十五条第一款　消费者因经营者利用虚假广告或者其他虚假宣传方式提供商品或者服务，其合法权益受到损害的，可以向经营者要求赔偿。广告经营者、发布者发布虚假广告的，消费者可以请求行政主管部门予以惩处。广告经营者、发布者不能提供经营者的真实名称、地址和有效联系方式的，应当承担赔偿责任。

《最高人民法院关于审理商品房买卖合同纠纷案件适用法律若干问题的解释》

第三条　商品房的销售广告和宣传资料为要约邀请，但是出卖人就商品房开发规划范围内的房屋及相关设施所作的说明和允诺具体确定，并对商品房买卖合同的订立以及房屋价格的确定有重大影响的，构成要约。该说明和允诺即使未载入商品房买卖合同，亦应当为合同内容，当事人违反的，应当承担违约责任。

（刘俊峰律师）

76 人防车位可以购买、转让吗？业主对车位拥有所有权吗？需要进行登记吗？

律师意见

我国法律对于人防车位的所有权归属问题并无明确规定，仅《中华人民共和国国防法》第四十条和《中华人民共和国人民防空法》第五条有所涉及。在实务中，法院一般也是依据这两条规定认定人防车位的所有权归国家所有。在买卖人防车位时，如果合同约定的是买卖人防车位所有权，则可能会被认定为无效合同，如果约定的是转让人防车位使用权或者租赁人防车位的，则合同有效。但需要注意的是，租赁合同的最长租期为20年，超期部分无效。另外需要注意的是，上海市和湖南省政府制定的规章明确规定了人防车位的所有权归投资者所有，因此，这两地的法院多认定买卖人防车位所有权的合同是有效的。

由于《中华人民共和国民法典》并没有明确规定人防车位的权利属性，因此在买卖人防车位时并不需要进行专门登记。但是投资建设人防工程，在建成后需要取得《人民防空工程平时使用证》才能投入使用，在转让时要经过相关部门批准并申请换证。在实务中很多业主在购买人防车位时并没有取得《人民防空工程平时使用证》，但这并不影响合同效力，《人民防空工程平时使用证》的效力依据为国家人民防空办公室印发的《人民防空工程平时开发利用管理办法》，而该管理办法并非效力强制性规定，法院不能以此认定合同无效。

案例评析

曲某某、中南物业公司物业服务合同纠纷案 *

曲某某系某小区业主，中南物业公司为该小区的物业管理公司。涉案小

---

* （2017）鲁02民终5355号。

区地下二层属于人防地下室，规划有停车位若干。曲某某因未续交租赁费，中南物业公司对其车辆予以锁车处理。曲某某依据小区业主委员会与被告所签订的《物业管理委托合同》起诉中南物业公司返还车位租赁费。本案争议焦点为地下二层未售车位的收益权属问题。

一审法院驳回了曲某某的起诉。曲某某上诉到二审法院，二审法院经审理认为，涉案地下二层属于人防工程，根据《建设部商品房销售面积计算及公用建筑面积分摊规则》的规定，作为人防工程的地下室不计入公用建筑面积。曲某某主张的地下二层的投资实际上已经计算在房屋销售的单价之内，开发商将地下二层的面积已计入业主购买房屋的公摊面积，但其没有提交证据证明，应依法承担举证不能的法律后果。因此，曲某某关于地下二层属于小区业主共有的主张，法院不予支持。

上述案件说明：人防车位的所有权归属于国家；开发商可以投资并获取收益；人防车位的使用权可以转让；人防车位的面积并没有计入商品房的公摊面积。

法条链接

《中华人民共和国国防法》

第四十条　国家为武装力量建设、国防科研生产和其他国防建设直接投入的资金、划拨使用的土地等资源，以及由此形成的用于国防目的的武器装备和设备设施、物资器材、技术成果等属于国防资产。

国防资产属于国家所有。

《中华人民共和国人民防空法》

第二十条　建设人民防空工程，应当在保证战时使用效能的前提下，有利于平时的经济建设、群众的生产生活和工程的开发利用。

《人民防空工程平时开发利用管理办法》

第三条　人民防空工程平时开发利用应当坚持有偿使用、用管结合的原则，平时由投资者使用管理，收益归投资者所有。

第七条　租赁使用人民防空工程实行合同管理制度。使用单位应当与工程隶属单位依法订立书面合同，合同参照国家颁发的《人民防空工程租赁使用合同》示范文本。

（刘俊峰律师）

77　市、县政府有权直接征收农村集体土地上的房屋吗？

律师意见

在我国，征收集体土地及拆迁地上的房屋，和征收国有土地上的房屋，适用完全不同的征收程序、不同的法律法规规定、不同的补偿标准和补偿依据。征收农村集体土地需要国务院或者省级人民政府依法审查，作出征地批复，然后由县级以上地方人民政府予以公告并组织实施。而征收国有土地上的房屋的法定职权在市、县级人民政府，仅需作出房屋征收决定，就可开始实施征收行为。因此，在集体土地征迁的过程中，就出现了区县政府以"房屋征收决定"为依据来征收农村集体土地房屋的现象，目的是规避省级以上人民政府的审查。

但随着我国社会、经济的发展，有些农村区域已经被纳入城市规划区并基本实现了城镇化，比如城中村，虽然城中村的房屋是集体土地上的房屋，但是被周围的高楼大厦环绕，周边都是国有土地，生活基础设施完善，这块土地和房屋显然已经升值，如按照集体土地上的房屋的补偿标准来补偿，的确是不公平不合理的，也不能保证老百姓的长远生计。因此，《最高人民法院关于审理涉及农村集体土地行政案件若干问题的规定》规定，针对征收农村集体土地时未就被征收土地上的房屋及其他不动产进行安置补偿，补偿安置时房屋所在地已纳入城市规划区的，土地权利人可以请求参照执行国有土地上房屋征收补偿标准。这样既保证了被征收人的合法权益，也弥补了法律在实践中执行的缺陷。

意见一：明确被征迁房屋的土地性质，及时了解征迁信息，为获得合理的补偿打好基础。

如果补偿标准合理，完全能够保证原有的生活水平，就要积极配合征迁工作；如果已经开始征地拆迁了，还没有看到过任何征迁文件，一定要向征收部门、下设的指挥部、办公室或者村委会社区办等索要征迁文件并了解征迁的相关事宜，积极面对、协商补偿。如果经过多次协商无法达成协议，就更要想方设法及时了解征迁信息，为获得合理补偿打好基础。

意见二：第一时间向专业的征迁律师咨询。

说到征收拆迁，大家最关心的就是补偿安置问题，如果补偿安置合理，可以快速地签约搬迁，但是如果补偿安置不尽如人意，大家就会探究为什么要这样补偿安置，并开始关心征收拆迁的合法性问题。征地拆迁有复杂的程序，贯穿着多个行政主体的不同行政行为，看得到头却看不到尾，如"头"就已经违法了，则第一时间咨询专业的征迁律师会事半功倍。

案例评析

国某某诉某人民政府房屋行政征收纠纷案 *

国某某修建有房屋，其合法持有建筑施工许可证，该房屋被纳入某工程项目的征收范围之内。

2018 年 3 月 5 日，某人民政府作出被诉征收决定及征收补偿方案，该征收补偿方案包括两个部分：国有土地上的房屋征收补偿方案、补助方案、奖励方案，以及集体土地上的房屋征收补偿方案、补助方案、奖励方案。现该工程已开始施工。国某某对该征收决定不服，遂起诉至法院，请求撤销某人民政府于 2018 年 3 月 5 日作出的被诉征收决定。

一审法院认为，某工程项目可以缓解城市交通压力、完善综合交通系统、提升城市整体功能，所以，征收涉案房屋是基于"公共利益"的需要，且该项目符合土地利用总体规划、城乡规划的要求，某人民政府在作出被诉征收决定之前，也开立了补偿资金的专户专储账号，按照规定进行了社会稳定风险评估，后对征收补偿方案履行了征求公众意见、修改方案、公告的程序，在履行完上述程序后，才将被诉征收决定公告。

关于被诉征收决定涉及对集体土地上的房屋征收补偿的问题，一审法院认为，国某某的房屋虽坐落于集体土地上，但该区域已经被纳入城市规划区

---

* （2019）黔行终 799 号。

并基本实现了城镇化。如果按照《中华人民共和国土地管理法》等相关规定对其房屋进行补偿，将远远低于国有土地上房屋征收补偿标准，显失公平。所以，某人民政府作出被诉征收决定，对集体土地上房屋一并予以征收，符合公平补偿的原则，并无不当。

一审法院判决被诉征收决定证据确凿，适用法律、法规正确，符合法定程序，驳回国某某的诉讼请求。

二审法院认为，国某某的房屋属集体土地上的房屋，如要被征收为国有，需报请省级以上人民政府批准方可。本案某人民政府并未提交证据证明已办理征地审批手续，而国某某提交的证据证明，涉案项目用地正在组织报批，无法提供征地批文。因此，某人民政府直接对涉案集体土地上房屋作出征收决定缺乏法律依据，违反法定程序。但因被诉征收决定已经实施，道路已建成通车，撤销被诉征收决定会给社会公共利益造成重大损害，因此，二审法院判决：撤销一审判决，确认被诉征收决定违法。

此案说明市、县政府无权对集体土地上的房屋直接实施征收行为。

法条链接

《中华人民共和国土地管理法》

第四十六条第一款、第二款　征收下列土地的，由国务院批准：

（一）永久基本农田；

（二）永久基本农田以外的耕地超过三十五公顷的；

（三）其他土地超过七十公顷的。

征收前款规定以外的土地的，由省、自治区、直辖市人民政府批准。

第四十七条第一款　国家征收土地的，依照法定程序批准后，由县级以上地方人民政府予以公告并组织实施。

《最高人民法院关于审理涉及农村集体土地行政案件若干问题的规定》

第十二条第二款　征收农村集体土地时未就被征收土地上的房屋及其他不动产进行安置补偿，补偿安置时房屋所在地已纳入城市规划区，土地权利人请求参照执行国有土地上房屋征收补偿标准的，人民法院一般应予支持，但应当扣除已经取得的土地补偿费。

《国有土地上房屋征收与补偿条例》

第四条第一款 市、县级人民政府负责本行政区域的房屋征收与补偿工作。

（段悦秋律师）

78 我的房屋能被强拆吗？

律师意见

2010年5月，国务院办公厅发布《关于进一步严格征地拆迁管理工作切实维护群众合法权益的紧急通知》，强调对程序不合法、补偿不到位、被拆迁人居住条件未得到保障以及未制定应急预案的，一律不得实施强制拆迁。对采取停水、停电、阻断交通等野蛮手段逼迫搬迁，以及采取"株连式拆迁"和"突击拆迁"等方式违法强制拆迁的，要严格追究有关责任单位和责任人的责任。尽管国家三令五申，但在实践中，强拆行为依然屡禁不止。

意见一：如何防范强拆？

在长时间不能达成协议，建设项目又着急用地的情况下，房屋极有可能被强拆，但反过来，因为建设项目着急用地，征迁方也希望尽快达成协议、尽快让被征迁人搬迁腾地。此时，对被征收人来说，也是协商的契机，但需掌握谈判筹码。所以，建议被征迁人及时了解征迁信息、把控风险，明白自己处在什么拆迁阶段，尽早申请相关法律程序，多管齐下，保住房屋不被强拆。

意见二：做好取证工作，为后期依法维权做准备。

房屋被强拆，要第一时间报警，可以拨打"110"报警电话，也可以要求派出所出警处理；同时要做好取证工作，可以用拍照、录像的方式记录强拆现场，为后面的维权做准备。

案例评析

张某某诉甲人民政府、乙人民政府强制拆除案 *

张某某系河南省郑州市荥阳市豫龙镇××村第×村民组村民，其在该村集体土地上建有农村住宅一处。自 2011 年开始，甲人民政府经上级政府批准开始实施郑州××园区项目，后经河南省人民政府批复，张某某房屋所占地块被列入征迁范围，甲人民政府就拆迁补偿问题未能与张某某达成协议，后乙人民政府开展拆迁清零行动，于 2019 年 3 月 18 日将张某某住宅房屋强制拆除。张某某不服，诉至法院，请求判决确认甲人民政府、乙人民政府野蛮暴力强拆房屋的行政行为违法。

一审法院认为，甲人民政府不仅具有在其辖区内组织实施征收土地的法定职权，而且也是组织实施征收土地的法定行政主体，张某某的房屋被拆除是因甲人民政府实施郑州××园区项目建设所涉及的土地征收，虽然乙人民政府当庭自认是其实施的强制拆除行为，但乙人民政府不具有组织实施土地征收的法定职权，其所作拆除行为是为了配合甲人民政府完成土地征收的任务，乙人民政府的行为应当视为甲人民政府的行政委托，由此产生的法律后果应当由甲人民政府承担，即甲人民政府应当是该拆除行为的责任主体。并且，甲人民政府为征收相关集体土地，在未与张某某达成拆迁补偿协议的情况下，强行拆除其房屋，未能提供相应的有效证据证明其强制拆除行为的合法性。因此，一审法院判决，确认甲人民政府强制拆除张某某房屋及附属物的行政行为违法。

二审法院认为，本案所涉房屋被拆除是因行政机关组织实施征收土地行为所导致的，法定实施主体应当是甲人民政府，尽管乙人民政府自认参与实施了房屋拆除行为，但因乙人民政府不具有实施征收土地的法定职权，其实施拆除房屋行为应当被认定为系受甲人民政府委托，行为后果应当由甲人民政府承担。二审法院裁定维持原判。

---

* （2019）豫行终 3234 号。

此案说明在强拆案件中，不知晓强拆主体的情况下，可以推定强拆主体为组织实施征收土地的行政主体。

法条链接

《中华人民共和国土地管理法》

第四十七条第一款　国家征收土地的，依照法定程序批准后，由县级以上地方人民政府予以公告并组织实施。

《中华人民共和国行政诉讼法》

第三十四条　被告对作出的行政行为负有举证责任，应当提供作出该行政行为的证据和所依据的规范性文件。

被告不提供或者无正当理由逾期提供证据，视为没有相应证据。但是，被诉行政行为涉及第三人合法权益，第三人提供证据的除外。

（段悦秋律师）

79　法律上如何认定"违法建筑"？

律师意见

我们在征地拆迁案件中所说的"违法建筑"，是一个法定概念，不能仅从事实的角度，把有房产证和没有房产证作为认定房屋是否合法的唯一标准。比如，《国有土地上房屋征收与补偿条例》第二十四条第二款规定，市、县级人民政府作出房屋征收决定前，应当组织有关部门依法对征收范围内未经登记的建筑进行调查、认定和处理。对认定为合法建筑和未超过批准期限的临时建筑，应当给予补偿。也就是说，没有证件不等同于违法，更不等同于没有补偿。现实中很多因历史遗留因素，没有办理产权证明的房屋也是合法的，应当区别处理、谨慎对待。

意见一："违法建筑"的认定是行政机关作出的具体行政行为。

行政机关作出行政行为应当事实清楚，证据确凿，适用法律、法规正确，符合法定程序。同理，按照现行法律规定，县级以上地方人民政府城乡规划主管部门或者乡、镇人民政府认定"违法建筑"，需要立案调查，先查明案件事实，保证调查认定的结果有确凿的证据支持后，再看违法事实违反了哪些法律规定，最后依照法律规定认定违法建筑的程序来作出具体行政行为，并保证当事人陈述、申辩的权利以及提起行政复议和诉讼的权利。

意见二：法不溯及既往。

"法不溯及既往"是一项基本的法治原则。通俗地讲，就是不能用今天的规定去约束昨天的行为。实践中，房屋因违反《中华人民共和国城乡规划法》的规定，被认定为违法建筑的现象比较常见，但《中华人民共和国城乡规划法》自 2008 年开始施行，如果房屋建设于 1998 年就不能适用该法。

案例评析

史某某诉某市自然资源和规划局对其作出限期拆除决定案 *

史某某在某市某村社区一组有一处房屋，房产证号为：周房权证字第××号。2018 年 11 月 14 日，某市自然资源和规划局对史某某作出周规限拆字（2018）川第 625 号限期拆除决定书，认定史某某在某村社区一组建设的房屋违反了《中华人民共和国城乡规划法》第四十条的规定，责令史某某在收到限期拆除决定书之日起 3 日内自行拆除，否则，将依法强制拆除。2018 年 11 月 22 日，涉案房屋被强制拆除。史某某不服，遂起诉至法院，请求撤销某市自然资源和规划局于 2018 年 11 月 14 日作出的周规限拆字（2018）川第 625 号限期拆除决定书。

一审法院认为，某市自然资源和规划局认定史某某的涉案房屋系违法建筑，但在法定举证期限内无正当理由没有提供认定违法建筑的相应证据，应视为被诉行政行为没有证据；并且，某市自然资源和规划局对史某某作出限期拆除决定时，没有告知史某某享有陈述申辩权，在此情况下，就作出了对史某某不利的法律后果，违反了程序正当原则。因此，一审法院判决，撤销某市自然资源和规划局于 2018 年 11 月 14 日对史某某作出的周规限拆字

* （2019）豫 16 行终 204 号。

（2018）川第 625 号限期拆除决定书。

二审法院认为，行政机关作出行政行为应当证据确凿，适用法律、法规正确，符合法定程序。某市自然资源和规划局在一审举证期限内，未就其作出的本案被诉限期拆除决定提供证据，依法应视为没有证据。且其在作出该限期拆除决定前，未依法向房屋所有人告知陈述申辩权，违反程序正当原则。故，二审法院裁定维持原判。

此案说明了"违法建筑"的认定，既要有违法的事实，又要满足程序公正。

法条链接

《中华人民共和国行政诉讼法》

第三十四条 被告对作出的行政行为负有举证责任，应当提供作出该行政行为的证据和所依据的规范性文件。

被告不提供或者无正当理由逾期提供证据，视为没有相应证据……

《中华人民共和国城乡规划法》

第四十条第一款 在城市、镇规划区内进行建筑物、构筑物、道路、管线和其他工程建设的，建设单位或者个人应当向城市、县人民政府城乡规划主管部门或者省、自治区、直辖市人民政府确定的镇人民政府申请办理建设工程规划许可证。

第六十四条 未取得建设工程规划许可证或者未按照建设工程规划许可证的规定进行建设的，由县级以上地方人民政府城乡规划主管部门责令停止建设；尚可采取改正措施消除对规划实施的影响的，限期改正，处建设工程造价百分之五以上百分之十以下的罚款；无法采取改正措施消除影响的，限期拆除，不能拆除的，没收实物或者违法收入，可以并处建设工程造价百分之十以下的罚款。

《中华人民共和国行政强制法》

第三十五条 行政机关作出强制执行决定前，应当事先催告当事人履行义务。催告应当以书面形式作出，并载明下列事项：

……

（四）当事人依法享有的陈述权和申辩权。

第三十六条 当事人收到催告书后有权进行陈述和申辩。行政机关应当充分听取当事人的意见，对当事人提出的事实、理由和证据，应当进行记录、复核。当事人提出的事实、理由或者证据成立的，行政机关应当采纳。

（段悦秋律师）

80 邻居装修噪声太大，有什么法定理由让他们注意影响，我可以要求邻居赔偿精神损失费吗？

律师意见

环境噪声如超过国家规定的环境噪声排放标准，干扰他人正常生活、工作和学习，就会形成环境噪声污染，损害人们身心健康。对此，我国早在1996 年就公布了《中华人民共和国环境噪声污染防治法》，并于 2021 年 12 月 24 日公布了新的《中华人民共和国噪声污染防治法》。

意见一：搬救兵——联合小区物业或居委会与业主协商。

如果噪声严重干扰了自己的正常生活，建议优先选择协商的方式解决问题。个人单独去找业主理论很有可能会吃闭门羹，为了确保沟通效果，最好联合小区物业公司或居委会一起行动，由他们出面劝导，协商确定一个合理的装修时间段。如果业主不配合，那么可以请求物业公司或居委会对该过程出具证明材料，由制作证明材料的人进行签名或者盖章，并加盖物业公司或居委会公章，以便在未来提起诉讼时作为证据材料提交法院。

意见二：打电话——拨打"12345"政府服务热线求助或拨打"110"报警。

"12345"政府服务热线是政府关注民生、倾听民意的转办平台，是供老百姓反映困难的求助渠道。工作人员在接到电话后，会将合理投诉的工单转到对应的职责部门进行处理。

噪声扰民的问题也在公安机关的管辖范围内。公安机关在接到举报后，可根据《中华人民共和国治安管理处罚法》的规定作出行政处罚：对违反关于社会生活噪声污染防治的法律规定，制造噪声干扰他人正常生活的，处警告；警告后不改正的，处二百元以上五百元以下罚款。而公安机关的出警记录，也有可能成为未来提起诉讼的有力证据，但是出警记录一般都由法院依职权调取，也有些地区已允许律师调取，当事人一般不能直接要求公安机关出具出警记录。

意见三：打官司——向住所地人民法院起诉维权。

每个业主对其居住房屋都享有装修的权利，作为邻居确实应当承担一定范围和限度内的容忍义务，但这种容忍义务是有限度的。我国的居民住宅属于1类声环境功能区，适用的环境噪声标准为昼间（6：00至22：00之间的时段）55分贝，夜间（22：00至次日6：00之间的时段）45分贝。当噪声超过了一般人可容忍的程度，严重干扰周边人群的正常生活，对他人的身心健康造成损害时，就应当承担停止侵害、排除妨碍及赔偿损失的民事责任。而《中华人民共和国民法典》规定，因污染环境造成损害的，适用无过错责任原则和举证责任倒置原则，也就是说，进行装修作业的业主要对装修噪声与损害结果之间不存在因果关系承担举证责任，这在一定程度上减轻了被侵权人的证明责任。

在起诉前，一定要提前固定好相应的证据材料，证明业主在禁止装修作业的时间内进行作业，或其产生的噪声已超过国家规定的排放标准，比如联系专业机构对噪声进行监测并出具监测报告，请其他邻居出庭作证或出具相关书证；如果噪声对身体或精神造成损害的，还可以就病情向法院申请司法鉴定。在精神损害赔偿方面，由于噪声污染给受害人造成的症状往往不明显且暂时无法用精确的计量方法予以反映，法院一般会根据日常生活经验法则，结合噪声产生的时间、噪声的大小、双方距离的远近等因素来酌情判定精神损害赔偿金的数额。

案例评析

李某某诉蔡某、朱某生命权、健康权、身体权纠纷案[*]

蔡某与朱某二人是夫妻，与李某某是上下楼邻居关系。2007年，蔡某、

---

[*]（2017）黑01民终3996号。

朱某对其房屋进行装修。装修期间由于噪声的问题，李某某及蔡某、朱某产生了矛盾，为此李某某的妹妹曾向公安局报警。三日后李某某发病并住院治疗，入院诊断为：脑卒中、高血压病。故李某某到法院起诉了蔡某、朱某，并开始了长达 10 年的诉讼历程。2008 年李某某委托一家司法鉴定中心对其病情复发与楼上装修行为之间是否有一定的因果关系进行司法鉴定，鉴定意见是：李某某因高血压病脑出血住院治疗；噪声是诱发其病情发作或加重的间接因素之一。蔡某、朱某对李某某单方委托的鉴定程序不予认可，向法院申请另行委托鉴定机构进行重新鉴定，2009 年重新鉴定的意见为：李某某因患高血压、脑出血，噪声、情绪激动是诱发其发作或加重病情的间接因素之一。本案自 2008 年至 2017 年历经多次审理，前几次审理经过不再赘述，重点聚焦案件进入再审程序后的判决结果。

一审法院判决酌定蔡某、朱某可一次性给付李某某经济补偿 20 000 元为宜，驳回原告李某某的其他诉讼请求。

二审法院认为一审判决认定事实清楚，适用法律正确，裁定驳回上诉、维持原判。

本案历时十年，最终结果是被侵害人得到了经济补偿 20 000 元，但双方当事人都为此付出了巨大的时间代价，也占用了大量司法资源，可以说本案没有实质意义上的胜利者。所以在此提醒大家，在处理类似本案这样的相邻权纠纷时应尽量本着互谅互让的原则，维护好友邻关系，争取能在小区物业、居委会或公安机关的劝导下化解矛盾。即便走到诉讼这一步，也可以考虑在法庭的主持下握手言和，以调解结案。

法条链接

《中华人民共和国噪声污染防治法》

第六十六条　对已竣工交付使用的住宅楼、商铺、办公楼等建筑物进行室内装修活动，应当按照规定限定作业时间，采取有效措施，防止、减轻噪声污染。

《中华人民共和国民法典》

第二百八十八条　不动产的相邻权利人应当按照有利生产、方便生活、团结互助、公平合理的原则，正确处理相邻关系。

第二百九十六条　不动产权利人因用水、排水、通行、铺设管线等利用相邻不动产的，应当尽量避免对相邻的不动产权利人造成损害。

第一千二百二十九条　因污染环境、破坏生态造成他人损害的，侵权人应当承担侵权责任。

第一千二百三十条　因污染环境、破坏生态发生纠纷，行为人应当就法律规定的不承担责任或者减轻责任的情形及其行为与损害之间不存在因果关系承担举证责任。

（李欢律师）

81 我们村的支柱产业是生猪养殖，有人说养殖场会给水、土壤和大气等造成严重污染，养殖场可能存在哪些法律风险呢？

律师意见

从 2019 年开始，猪肉市场价格一路走高。这是因为，一方面，非洲猪瘟爆发导致大量生猪被捕杀，造成猪肉供应紧张；另一方面，随着环保督察日益严厉，一些不规范的养殖场与环境污染画上了等号，许多不规范的养殖场被政府关停。那么，现在农村养殖的环保要求是什么？怎样才能避免被关停的风险呢？

《中华人民共和国环境保护法》第四十九条第三款规定，畜禽养殖场的选址、建设和管理应当合法，从事畜禽养殖的单位和个人应当采取措施，对畜禽粪便、尸体和污水等废弃物进行科学处置，防止污染环境。国务院发布的《畜禽规模养殖污染防治条例》对畜禽养殖场的选址、建设和管理等一系列问题作出了明确规定。

意见一：养殖场选址要合理。

一定要注意养殖场的选址，尽量远离饮用水水源保护区、风景名胜区、城市、景区、生活区、工业区、大学城等，远离地下生活水源及主要河道，否则可能会面临关停、罚款等行政处罚，甚至会被拆除。

这时可能会有人问，我的养殖场合法建设在先，政府后来调整城市规划，把我的养殖场划入了禁养区，我该怎么办？在这种情况下应当适用"法不溯及既往"原则，养殖场所有者的权利受到法律保护，政府如果要求关停或者拆迁养殖场的，养殖场所有者是可以要求政府给予经济补偿的。

意见二：养殖场建设要慎重。

在开办养殖场时，不能忽略建设手续，一定要确保经营证照齐全，并且进行环境影响评价，也就是我们常说的"环评"。环评手续分为不同级别，具体级别视建设项目、养殖规模对环境的影响程度而定。对环境可能造成重大影响的大型畜禽养殖场，应当编制环境影响报告书；其他畜禽养殖场应当填报环境影响登记表。报告书、登记表须经环保部门审批，环保部门不予验收、拖延验收的，属于行政不作为，对此，可以通过法律途径督促环保部门积极作为。

除了办理手续，配套环保设施也是养殖场建设的重要一环，如畜禽粪便的贮存设施、污水处理设施、畜禽尸体无害化处理设施等，一定要遵守环境保护法中的"三同时"规定。没有建设污染防治配套设施、自行建设的配套设施不合格，或者没有委托他人对畜禽养殖废弃物进行综合利用和无害化处理的，养殖场不得投入生产或者使用。

意见三：养殖场管理要严格。

养殖场管理不只是养好动物那么简单，动物粪便和污水的处理等也是管理的重要内容。因为养殖场随意排放、倾倒畜禽污水和动物粪便，会造成环境污染，侵害不特定多数人的公众利益，不仅会被责令承担民事赔偿责任，还会面临行政处罚，甚至可能构成刑事犯罪。所以，应当及时对畜禽粪便、畜禽尸体、污水等进行收集、贮存、清运，防止恶臭和畜禽养殖废弃物渗出、泄漏。不能直接向环境排放没有经过处理的畜禽养殖废弃物。

案例评析

某养猪场诉某市环境保护局行政处罚案*

某养猪场于 2012 年建设并投入生产，养猪场建有污染防治的储粪池和储尿池。该养猪场于 2016 年 8 月 10 日外排污水，被下游村民举报。某市环境保护局经现场勘查发现，该养猪场储粪池闲置未使用；猪粪全部堆放在养猪场周边的林地内；储尿池底部有排放尿液的排污管，尿液排出储尿池污染了河道。故对养猪场作出行政处罚决定，责令其立即改正违法行为，并处罚款 80 000 元。养猪场不服某市环境保护局作出的行政处罚决定，向法院提起行政诉讼。

一审法院认为，某市环境保护局作为环境保护主管部门，有对本行政区域环境保护工作实施统一监管的职责。养猪场储尿池留有排污口，未向环境保护局进行申报，并违法排放，造成了环境污染。环境保护局作出的行政处罚决定证据确凿，判决驳回养猪场诉讼请求。

二审法院认为环境保护局适用法律正确，量罚幅度适当，裁定驳回上诉，维持原判。

通过上述案例可以看出，保护环境是国家的基本国策，国家针对畜禽养殖场在选址、建设和管理等方面提出了明确要求，对畜禽粪便、污水、废气等的管理上加上了一道道"紧箍咒"。养殖场不能因为环保手续办理太麻烦而不办理手续，也不能抱着侥幸心理随意排放粪便和污水。

法条链接

《中华人民共和国水污染防治法》

第五十六条第二款 畜禽养殖场、养殖小区应当保证其畜禽粪便、废水的综合利用或者无害化处理设施正常运转，保证污水达标排放，防止污染水环境。

---

* （2017）吉 02 行终 23 号。

《畜禽规模养殖污染防治条例》

第十三条第一款 畜禽养殖场、养殖小区应当根据养殖规模和污染防治需要，建设相应的畜禽粪便、污水与雨水分流设施，畜禽粪便、污水的贮存设施，粪污厌氧消化和堆沤、有机肥加工、制取沼气、沼渣沼液分离和输送、污水处理、畜禽尸体处理等综合利用和无害化处理设施。已经委托他人对畜禽养殖废弃物代为综合利用和无害化处理的，可以不自行建设综合利用和无害化处理设施。

《最高人民法院关于审理环境民事公益诉讼案件适用法律若干问题的解释》

第十八条 对污染环境、破坏生态，已经损害社会公共利益或者具有损害社会公共利益重大风险的行为，原告可以请求被告承担停止侵害、排除妨碍、消除危险、修复生态环境、赔偿损失、赔礼道歉等民事责任。

（李欢律师）

82 政府要在我家附近建造垃圾处理厂，是否会对我造成人身损害？对此有哪些合法的解决方式呢？

律师意见

伴随我国经济的迅猛发展，生活垃圾、建筑垃圾、餐厨垃圾等各类垃圾的总量不断增加，"垃圾围城"已成为许多城市的痛点，给环境安全和居民健康造成了巨大威胁。如何有效化解"垃圾围城"之困？大力兴建规范化的垃圾处理厂势在必行。

垃圾处理厂一般采用三种方法——填埋法、焚烧法和堆肥法来处理垃圾，环保界也一直在改进这三种技术。但从世界范围来看，目前还没有一种绝对稳妥的处理方式。垃圾处理厂越建越多，由此引发的群体性事件也日益增多。多地民众以安全、环保、程序不规范为由，表达了对垃圾焚烧发电项目的强烈反对，这便是所谓的"邻避效应"（Not-In-My-Back-Yard）——居民因担心垃圾处理厂、化工厂等项目对自身的身体健康、环境质量和资产价值等造成不利影响，而产生了"可以修建，但请不要建在我家后院"的态度，于是对项目进行了高度情绪化的集体反对。

如果仅仅是表示反对，是解决不了现实存在的"垃圾围城"问题的。垃圾处理厂是否会对周边居民身体造成伤害，主要与项目污染物排放量有关。在技术可行的前提下，如认真落实项目污染防治要求，确保项目环境影响降到最低，再通过相应的配套设施改善当地居民生活条件的，一般是能够得到公众的理解与支持的。

意见一：公众享有知情权、参与权和监督权。

"邻避效应"主要源于公众获取知识的欠缺。如果公众不明真相，会更倾向于相信各种谣言而产生过激行为。只有通过程序公开，将相关环境信息全面地展现在公众面前，公众才能打消顾虑，更好地了解并参加环境行政决策活动。《中华人民共和国环境保护法》特意将"信息公开和公众参与"作为专门章节加以规定，其中第五十三条明确，公民、法人和其他组织依法享有获取环境信息、参与和监督环境保护的权利。各级人民政府环境保护主管部门和其他负有环境保护监督管理职责的部门，应当依法公开环境信息、完善公众参与程序，为公民、法人和其他组织参与和监督环境保护提供便利。

意见二：有多种途径可以实现公众的环境知情权。

一是政府部门应当依照法律要求主动公开环境信息，如召开听证会、张贴公告、通过政府网站或官方微博披露、邀请居民进厂参观等。按照国务院的部署，2020年底前，全国所有地级及以上城市选择至少1座环境监测设施、1座城市污水处理设施、1座垃圾处理设施、1座危险废物集中处置或废弃电器电子产品处理设施定期向公众开放，接受公众参观。鼓励地级及以上城市全部开放有条件开放的环保设施。我们常说眼见为实，当公众看到以往的项目运行良好，监测数据符合或者优于国家标准，周边环境也维护得不错，项目本身还带动了附近居民就业时，他们内心的抵触情绪也许就会慢慢消散。

二是建设单位应当在事前征求民众意见。《中华人民共和国环境保护法》第五十六条第一款规定，对依法应当编制环境影响报告书的建设项目，建设单位应当在编制时向可能受影响的公众说明情况，充分征求意见。所以公众要把握好这个反映意见的机会，可以采用信函、传真、电子邮件或者建设单位提供的其他方式，把担忧和疑问直接向建设单位提出，先听一听建设单位的专家怎么说，再去做判断。

三是公众主动通过"12369"环保举报热线、政府网站等途径，申请政府部门公开相关环境信息。如果相关部门不予答复或者受理，无法通过以上途径实现自己的知情权的，还可以向法院起诉，请求法院支持其诉求。但是，切忌通过游行、围堵、打斗、在网上扩散不实信息等过激方式维权，以免发展成恶劣的群体性事件。

案例评析

袁某某与株洲市荷塘区人民政府、株洲市人民政府行政诉讼案*

株洲市荷塘区新市村拟建生活垃圾处理场，袁某某的宅基地就位于该村。2012 年 9 月，荷塘区人民政府决定对垃圾场周边 500 米范围内的房屋进行搬迁。因测绘发现袁某某的现有居住房屋不在 500 米范围内，不属于搬迁范围，荷塘区人民政府作出了不能给予搬迁安置的处理决定。袁某某对此申请行政复议，株洲市人民政府作出行政复议决定，维持了荷塘区人民政府的处理决定。故袁某某向法院提起行政诉讼。

一审法院认为，对垃圾处理场周边的居民作出是否予以搬迁的处理决定是关系民生和环境保护以及对利害关系人切身利益造成重大影响的行政行为，故在作出行政行为之前，应充分保障利害关系人的陈述权、申辩权和参与权，以及对作出行政行为的主要依据发表意见、提出异议的权利。株洲市国土资源规划测绘院第一次进行测绘时，荷塘区人民政府并未通知袁某某参与，《南郊垃圾处理场放样图》也未出示给袁某某。后在袁某某等人的要求下荷塘区人民政府进行了复测，但没有证据证明其通知了袁某某参与，复测后也没有给出新的图纸，所以应视为没有进行复测。一审法院认定测绘程序

---

* （2018）湘行终 1368 号。

存在重大瑕疵，违反了程序正当原则。故判决撤销荷塘区人民政府作出的处理决定和株洲市人民政府作出的行政复议决定，并责令荷塘区人民政府对袁某某的搬迁安置申请重新作出行政行为。

二审法院裁定维持一审判决。

法条链接

《中华人民共和国环境保护法》

第五十六条　对依法应当编制环境影响报告书的建设项目，建设单位应当在编制时向可能受影响的公众说明情况，充分征求意见。

负责审批建设项目环境影响评价文件的部门在收到建设项目环境影响报告书后，除涉及国家秘密和商业秘密的事项外，应当全文公开；发现建设项目未充分征求公众意见的，应当责成建设单位征求公众意见。

《环境保护公众参与办法》

第四条　环境保护主管部门可以通过征求意见、问卷调查、组织召开座谈会、专家论证会、听证会等方式征求公民、法人和其他组织对环境保护相关事项或者活动的意见和建议。

公民、法人和其他组织可以通过电话、信函、传真、网络等方式向环境保护主管部门提出意见和建议。

（李欢律师）

83　食用野生动物可能引发传染病，老百姓还能购买和食用野生动物吗？

律师意见

近些年，世界各地陆续发生了不少公共卫生事件。研究发现，多数传染病的病原体很有可能源自野生动物。大自然的警钟又一次让我们见识到了自然界的"蝴蝶效应"。

人类如果可以规范自己的行为，不仅能减少许多血腥的杀戮，也能避免大规模公共卫生事件的再次发生。2020年2月，《全国人民代表大会常务委员会关于全面禁止非法野生动物交易、革除滥食野生动物陋习、切实保障人民群众生命健康安全的决定》（以下简称《决定》）发布并施行。2020年已开始统筹修改野生动物保护法。普通民众比较关注哪些动物是可以吃的，哪些动物是不能吃的。

意见一：哪些动物能食用须牢记。

《中华人民共和国野生动物保护法》中所保护的野生动物，是指珍贵、濒危的陆生、水生野生动物和有重要生态、科学、社会价值的陆生野生动物。而《决定》则以全面禁止食用野生动物为导向，进一步扩大保护范围：第一，全面禁止食用国家保护的"有重要生态、科学、社会价值的陆生野生动物"以及其他陆生野生动物，包括人工繁育、人工饲养的陆生野生动物；第二，全面禁止以食用为目的猎捕、交易、运输在野外环境自然生长繁殖的陆生野生动物。

不管是野外生长的还是人工养殖的野生动物，不管是否属于国家保护的野生动物，老百姓都应一律禁止食用。野鸡、野兔、穿山甲、野马、狍子、竹鼠、果子狸、旱獭、各类野生鸟等动物都不能食用。

现阶段，可以放心食用的动物是畜禽，主要有三类：（1）猪、牛、羊、鸡、鸭、鹅等家畜家禽；（2）人工养殖的兔子和鸽子等动物；（3）未被列入国家重点保护名录的鱼类等。具体可参见2020年5月27日农业农村部公布的《国家畜禽遗传资源目录》，以进一步明确可食用动物的范围。

意见二：非法的野生动物交易须禁止。

国家市场监督管理总局、农业农村部、国家林业和草原局于2020年1月26日发布《关于禁止野生动物交易的公告》，要求自2020年1月26日起至全国新冠肺炎疫情解除期间，禁止野生动物交易活动，对各地饲养繁育野生动物场所实施隔离，严禁野生动物对外扩散和转运贩卖；各地农（集）贸市场、超市、餐饮单位、电商平台等经营场所，严禁以任何形式进行野生动物交易活动。所以，在疫情解除前，一切野生动物交易都是被禁止的。

2022年5月30日，经市场监管总局、农业农村部、国家林草局研究决定，即日起停止执行《关于禁止野生动物交易的公告》。各地区各相关部门要依据《中华人民共和国野生动物保护法》《中华人民共和国渔业法》《中华人民共和国动物防疫法》等相关法律法规，继续加强陆生、水生野生动物保护管理，加大对非法野生动物交易、滥食野生动物行为的打击力度，切实保障人民群众生命健康安全。

因此在疫情解除后，野生动物交易也要符合法律有关规定，不可随意买卖。否则，很有可能受到没收违法所得、罚款等行政处罚，构成犯罪的，还将被追究刑事责任。

意见三：人工繁育野生动物的企业须转型。

在《决定》下发后，国家林业和草原局已实施最严格的管控措施，对从事野生动物人工繁育、经营利用的机构进行了全面整顿，对于以食用为目的从事陆生野生动物人工繁育、经营利用的机构，撤回并注销了所核发的人工繁育许可证件、经营利用许可证件和文书。

此前，云南、江西等多地已将竹鼠、大鲵、蛇等作为特种养殖，并形成了集约化生产。但这些物种最终没有进入《国家畜禽遗传资源目录》，相关从业者只能另寻出路。《决定》第七条第二款规定，有关地方人民政府应当支持、指导、帮助受影响的农户调整、转变生产经营活动，根据实际情况给予一定补偿。至于行政补偿的具体标准，《决定》没有作出统一规定，一般以实际损失为限。

案例评析

李某某非法收购、运输、出售珍贵、濒危野生动物，珍贵、濒危野生动物制品案[*]

2019年4月10日，李某某以80元的价格向一陌生男子购得猫头鹰一只，准备带回家中烹食，被派出所民警当场查获。经鉴定，该猫头鹰为鸟纲鸮形目鸱鸮科林鸮属中的褐林鸮，属国家Ⅱ级重点保护野生动物。人民检察院指控李

---

[*]（2019）赣0281刑初227号。

某某犯非法收购珍贵、濒危野生动物罪，并向法院提起附带民事公益诉讼。

一审法院认为：李某某在明知猫头鹰为国家重点保护的珍贵、濒危野生动物的情况下，以食用为目的非法购买猫头鹰，属于非法收购国家重点保护的珍贵、濒危野生动物的行为，该行为已构成非法收购珍贵、濒危野生动物罪。故判决：（1）李某某犯非法收购珍贵、濒危野生动物罪，判处有期徒刑七个月，缓刑一年，并处罚金人民币4000元；（2）李某某应积极参加保护野生鸟类的义务活动；（3）李某某在判决生效之日起一个月内在市级公开发行的媒体上赔礼道歉。

法条链接

《中华人民共和国野生动物保护法》

第三十一条　禁止食用国家重点保护野生动物和国家保护的有重要生态、科学、社会价值的陆生野生动物以及其他陆生野生动物。

禁止以食用为目的猎捕、交易、运输在野外环境自然生长繁殖的前款规定的野生动物。

禁止生产、经营使用本条第一款规定的野生动物及其制品制作的食品。

禁止为食用非法购买本条第一款规定的野生动物及其制品。

《全国人民代表大会常务委员会关于全面禁止非法野生动物交易、革除滥食野生动物陋习、切实保障人民群众生命健康安全的决定》

一、凡《中华人民共和国野生动物保护法》和其他有关法律禁止猎捕、交易、运输、食用野生动物的，必须严格禁止。

对违反前款规定的行为，在现行法律规定基础上加重处罚。

《中华人民共和国刑法》

第三百四十一条第一款　非法猎捕、杀害国家重点保护的珍贵、濒危野生动物的，或者非法收购、运输、出售国家重点保护的珍贵、濒危野生动物及其制品的，处五年以下有期徒刑或者拘役，并处罚金；情节严重的，处五年以上十年以下有期徒刑，并处罚金；情节特别严重的，处十年以上有期徒刑，并处罚金或者没收财产。

（李欢律师）

保险、公证及强制执行

84 车辆借用人发生交通事故，借用人能直接要求保险公司理赔吗？

车辆实际使用人，比如借用人，在实际使用车辆过程中发生交通事故并向受害人家属进行了赔偿，借用人不是投保人、被保险人，其是否享有法律上承认的保险利益呢？针对这一问题，现实生活中一直存在两种意见。

一种意见认为，首先，根据合同相对性原则，车辆实际使用人并非财产保险合同相对人。其次，《中华人民共和国保险法》第十二条第六款规定："保险利益是指投保人或者被保险人对保险标的具有的法律上承认的利益。"车辆实际使用人非投保人也非被保险人，对保险标的不应当享有保险利益。因此，车辆使用人主体不适格，若其起诉，则应该裁定驳回起诉。

另外一种意见认为，根据《中华人民共和国保险法》第十二条第六款的规定，从立法本意来看，除非可能存在道德风险或者增加道德风险时应当严格适用保险利益原则，一般来说，应从宽认定保险利益。不能将该条款中所述的"法律上承认的利益"仅仅理解为"合法权利"，而应当将其理解为"合法的经济利益"，因此车辆实际使用人对保险标的也享有法律上承认的保险利益。从维护诚实信用市场的角度来说，应从宽认定保险利益，以便更好地发挥保险制度的功能，保护被保险人的合法权益。

案例评析

马某诉某保险公司保险合同纠纷案*

齐某为"宝马"牌小型越野客车所有权人，2014年11月1日，马某借

---

* （2018）兵 9001 民初 1523 号。

用该车在驾驶途中与李某驾驶的"捷达"牌小型轿车相撞，此次交通事故致使被害人李某死亡。经石河子市人民法院（2015）石刑初字第201号刑事判决书判决，马某负该起交通事故主要责任，构成交通肇事罪。涉案车辆由某保险公司承保机动车交通事故责任强制险及机动车险（商业第三者责任险金额1 000 000元），投保人为齐某。

马某向被害人李某家属先行赔付91万元后，某保险公司拒绝向马某理赔。马某一纸诉状将某保险公司诉至法院，请求某保险公司支付各项理赔款70余万元。

法院审理后认为：首先，一般来说，从维护诚实信用市场的角度来讲，应从宽认定保险利益，以便更好地发挥保险制度的功能，保护被保险人的合法权益。借用人借用了车辆，其即享有合法的经济利益，对该车具有法律承认的保险利益。

其次，保险车辆的发动机号及车辆识别代码（车架号）未因车辆的出借而发生变更，且借用人有机动车驾驶证，具备必要的驾驶能力，保险事故发生时，借用人基于借用关系获得了被保险车辆的合法使用权。使用权是法律所承认的合法权利类型之一，且承载了车主与该车辆有关的合法财产权益，因此，借用人作为合法驾驶人，对被保险车辆享有合同规定的保险利益。

再次，本案的保险涉及交强险，《中华人民共和国道路交通安全法》以及《机动车交通事故责任强制保险条例》首要立法目的在于对受害人的损害进行赔偿，在此意义上，强制责任保险可以被理解为是对机动车这个高度危险物给他人造成的损害予以赔偿的保险，它并不局限于具体的被保险人的行为，换言之，只要是由于该机动车的驾驶行为给他人造成损害的，无论具体的驾驶人是谁，保险公司都应当予以赔偿。《中华人民共和国侵权责任法》第四十九条规定："因租赁、借用等情形机动车所有人与使用人不是同一人时，发生交通事故后属于该机动车一方责任的，由保险公司在机动车强制保险责任限额范围内予以赔偿。不足部分，由机动车使用人承担赔偿责任；机动车所有人对损害的发生有过错的，承担相应的赔偿责任。"该规定对上述立法目的予以了明确。根据该规定，借用人作为机动车实际使用人在使用车辆过程中发生交通事故的，某保险公司依法应承担赔偿责任。

最后，马某已经积极对受害人家属进行了赔偿，齐某对马某请求理赔并无异议，马某申请理赔并未加重保险公司责任。该事故的理赔仅此一次，不可能发生多次导致保险公司重复理赔的争议；马某直接申请理赔并不违背合同以及法律的禁止性规定。在此情形下，被告该抗辩将额外加重当事人诉累，浪费司法资源，系对法律最终结果无任何改变的形式赘加。

综上，马某作为车辆实际使用人发生交通事故并向受害人家属进行了赔偿，虽其不是投保人、被保险人，但仍然享有法律上承认的保险利益。因此，法院最终判决某保险公司在交强险及商业第三者险责任限额内理赔 50 余万元。判决作出后，双方均未提起上诉，某保险公司履行了付款义务。

法条链接

《中华人民共和国民法典》

第一千二百零九条 因租赁、借用等情形机动车所有人、管理人与使用人不是同一人时，发生交通事故造成损害，属于该机动车一方责任的，由机动车使用人承担赔偿责任；机动车所有人、管理人对损害的发生有过错的，承担相应的赔偿责任。

（高亦凡律师）

85 保险未做变更登记的已转让车辆发生交通事故，现车主有权索赔吗？

律师意见

车辆过户后保险没有变更的，在发生交通事故后，作为保险标的受让人（现车主）有权向保险公司索赔吗？

意见一：现车主可以作为原告起诉保险公司。

根据《中华人民共和国民事诉讼法》第一百二十二条之规定，原告须与本案具有直接利害关系。保险车辆所有权转移的，其附随的保险单也随之有偿转让，只要双方买卖关系合法，受让人（现车主）已经实际占有支配该保险车辆，又因使用该保险车辆发生了保险合同约定范围内的保险事故，现车主对保险车辆具有直接利害关系。保险车辆的发动机号及车辆识别代码（车架号）未因车辆的转让而发生变更，且由于保险合同标的转移导致了保险合同主体的变更，该车附随的保险利益实际上也随之转移给现车主所有。现车主是受让该保险车辆的主体，在事实上具备了保险合同当事人的主体资格。《中华人民共和国保险法》第四十九条第一款规定，保险标的转让的，保险标的的受让人承继被保险人的权利和义务。

意见二：保险公司不应当拒赔。

首先，《中华人民共和国保险法》第四十九条及《中国保险行业协会机动车商业保险示范条款》中责任免除条款第十条第三项规定了保险标的转让的，被保险人或受让人应当及时通知保险人，如未履行通知义务的，因转让导致保险标的危险程度显著增加而发生的保险事故，保险人不承担赔偿保险金的责任。从保险法立法目的来看，我国保险法之所以规定保险车辆转让需变更车辆保险合同，其宗旨在于，方便保险企业对保险车辆规范管理，防止冒领保险金或骗保，而不在于以此来免除保险人的赔偿责任。其次，《中国保险行业协会机动车商业保险示范条款》中责任免除条款第十条第三项是被告为了重复使用而预先拟定，在订立时未与对方协商的格式条款。根据《中华人民共和国民法典》第四百九十六条、第四百九十七条之规定，采用格式条款订立合同的，对于不合理地免除或者减轻其责任、加重对方责任、排除对方主要权利的，该格式条款无效。保险公司以该免责条款作为拒赔的依据，也违背了《中华人民共和国民法典》的公平原则。

案例评析

普某与乙保险公司保险合同纠纷案 *

2016 年 4 月 29 日，甲汽车销售公司为其所欲出售小型普通客车在乙保险公司投保交强险和商业险。后原告普某从甲汽车销售公司购买该车辆，并

---

* （2017）兵 9001 民初 3381 号。

办理了车辆转移登记手续。原告及甲汽车销售公司未通知乙保险公司，也未去乙保险公司办理车辆转让有关的保险变更登记。保险期间，原告普某驾驶车辆与他人驾驶的车辆发生碰撞，造成双方车辆受损的道路交通事故。后经交警部门认定，普某承担此次事故的主要责任，在交警部门的主持下，双方达成调解协议，由普某承担此次事故 90%的赔偿责任。事故发生后，原告通知了被告乙保险公司。后乙保险公司作出机动车损险保险拒赔通知书，理由是汽车已从甲汽车销售公司过户至个人名下，但保险未随之过户，汽车过户行为使该车辆使用性质发生改变，使用风险增大，故不予理赔该案件商业险定损，仅同意在交强险财产损失限额内赔偿 2000 元。

后普某将乙保险公司诉至法院，请求被告乙保险公司赔偿原告保险金 49 931 元。

乙保险公司在庭审中辩称，车辆性质从企业非运营车辆变更为家庭自用车，车辆使用性质发生变更。原告和甲汽车销售公司未到保险公司做相应的变更。原告普某与乙保险公司不存在保险合同关系，所以原告主体不适格。

法院审理后认为原告主体适格，被告乙保险公司的拒赔理由不成立。最终法院判决被告乙保险公司赔偿原告普某保险金 4 万余元。

法条链接

《中华人民共和国保险法》

第四十九条 保险标的转让的，保险标的的受让人承继被保险人的权利和义务。

保险标的转让的，被保险人或者受让人应当及时通知保险人，但货物运输保险合同和另有约定的合同除外。

因保险标的的转让导致危险程度显著增加的，保险人自收到前款规定的通知之日起三十日内，可以按照合同约定增加保险费或者解除合同。保险人解除合同的，应当将已收取的保险费，按照合同约定扣除自保险责任开始之日起至合同解除之日止应收的部分后，退还投保人。

被保险人、受让人未履行本条第二款规定的通知义务的，因转让导致保险标的的危险程度显著增加而发生的保险事故，保险人不承担赔偿保险金的责任。

《中华人民共和国民法典》

第四百九十六条　格式条款是当事人为了重复使用而预先拟定，并在订立合同时未与对方协商的条款。

采用格式条款订立合同的，提供格式条款的一方应当遵循公平原则确定当事人之间的权利和义务，并采取合理的方式提示对方注意免除或者减轻其责任等与对方有重大利害关系的条款，按照对方的要求，对该条款予以说明。提供格式条款的一方未履行提示或者说明义务，致使对方没有注意或者理解与其有重大利害关系的条款的，对方可以主张该条款不成为合同的内容。

第四百九十七条　有下列情形之一的，该格式条款无效：

（一）具有本法第一编第六章第三节和本法第五百零六条规定的无效情形；

（二）提供格式条款一方不合理地免除或者减轻其责任、加重对方责任、限制对方主要权利；

（三）提供格式条款一方排除对方主要权利。

（高亦凡律师）

86　购买人身保险后，一旦受伤或患病就一定能获得理赔吗？

律师意见

保险是一种风险转移和分担机制，个人通过缴纳一定金额的保费，在发生疾病、伤残甚至死亡等保险事故时，能够从保险公司获得保险金的赔偿。

不可否认，我国投保人和保险单的基础数量庞大，发生保险事故后无法获赔的投保人大有人在，而被拒赔的主要原因是投保人对保险知识和法律规定缺少必要的了解。

意见一：要仔细阅读保险合同，了解自己所买险种的保险功能、赔付标准等。

保险合同一般都是保险公司提供的制式合同，篇幅较长，格式也较固定，而且合同中有很多专业术语，对缺少保险从业经历的人来说，完整阅读和理解保险合同条款有一定困难。因此，很多人买保险时，往往基于对熟人的信任，简单听取了保险代理人的口头介绍后便购买保险，买完保险后也不仔细阅读保险合同，将保险合同束之高阁，对保险合同的重要内容一知半解。

建议投保人在投保前认真阅读了解保险合同条款。首先，要清楚自己所买险种的保险功能，也就是这种保险到底保障的是什么？人身保险保障的是人的"生老病死残"，一般可分为人寿保险、健康保险和意外伤害保险，每种险种具体保障的对象和范围各不相同。其次，了解在发生保险事故后，需要达到什么程度和标准才能获得理赔，比如，健康保险中的重大疾病保险，一般需符合合同所列疾病的种类、性质及严重程度，这样才能要求保险公司给付保险金。

意见二：要重点关注保险合同的免责条款。

保险公司在合同中都会特意用加粗或划线字体列明保险公司的免责条款，也就是保险公司不予理赔的情形。目前，各家保险公司广泛适用的免责条款主要有：被保险人从事高风险活动，如跳水、跳伞、蹦极等造成伤亡的；投保人、被保险人故意制造保险事故，投保人、受益人故意杀害被保险人；被保险人故意犯罪等行为造成的损失；被保险人吸毒或醉酒后驾驶机动车导致的损失；被保险人患有特殊疾病，如发生先天性疾病、感染艾滋病毒等。如果投保人发生的保险事故在免责条款范围内，保险公司也不会承担赔偿责任。

意见三：对于保险公司询问的健康状况等问题，投保人应如实告知。

为了避免投保人带病投保或者恶意骗保，根据法律规定，投保人在投保时，保险公司可以询问被保险人的有关情况，比如之前的健康状况、既往病史、治疗情况等，投保人应该如实告知。保险公司工作人员询问时，如果投保人故意或者因重大过失没有如实告知的，保险公司可以解除合同，在发生保险事故时，保险公司也有权拒绝承担赔偿责任。

此外，发生保险事故时，投保人或被保险人应该及时通知保险公司，如果因自身原因未及时通知，导致保险事故的性质、原因、损失程度等难以认定的，保险公司对于无法确认的部分也可以拒绝赔付保险金。

案例评析

徐先生与某人寿保险公司健康保险合同纠纷案 *

2018 年 1 月，徐先生为女儿小美在某人寿保险公司投保了《少儿超能两全保险》《快乐成长保意外保障计划 A 款》以及《附加少儿超能宝重大疾病保险》《附加安心住院费用医疗保险》。徐先生向保险公司交纳了保费。投保时，在投保单的健康告知事项中，有以下内容："是否曾有下列症状、曾被告知患有下列疾病或因下列症状或疾病接受治疗：……先天性心脏病等心血管疾病……?"徐先生对此作出了否定回答，并在该投保单上予以签名确认。

2018 年 12 月，小美因患病在县医院住院治疗。出院后，徐先生向保险公司申请理赔，并提交了县医院的住院病历。病例中记载："小美有既往病史，母孕 28 周时发现有先天性心脏病，出生后复查心脏彩超显示室间隔缺损，未进行手术治疗。"保险公司调查了解以上情况后，通知与徐先生解除合同，不予理赔，并且退还了徐先生交纳的部分保费。徐先生不满，向法院提起了诉讼。

法院审理认为，徐先生对投保提示书及投保单的内容是明知的，存在故意或重大过失，未履行如实告知义务，足以影响保险公司决定是否同意承保或者提高保险费率，因此保险公司有权解除合同。最终，法院判决驳回徐先生的诉讼请求。

法条链接

《中华人民共和国保险法》

第十六条 订立保险合同，保险人就保险标的或者被保险人的有关情况提出询问的，投保人应当如实告知。

投保人故意或者因重大过失未履行前款规定的如实告知义务，足以影响保险人决定是否同意承保或者提高保险费率的，保险人有权解除合同。

---

* （2019）鲁 14 民终 2999 号。

......

第二十一条 投保人、被保险人或者受益人知道保险事故发生后，应当及时通知保险人。故意或者因重大过失未及时通知，致使保险事故的性质、原因、损失程度等难以确定的，保险人对无法确定的部分，不承担赔偿或者给付保险金的责任，但保险人通过其他途径已经及时知道或者应当及时知道保险事故发生的除外。

第二十七条 未发生保险事故，被保险人或者受益人谎称发生了保险事故，向保险人提出赔偿或者给付保险金请求的，保险人有权解除合同，并不退还保险费。

投保人、被保险人故意制造保险事故的，保险人有权解除合同，不承担赔偿或者给付保险金的责任；除本法第四十三条规定外，不退还保险费。

保险事故发生后，投保人、被保险人或者受益人以伪造、变造的有关证明、资料或者其他证据，编造虚假的事故原因或者夸大损失程度的，保险人对其虚报的部分不承担赔偿或者给付保险金的责任。

投保人、被保险人或者受益人有前三款规定行为之一，致使保险人支付保险金或者支出费用的，应当退回或者赔偿。

(王永律师)

87 法定房产继承必须通过继承公证办理吗？

公证员意见

家庭遗产继承问题几乎涉及每一个家庭、每一个人。而在涉及作为家庭重要财产的房产继承时，继承人是不是必须经过公证机构办理继承公证后才可以办理产权变更登记手续呢？

根据目前的规定和政策，房产继承主要有协商继承、公证继承、诉讼继承三种方式。至于继承人选择哪种方式办理房产继承过户，需要由继承人之间协商决定或根据实际情况而定。1991年《司法部 建设部关于房产登记管理中加强公证的联合通知》规定，继承房产应当持公证机关出具的"继承权公证书"和房产所有权证、契证到房地产管理机关办理房产所有权转移登记手续；对遗嘱人为处分房产而设立的遗嘱，应当办理公证，遗嘱人死亡后，遗嘱受益人须持公证机关出具的"遗嘱公证书"和"遗嘱继承权公证书"或"接受遗赠公证书"，以及房产所有权证、契证到房地产管理机关办理房产所有权转移登记手续。因此通知与物权法、继承法、房屋登记办法等有所抵触，2016年7月5日，司法部发布了《关于废止〈司法部　建设部关于房产登记管理中加强公证的联合通知〉的通知》，通知明确了继承、赠与房产办理登记事项可以不用"强制公证"。当然，不用"强制公证"并不意味着不可以通过继承公证方式来解决遗产继承，而是拓宽了法定继承中继承人进行不动产继承变更产权登记的途径和方式。这样，房产继承人可以通过以下三种途径解决房产继承问题。

（1）协商继承。对于继承人来说该种方式应是一种较好的选择，与公证继承和诉讼继承相比，协商继承有利于节省继承人的公证费用或诉讼费用。但协商继承因不动产登记部门需要履行公告等程序，甚至需要继承人不止一次到不动产登记部门办理相关手续，故不动产产权变更登记需要等待相对较长的时间；同时，因不动产登记部门对于继承人提供的亲属关系证明等材料的审查属于形式审查，故存在难以审核材料真假或遗漏继承人的可能性，可能会给房产继承埋下继承纠纷的隐患。

（2）公证继承。公证继承有利于继承人省时省力和预防因继承房产发生的次生纠纷。在公证继承过程中，公证员会积极引导和协助继承人提供、核查相关材料，放弃继承权的继承人仅去公证处一次即可。如果放弃继承人在外地的，通过所在地的公证处办理一份放弃继承权声明公证书即可；如果当事人有特殊情况的，公证员还可以为当事人提供上门服务。同时，继承公证书一般在一周左右出具，有利于继承人快速变更产权登记。而且，公证员对继承人提供的材料会进行实质性审查，有利于避免虚假证明材料、遗漏继承人等情况的发生，进而有利于预防继承人之间矛盾纠纷的发生。如果继承人之间因遗产继承存在一些小的矛盾或纠纷，公证员还可以进行协助调解，有利于继承人之间矛盾和纠纷的化解。但公证继承需要继承人向公证机构交纳相应的公证费用，公证费收费标准全国不统一，各省有自己的收费标准。当然，如果继承人家庭经济困难，还可以向公证机构申请减免公证费。

（3）诉讼继承。俗话说，"一场官司十年仇"。受中国传统文化的影响及和谐社会的积极倡导，以及继承人之间亲属关系的客观存在，继承人之间不到万不得已，一般不会通过诉讼途径解决继承问题。诉讼继承也是继承人之间在不能通过协商继承、公证继承的情况下作出的选择。

公证员提醒：如果继承人之间就被继承人的遗产继承没有纠纷、没有争议的，可以通过协商继承方式办理房产过户手续，协商继承程序既简捷，又能节省费用。当然，即使没有纠纷，继承人之间为了预防因继承遗产可能发生的纠纷或担心放弃遗产的继承人以后以错误认识或被误导等理由反悔的，也可以通过公证继承方式解决遗产继承问题。

案例评析

陈某某诉区住建局不履行房屋登记法定职责案[*]

南京市江宁区双龙大道 833 号南方花园××室住房原为曹某某所有。2011年 5 月 23 日，曹某某亲笔书写遗嘱，将该房产无条件赠与原告陈某某。后曹某某于 2011 年 6 月 22 日在医院去世。2011 年 7 月 22 日，原告陈某某经南京市公证处公证，声明接受曹某某的全部遗赠。2011 年 8 月 3 日，原告携带曹某某遗嘱、房产证、公证书等材料前往被告下设的房地产交易中心办理过户手续被拒绝。2011 年 10 月 10 日，原告向被告提出书面申请要求被告依法为其办理房屋所有权转移登记，被告于 2011 年 10 月 27 日书面回复，以"遗嘱未经公证，又无'遗嘱继承公证书'"为由不予办理遗产转移登记。原告陈某某向法院提起行政诉讼，要求被告区住建局为其办理过户手续。

法院认为，《房屋登记办法》并无规定要求遗嘱受益人须持公证机关出具的遗嘱公证书才能办理房屋转移登记。《关于房产登记管理中加强公证的联合通知》不属于法律、行政法规、地方性法规、规章的范畴，且与物权

---

[*]（2013）江宁行初字第 49 号。

法、继承法、房屋登记办法等有关法律法规相抵触。故本案中，被告依据《关于房产登记管理中加强公证的联合通知》的规定对该涉案房屋不予办理房屋所有权转移登记的具体行政行为违法。据此，依照《中华人民共和国行政诉讼法》第五十四条第二项、第三项之规定，判决如下：被告区住建局在本判决书发生法律效力后 30 日内履行对原告陈某某办理涉案房屋所有权转移登记的法定职责。

法条链接

《不动产登记暂行条例实施细则》

第十四条　因继承、受遗赠取得不动产，当事人申请登记的，应当提交死亡证明材料、遗嘱或者全部法定继承人关于不动产分配的协议以及与被继承人的亲属关系材料等，也可以提交经公证的材料或者生效的法律文书。

司法部关于废止《司法部　建设部关于房产登记管理中加强公证的联合通知》的通知

各省、自治区、直辖市司法厅（局），新疆生产建设兵团司法局：

根据《不动产登记暂行条例》的规定，国务院国土资源主管部门负责指导、监督全国不动产登记工作。《司法部、建设部关于房产登记管理中加强公证的联合通知》（司公通字〔1991〕117 号）已不再适用，经商住房和城乡建设部，现决定予以废止，自本通知印发之日起不再执行。

司法部
2016 年 7 月 5 日
（陈德强公证员）

88　张三欠钱不还，我们有公证的债权文书，我可以把债权卖给他人吗？

公证员意见

现实中，经常遇到债权人因多种原因将对他人享有的债权通过低价、打包或抵债方式转让给他人的情形。债权转让是市场经济活动中较为常见的一种活动。

要点一：是否可转让具有强制执行公证效力的债权？

对于当事人在合同中没有约定债权不可转让的公证债权文书，其债权即使被赋予了强制执行公证效力也不影响其转让。当然，如果根据某些特定债的专属性及合同法的相关规定，或依照当事人意思自治原则，当事人对债权转让进行了禁止性约定的，则该债权的转让会受到限制。

要点二：债权转让的具体生效时间是在什么时候？

债权转让需要订立书面的债权转让协议，但前提是债权人需要合理履行债权转让的通知义务，债务人在接到债权转让协议的通知并知悉了转让的内容之后转让协议即生效。所以，不能依据债权人与受让人签订的债权转让协议时间确认债权转让生效时间，应以债权人履行了合理、恰当的通知义务且债务人知悉所转让债权和转让内容为要件。

要点三：如果债务人不同意债权人转让债权的，是否影响债权转让的效力？

债权转让的效力以债权本身是否具有可转让性和债权人是否通知到债务人等为标准，而不以债务人是否同意债权人转让为标准。只要被转让的债权不违背相关法律法规，债权转让过程符合相关程序，被转让的债权合同没有改变原合同内容，没有增加债务人的义务，其债权转让就应有效，不应依据债务人对债权转让的同意与否来判断债权转让的效力。

要点四：存在担保责任的债权，债权转让前债权人是否必须通知担保人？如果担保人不同意债权人转让债权的，是否影响债权转让的效力？

对于债权债务而言，借款合同属于主合同，担保合同属于从合同。根据《中华人民共和国民法典》第五百四十七条第一款的规定，债权人转让债权的，受让人取得与债权有关的从权利。可见，担保权是随主债权转让的，担保人对主债权的担保责任并不受担保人是否被通知的影响。担保人对于债权转让同意与否不影响债权转让的效力，但其前提是合同中没有事先约定主债权不得转让或如果主债权转让担保人不再承担担保责任的条款。

要点五：经赋予强制执行效力的公证债权转让后，公证机构还可以签发执行证书吗？

对被赋予强制执行效力的公证债权文书，在债权转让协议载明了原合同具体内容和原债权人同意转让申请人民法院强制执行的权利的，或有足够证据证明债权人同意转让申请人民法院强制执行的权利的，当债务人违约时，应债权受让人的申请，公证机构就应依据程序签发执行证书。当被赋予公证强制执行效力的债权文书经过几次合法程序转让后，最后受让人是否仍有权持相关材料向公证机构申请出具执行证书呢？关于债权转让的次数法律法规及相关文件均无限制，只要债权合法，债权转让不违背相关法律法规及合同约定，转让程序即合法，原债权人同意转让申请人民法院强制执行的权利的，公证机构仍然会为债权受让人签发执行证书。

案例评析

毛某某与刘某某民间借贷纠纷案*

对上诉人毛某某与被上诉人刘某某民间借贷纠纷一案，一审法院认为：参照司法部经征求最高人民法院意见后对四川省司法厅的请示，根据《中华人民共和国民事诉讼法》第二百三十八条规定，本案中，原告所受让的债权系经公证的具有强制执行效力的合同债权，不属于人民法院受理民事诉讼的范围，依法应当驳回起诉。一审法院裁定：驳回原告毛某某的起诉。

二审法院认为：根据《司法部关于经公证的具有强制执行效力的合同的债权依法转让后，受让人能否持原公证书向公证机构申请出具执行证书问题的批复》的规定，本案中，毛某某作为受让人，虽持原公证书、债权转让协议，但因无法提供原债权人张某某同意转让申请人民法院强制执行的权利的证明材料，故而河南省郑州市黄河公证处出具了不予出具债权文书公证书的执行证明。据此，毛某某无法依据具有强制执行效力的公证债权文书向人民法院申请强制执行。综上，毛某某依据债权转让协议，请求刘某某承担还

---

* （2016）豫 01 民终 9349 号。

款责任，符合《中华人民共和国民事诉讼法》的规定，法院应予受理。毛某某的上诉请求成立，法院予以支持。二审法院裁定如下：撤销一审法院的民事裁定；指令河南省郑州市高新技术产业开发区人民法院对本案进行审理。

法条链接

《中华人民共和国民法典》

第五百四十五条　债权人可以将债权的全部或者部分转让给第三人，但是有下列情形之一的除外：

（一）根据债权性质不得转让；

（二）按照当事人约定不得转让；

（三）依照法律规定不得转让。

当事人约定非金钱债权不得转让的，不得对抗善意第三人。当事人约定金钱债权不得转让的，不得对抗第三人。

第五百四十六条　债权人转让债权，未通知债务人的，该转让对债务人不发生效力。

债权转让的通知不得撤销，但是经受让人同意的除外。

第五百四十七条　债权人转让债权的，受让人取得与债权有关的从权利，但是该从权利专属于债权人自身的除外。

受让人取得从权利不因该从权利未办理转移登记手续或者未转移占有而受到影响。

《司法部关于经公证的具有强制执行效力的合同的债权依法转让后，受让人能否持原公证书向公证机构申请出具执行证书问题的批复》

四川省司法厅：

你厅《关于能否办理赋予强制执行效力的借款合同的债权转让后 债权人持原公证书申办执行证书能否出证的请示》（川司法〔2005〕68号）收悉。经研究，并征求最高人民法院意见，批复如下：

债权人将经公证的具有强制执行效力的合同的债权依法转让给第三人的，受让人持原公证书、债权转让协议以及债权人同意转让申请人民法院强制执行的权利的证明材料，可以向公证机构申请出具执行证书。

此复。

二〇〇六年八月十五日

（陈德强公证员）

89 逝者生前使用的手机号码，亲人可否继续使用？能否通过公证方式办理移交？

公证员意见

手机号码与我们每个人的生活息息相关，随着手机号码实名制的推进和完善，手机号码往往与使用者的个人信息、商业信息、网络信息服务及财产资源等相关联，手机号码的使用价值今非昔比。通常，手机号码使用者通过与电信运营商签订电信服务合同并支付对价的方式间接取得电话号码的使用权，这种使用权会因合同期限届满或出现合同约定终止使用的情形时被电信运营商收回，故电信用户取得的号码使用权系"有期"的使用权，这类似于"财产租赁权"。

《中华人民共和国民法典》对民事主体的数据、网络虚拟财产作出了保护性规定。手机号码具备了法律上的财产属性，即价值性、稀缺性、可控性以及可流转性，其一定程度上承载着附加经济利益，但确切来说，它属于一种虚拟财产。现实生活中，逝者的继承人经常基于对逝者的思念之情继续使用逝者生前使用的手机号码，并因逝者生前使用的手机号码存在大量的客户信息，手机号码与可能存有资金的微信、支付宝、银行卡号等相关联等原因，逝者继承人需要继续使用逝者生前的手机号码。

我国现行立法尚未对手机号码的继承问题作出明确规定。但是，根据手机号码的权属属性，实践中，手机号码使用者逝世后，在电信部门许可的情况下，其法定继承人是可以通过办理继受使用协议书公证方式来继续使用逝者生前使用的手机号码的。

根据法律规定，手机号码的所有权归属国家，未经电信主管部门批准，任何单位或者个人不得擅自启用号码资源。所以，直接使用者对其使用的手机号码并不具有所有权。因逝者对其使用的手机号码没有所有权，其继承人自然也就没有继承手机号码使用权的法律依据。所以说，单纯的手机号码继承是没有法律依据的，也就是说我们的手机号码是不能被继承的。但继承人有继续使用逝者生前手机号码的需求的，公证机构可以依据继承人之间所缔结的协议出具《手机号码继受使用协议书》公证文书。

在办理该项公证时，公证机构会告知缔约人逝者生前使用的手机号码上存在的复合性权利，以及由此可能产生的道德风险和法律风险，等等。协议书的主要内容涉及约定处置的手机号码登记人的变更、手机号码继续使用权的归属、其他人对使用权及复合性权利的放弃，等等。同时，协议还载明协议经电信运营商同意后生效。继续使用手机号码的继承人可以凭借公证机构出具的《手机号码继受使用协议书》公证文书到指定的电信营业厅办理该手机号码继续使用变更登记。

案例评析

公证移交逝者手机号码使用权案*

王某某与妻子范某某经商多年，生意越做越大，但一场车祸让范某某失去了生命，留下年迈的父亲和丈夫王某某以及未成年的女儿。因为平时生意上的往来客户和对外联系基本都留存的是范某某生前使用的手机号码，丈夫王某某及范某某的家人想继续使用范某某生前使用的手机号码，如此既可以使对范某某的怀念有所归处，也可以与生意上的客户继续保持联系。另外，范某某生前的手机号码与其生前使用的微信、支付宝等相关联。故，家人商量后决定继续使用范某某生前使用的手机号码，但到电信营业部门进行变更登记时，工作人员告知范某某家人可以就逝者生前的手机号码到公证机构办理继承公证，持公证书办理过户手续。

范某某的丈夫王某某到公证处咨询后，公证员告知王某某，因为范某某生前所使用的手机号码并不属于范某某生前所有，不属于范某某的遗产，所

---

* （2020）鲁德州众信证民字第 290 号。

以不能办理手机号码的继承公证，但在电信部门允许范某某家人继续使用范某某生前所使用的手机号码的情况下，范某某的第一顺位继承人可以协商由谁使用该手机号码后，共同签订《手机号码继受使用协议书》。范某某的父亲、丈夫王某某及其女儿（因为女儿是未成年人，因此由其法定监护人王某某代为处理该事项）在公证处签订了《手机号码继受使用协议书》，协议中约定了范某某生前使用的手机号码由王某某继续使用，其他人放弃继续使用的权利。随后，公证机构出具了公证书，范某某生前使用的手机号码顺利过户到王某某名下，由王某某继续使用。

法条链接

《中华人民共和国民法典》

第一百一十一条　自然人的个人信息受法律保护。任何组织或者个人需要获取他人个人信息的，应当依法取得并确保信息安全，不得非法收集、使用、加工、传输他人个人信息，不得非法买卖、提供或者公开他人个人信息。

第一百二十七条　法律对数据、网络虚拟财产的保护有规定的，依照其规定。

《电信网码号资源管理办法》

第三条　码号资源属于国家所有。国家对码号资源实行有偿使用制度，具体收费标准和收费办法另行制定。

《电话用户真实身份信息登记规定》

第六条　电信业务经营者为用户办理入网手续时，应当要求用户出示有效证件、提供真实身份信息，用户应当予以配合。

用户委托他人办理入网手续的，电信业务经营者应当要求受托人出示用户和受托人的有效证件，并提供用户和受托人的真实身份信息。

（陈德强公证员）

90 我的官司打赢了，对方却不履行义务，我该怎么办？

法官意见

如果对方拒不履行生效法律文书确定的义务，获得胜诉判决的当事人可以向法院申请强制执行。简单来讲，法院的业务部门主要分为审判部门和执行部门。审判部门主要解决权利确定的问题，即裁判输赢；执行部门主要解决权利实现的问题，即裁判执行。如同审判一样，执行也遵循着不告不理的原则，就算官司打赢了，如果当事人没有向法院申请强制执行，一般情况下法院是不会主动介入执行程序的。那么，向法院申请强制执行时需要注意哪些问题呢？法院会怎么执行呢？

意见一：不要超过执行时效才去申请执行。

我国法律规定申请执行的期间是两年。如果超过两年才向法院申请强制执行的，虽然法院也会受理，但是一旦被执行人提出了异议，法院很可能会裁定不予执行。

意见二：申请强制执行是免费的，强制执行所产生的执行费用由被执行人负担。

申请执行人只要备齐申请执行书、生效法律文书副本、申请执行人的身份证明等材料就可去法院立案。需要特别强调的是，申请强制执行时，申请执行人一定要向法院提供详实的明确的被执行人个人信息以便法院能够有的放矢、快速执行，如被执行人的手机号码、居住地址、财产状况等。申请执行人向法院提供的信息越多，法院执行到位的概率也就越大。

意见三：向有管辖权的法院申请强制执行。

一般情况下判决书是由第一审人民法院或者与第一审人民法院同级的被执行的财产所在地人民法院执行，至于选择上述哪个法院申请强制执行，申请执行人可以综合是否方便法院处置财产、是否方便自己出行办事等因素自行决定。

意见四：法院立案后会指定经办人对被执行人的财产进行调查，包括查询被执行人是否有银行存款、房产、车辆等，特殊情况下法院还会进行搜查、发布执行悬赏公告等。

对查询到的可供执行财产，法院会采取查封、冻结、扣押等措施，防止这些财产被转移。对于查封、冻结、扣押的财产，如果是银行存款的，法院会直接划拨到法院账户；如果是房产的，法院会进行评估拍卖；如果是车辆的，必须先扣押，法院才能进行评估拍卖。对于执行到位的案款，法院会在扣除执行费用后发放给申请执行人。如果出现多个申请执行人对被执行人享有债权的情况，法院就会对案款进行分配。不管被执行人有没有财产、申请执行人的债权是否得到实现，经过一段时间的执行，法院就要进行结案。当然，法院会区分不同情况选择不同的结案方式，比如对于没有财产可供执行的案件，法院会以终结本次执行程序的方式结案，结案后有财产可供执行的，申请执行人仍然可以申请恢复执行，而对于全部执行到位的案件，法院则以执行完毕的方式结案。除上述程序外，有的执行案件还包括追加、变更当事人或者执行异议、复议甚至拘留、罚款被执行人等。所以说，强制执行程序并没有想象中那么简单，强制执行的工作量也不小。只有明白了这些，我们对法院的执行工作才会多一份理解。

案例评析

被执行人某公司提出申请执行时效异议案*

成都市中级人民法院依据已经发生法律效力的（1997）川民终字第64—99号民事判决书受理了赵某某申请执行某公司购房合同纠纷一案。执行过程中，被执行人某公司向法院提出异议称，对于赵某某与某公司购房合同纠纷一案，四川省高级人民法院于1997年8月7日作出了（1997）川民终字第64—99号民事判决书，根据《中华人民共和国民事诉讼法》第二百三十九条的规定，申请执行的期间为二年，而赵某某于2017年1月22日才

---

* （2017）川01执异2659号。

向法院申请强制执行，已经超过申请执行时效期间。根据相关法律的规定，请求人民法院不予执行（2017）川 01 执 219 号案件。

法院查明，赵某某与某公司购房合同纠纷一案，四川省高级人民法院于 1997 年 8 月 7 日作出了（1997）川民终字第 64—99 号民事判决书："……某集团（成都）房地产开发有限公司退还赵某购房等款 82 158 元及利息……"该判决于 1997 年 9 月 2 日发生法律效力。赵某某于 2017 年 1 月 17 日向法院申请强制执行，法院于 2017 年 1 月 22 日立案受理此案，执行案号：（2017）川 01 执 219 号。

法院认为，赵某某申请强制执行的依据为四川省高级人民法院于 1997 年 8 月 7 日作出的（1997）川民终字第 64—99 号民事判决书，该判决已于 1997 年发生法律效力，赵某某于 2017 年 1 月 22 日依据该判决申请强制执行，已超过两年的申请执行时效期间，且其未提交证据证明存在执行时效中止、中断的情形。现某公司对赵某某申请执行时效期间提出异议，根据 2015 年《最高人民法院关于适用〈中华人民共和国民事诉讼法〉的解释》第四百八十三条第一款的规定，法院裁定对赵某某申请强制执行某公司财产的事项不予执行。

法条链接

《中华人民共和国民事诉讼法》

第二百四十六条　申请执行的期间为二年。申请执行时效的中止、中断，适用法律有关诉讼时效中止、中断的规定。

前款规定的期间，从法律文书规定履行期间的最后一日起计算；法律文书规定分期履行的，从最后一期履行期限届满之日起计算；法律文书未规定履行期间的，从法律文书生效之日起计算。

《最高人民法院关于适用〈中华人民共和国民事诉讼法〉的解释》

第四百八十一条　申请执行人超过申请执行时效期间向人民法院申请强制执行的，人民法院应予受理。被执行人对申请执行时效期间提出异议，人民法院经审查异议成立的，裁定不予执行。

被执行人履行全部或者部分义务后，又以不知道申请执行时效期间届满为由请求执行回转的，人民法院不予支持。

《最高人民法院关于人民法院执行工作若干问题的规定（试行）》

18. 申请执行，应向人民法院提交下列文件和证件：

（1）申请执行书。申请执行书中应当写明申请执行的理由、事项、执行标的，以及申请执行人所了解的被执行人的财产状况。

……

（2）生效法律文书副本。

（3）申请执行人的身份证明。自然人申请的，应当出示居民身份证；法人申请的，应当提交法人营业执照副本和法定代表人身份证明；非法人组织申请的，应当提交营业执照副本和主要负责人身份证明。

（4）继承人或权利承受人申请执行的，应当提交继承或承受权利的证明文件。

（5）其他应当提交的文件或证件。

（韩世勇法官）

91 夫妻共同住房能否因一方个人债务而被法院执行？

律师意见

2021年1月1日起施行的《中华人民共和国民法典》第一千零六十四条规定，涉及夫妻个人债务及共同债务案件的执行，对于个人债务，应当以该个人一方的财产偿还；对于夫妻共同债务，则夫妻双方均有义务偿还，包括夫妻共同财产和各自的个人财产。

实践中，债务人的债务已被明确是夫妻一方的个人债务，那么法院能否执行债务人夫妻共同居住的房屋？

《中华人民共和国民事诉讼法》第二百五十一条第一款规定，被执行人未按执行通知履行法律文书确定的义务，人民法院有权查封、扣押、冻结、拍卖、变卖被执行人应当履行义务部分的财产。但应当保留被执行人及其所扶养家属的生活必需品。《最高人民法院关于人民法院民事执行中查封、扣押、冻结财产的规定》第五条规定，对于超过被执行人及其所扶养家属生活所必需的房屋和生活用品，人民法院根据申请执行人的申请，在保障被执行人及其所扶养家属最低生活标准所必需的居住房屋和普通生活必需品后，可予以执行。因此，夫妻共同住房为登记在被执行人名下的不动产，法院可以予以执行，但被执行人往往以夫妻共同居住的房屋为被执行人及其所抚养家属的生活必需品为由，向法院提出执行异议。根据《最高人民法院关于人民法院办理执行异议和复议案件若干问题的规定》第二十条规定，"金钱债权执行中，符合下列情形之一，被执行人以执行标的系本人及所扶养家属维持生活必需的居住房屋为由提出异议的，人民法院不予支持：（一）对被执行人有扶养义务的人名下有其他能够维持生活必需的居住房屋的；（二）执行依据生效后，被执行人为逃避债务转让其名下其他房屋的；（三）申请执行人按照当地廉租住房保障面积标准为被执行人及所扶养家属提供居住房屋，或者同意参照当地房屋租赁市场平均租金标准从该房屋的变价款中扣除五至八年租金的"。

因此，法院在执行债务人的案件时，只要债权人申请，一般都是在拍卖债务人夫妻共同居住的房屋后，给债务人留出当地房屋租赁市场平均租金标准五到八年的租金。

律师提醒：夫妻一方因个人债务导致无法偿还，即使夫妻共同居住的房屋是债务人唯一住房，在满足一定条件下，法院仍可依法处置其唯一房产用于偿债。

案例评析

许某等与张某等民间借贷纠纷执行案*

被执行人许某、陈某就其与张某、陈某民间借贷一案，不服海口市中级人民法院判决将许某、陈某名下的房屋强制执行用以偿还债务，依法向海南省高级人民法院申请复议：根据《最高人民法院关于人民法院民事执行中查封、扣押、冻结财产的规定》第六条，法院处置的房屋系被执行人及其所扶养家属必需的居住房屋，对该房产强制执行剥夺了被执行人及其所扶养家属最基本的生存权，明显违反了法律规定。

---

* （2015）琼执复字第25号。

海南省高级人民法院认为，其一，《最高人民法院关于人民法院办理执行异议和复议案件若干问题的规定》第二十条第一款第三项明确规定：金钱债权执行中，符合下列情形之一，被执行人以执行标的系本人及所扶养家属维持生活必需的居住房屋为由提出异议的，人民法院不予支持：申请执行人按照当地廉租住房保障面积标准为被执行人及所扶养家属提供居住房屋，或者同意参照当地房屋租赁市场平均租金标准从该房屋的变价款中扣除五至八年租金的。本案已符合这一条件，人民法院依法可以处置其唯一房产用于偿债。这也是反制规避执行，解决"执行难"问题的重要举措。其二，申请执行人在异议期间已向执行法院书面同意依《最高人民法院关于人民法院办理执行异议和复议案件若干问题的规定》第二十条第一款第三项规定，按照当地廉租房住房保障面积标准为被执行人及其所扶养家属提供居住房，或者参照当地房屋租赁市场平均租金标准从该房屋的变价款中扣除最长期限为五年的租房租金，符合司法解释的规定。被执行人则要求：一定要拍卖时，应当扣除八年的租金。这也是司法解释所允许的。具体执行过程中，可由执行法院，根据房屋处置的总价值、可分配的实际款项，在既能保障被执行人及其所扶养家属基本居住条件，又能实现申请执行人债权利益的情况下，由执行法官根据被执行人职业收入情况进行自由裁量。其三，法律保障的是被执行人的居住权，而非房屋所有权，这种居住权应当是被执行人及其所扶养家属生活所必需的，且保障是有期限的，被执行人不能利用法律对其生存权的保障来逃避执行。

综上所述，裁定驳回许某、陈某的复议申请。

法条链接

《中华人民共和国民法典》

第二百四十四条 国家对耕地实行特殊保护，严格限制农用地转为建设用地，控制建设用地总量。不得违反法律规定的权限和程序征收集体所有的土地。

《最高人民法院关于人民法院民事执行中查封、扣押、冻结财产的规定》

第五条 对于超过被执行人及其所扶养家属生活所必需的房屋和生活用品，人民法院根据申请执行人的申请，在保障被执行人及其所扶养家属最低生活标准所必需的居住房屋和普通生活必需品后，可予以执行。

《最高人民法院关于人民法院办理执行异议和复议案件若干问题的规定》

第二十条第一款 金钱债权执行中，符合下列情形之一，被执行人以执行标的系本人及所扶养家属维持生活必需的居住房屋为由提出异议的，人民法院不予支持：

（一）对被执行人有扶养义务的人名下有其他能够维持生活必需的居住房屋的；

（二）执行依据生效后，被执行人为逃避债务转让其名下其他房屋的；

（三）申请执行人按照当地廉租住房保障面积标准为被执行人及所扶养家属提供居住房屋，或者同意参照当地房屋租赁市场平均租金标准从该房屋的变价款中扣除五至八年租金的。

（王学堂律师）

92 借名买房存在哪些法律风险？

律师意见

近年来，为了防止我国房价过快上涨，国务院和地方政府出台了一系列"限购令"，包括限制购房资格、购房数量和贷款条件，等等；同时，为了调整住房供应结构、妥善解决中低收入群体的住房问题，国家推出了经济适用房、限价商品房等政策性住房；还有一些单位向员工出售具有内部福利性质的单位集资房，不过只有符合条件的内部员工才能购买。因此，由于受某种条件限制不具备购房资格而使用他人名义购买房屋，于是就出现了"借名买房"的现象。

借名买房是指房屋实际出资人（借名人）与名义购房人（出名人）之间达成关于使用出名人的名义购买房屋并进行登记，但房屋归属于借名人所有的契约。现实生活中，往往会出现出名人不愿意协助办理过户，导致实际购买人最终无法获得房屋产权等法律风险。要厘清其中的法律风险，需分不同的情况进行讨论。

要点一：为规避"限购令"所签订借名买房合同的法律效力。

探究为规避"限购令"所签订借名买房合同的法律效力问题，最主要分析其是否违反《中华人民共和国民法典》第一百五十三条的规定。

根据《中华人民共和国民法典》第一百五十三条："违反法律、行政法规的强制性规定的民事法律行为无效。但是，该强制性规定不导致该民事法律行为无效的除外。违背公序良俗的民事法律行为无效。"实务界在处理借名买房行为时，对于那些规避国家相关房屋管控政策的行为通常会认为是无效的。

综上所述，为规避"限购令"所签订借名买房合同原则上是无效的。

要点二：为购买经济适用房所签订借名买房合同的效力。

经济适用房是以中低收入家庭、住房困难户为供应对象，并按国家、住宅建设标准建设的普通住宅。其根据国家经济适用住房建设计划安排建设的住宅，由国家统一下达计划，用地一般实行行政划拨的方式，免收土地出让金，对各种经批准的收费实行减半征收，出售价格实行政府指导价，按保本微利的原则确定。购买经济适用房所签订借名买房合同损害了其他符合购买经济适用住房资格人的利益。根据《中华人民共和国民法典》第一百五十四条"行为人与相对人恶意串通，损害他人合法权益的民事法律行为无效"的规定，认定借名人与出名人之间存在恶意串通，损害他人合法权益而无效。

要点三：为购买内部福利性质的单位集资房所签订借名买房合同的效力。

为购买内部福利性质的单位集资房所签订借名买房合同，不涉及第三人的利益，不违反法律、行政法规的强制性规定和公序良俗，因此该类借名买房合同应当是有效的。

案例评析

吴某某与田某某所有权确认纠纷案 *

根据双方当事人的陈述发生"借名买房"或"代持"的原因是，在武汉市商品房买卖实施限购政策的情况下，原告明知其不符合购房资格，通过"借名买房"或"代持"规避相关限购政策。该行为严重扰乱相关房地产市场秩序及相关国家政策的实施执行，如本院只基于出资行为作出物权归属及物权变更的价值判断，有悖于物权法确立的物权登记原则，也使原告规避行为合法化，不利于诉讼判决对当事人行为规范的指针作用。另外，对于被告现阶段是否具有购房资格的问题，原告与第三人在离婚时，诉争房所有权登记在被告名下，其离婚时达成对诉争房作为共同财产分割的约定属无权处分，只有在确认诉争房归原告及第三人共同所有后，原告及第三人才有权在离婚时处置诉争房的所有权归属，故对于被告是否具有购房资格应以离婚时夫妻共同所有的房屋为依据，而原告与第三人离婚时夫妻双方名下有三套住房，被告不具有购房资格，其行为仍属规避行为。

法条链接

《中华人民共和国民法典》

第一百五十三条　违反法律、行政法规的强制性规定的民事法律行为无效。但是，该强制性规定不导致该民事法律行为无效的除外。

违背公序良俗的民事法律行为无效。

（王学堂律师）

---

* （2018）鄂 0103 民初 2702 号。

93　我对法院的判决不服，可以不履行判决吗？会有哪些法律风险？

律师意见

当生效判决的义务人拒不履行义务时，权利人可以持生效文书申请法院强制执行，法院会对被执行人采取以下措施。

措施一：法院直接冻结、扣划银行账户、网络虚拟账户内存款。

法院可直接冻结、扣划被执行人名下银行账户存款。近年来，随着互联网技术的发展，越来越多的银行被纳入法院的查控系统，法院可通过在线办公方式，一键查询被执行人名下各银行账户的信息，并直接实现在线冻结和扣划。不仅如此，支付宝、微信支付等网络虚拟交易账户中的资金，也属于法院可执行的被执行人财产范围。法院可直接对这些被执行人账户中的资金进行冻结和扣划。

措施二：执行唯一住房。

《最高人民法院关于人民法院办理执行异议和复议案件若干问题的规定》第二十条规定，在符合条件的情况下，即使被执行人名下仅有一套住房的，仍然可以执行唯一住房。

措施三：执行离休金或退休金。

2002年《最高人民法院研究室关于执行程序中能否扣划离退休人员离休金退休金清偿其债务问题的答复》规定，在离退休人员的其他可供执行的财产或者收入不足以偿还其债务的前提下，人民法院可以要求其离退休金发放单位或者社会保障机构协助扣划其离休金或退休金，用以偿还该离退休人员的债务。

措施四：执行被执行人养老金。

2014年6月26日发布的《最高人民法院关于能否要求社保机构协助冻结、扣划被执行人的养老金问题的复函》明确确认社会保障机构作为养老金发放机构，有义务协助人民法院冻结、扣划被执行人应得的养老金。

措施五：执行被执行人配偶的财产。

《中华人民共和国民法典》第一千零六十四条明确规定夫妻双方共同签名或者夫妻一方事后追认等共同意思表示所负的债务，以及夫妻一方在婚姻关系存续期间以个人名义为家庭日常生活需要所负的债务，属于夫妻共同债务。夫妻一方在婚姻关系存续期间以个人名义超出家庭日常生活需要所负的债务，不属于夫妻共同债务；但是，债权人能够证明该债务用于夫妻共同生活、共同生产经营或者基于夫妻双方共同意思表示的除外。

措施六：强制执行未成年子女来历不明巨额财产。

被执行人为逃避债务，会采取将财产转移到子女名下的措施，目前法院已经明确认定，被执行人未成年子女名下来历不明的巨额财产，也可被执行。

措施七：限制高消费。

2015 年 7 月 22 日起施行的《最高人民法院关于限制被执行人高消费及有关消费的若干规定》第三条第一款规定，限制被执行人有如下高消费行为：乘坐交通工具时，选择飞机、列车软卧、轮船二等以上舱位；在星级以上宾馆、酒店、夜总会、高尔夫球场等场所进行高消费；购买不动产或者新建、扩建、高档装修房屋；租赁高档写字楼、宾馆、公寓等场所办公；购买非经营必需车辆；旅游、度假；子女就读高收费私立学校；支付高额保费购买保险理财产品；乘坐 G 字头动车组列车全部座位、其他动车组列车一等以上座位等其他非生活和工作必需的消费行为。

措施八：纳入失信被执行人名单。

《最高人民法院关于公布失信被执行人名单信息的若干规定》（2017 修正）第一条规定："被执行人未履行生效法律文书确定的义务，并具有下列情形之一的，人民法院应当将其纳入失信被执行人名单，依法对其进行信用惩戒：（一）有履行能力而拒不履行生效法律文书确定义务的；（二）以伪造证据、暴力、威胁等方法妨碍、抗拒执行的；（三）以虚假诉讼、虚假仲裁或者以隐匿、转移财产等方法规避执行的；（四）违反财产报告制度的；（五）违反限制消费令的；（六）无正当理由拒不履行执行和解协议的。"

措施九：追究刑事责任。

这也是最为严厉的一项措施，《中华人民共和国刑法》第三百一十三条规定了拒不执行判决、裁定罪，同时规定了对人民法院的判决、裁定有能力执行而拒不执行行为相应的刑事处罚。

案例评析

李某拒不执行判决、裁定罪案*

上海市普陀区人民法院审理了上海市普陀区人民检察院指控被告人李某犯拒不执行判决、裁定罪一案，并于 2019 年 1 月 24 日作出了（2019）沪 0107 刑初 68 号刑事判决。被告人李某不服，提出上诉。二审法院认为，上诉人李某对人民法院的判决有能力执行而拒不执行，情节严重，其行为已构成拒不执行判决、裁定罪。原审鉴于被告人李某到案后如实供述自己的罪行，依法可从轻处罚。在一审宣告判决前，被告人李某已履行部分执行义务，可对被告人李某酌情从宽处罚。李某在一审判决前对指控的事实及罪名等均无异议，并签署了《认罪认罚具结书》，但其现上诉称其不构成犯罪。经查，2016 年 3 月 25 日，杨某某、周某某将房屋折价款打入法院账户，同年 4 月 26 日取得系争房屋产权证后，李某仍居住于系争房屋拒绝搬离。同年 11 月 10 日，普陀区人民法院出具执行通知书责令李某搬离系争房屋后，李某仍拒绝搬离。2018 年 4 月至 8 月，普陀区人民法院以张贴公告、传票、短信、电话通知等方式多次责令被告人李某限期搬离，但李某始终拒绝搬离长寿路的系争房屋，故李某及其辩护人关于其因未收到补偿款而没有搬离，李某不构成犯罪等的辩解及辩护意见，与已查明的事实及证据不符，二审法院不予采纳。原审法院根据上诉人李某犯罪的事实、情节、后果及对社会的危害程度，依法作出的判决并无不当，且审判程序合法。上海市人民检察院第二分院的意见正确。据此，依照《中华人民共和国刑事诉讼法》第二百三十六条第一款第一项之规定，裁定如下：驳回上诉，维持原判。

* （2019）沪 02 刑终 533 号。

法条链接

《中华人民共和国刑法》

第三百一十三条　对人民法院的判决、裁定有能力执行而拒不执行，情节严重的，处三年以下有期徒刑、拘役或者罚金；情节特别严重的，处三年以上七年以下有期徒刑，并处罚金。

单位犯前款罪的，对单位判处罚金，并对其直接负责的主管人员和其他直接责任人员，依照前款的规定处罚。

（孟圆律师）

94　被执行人不履行判决的，在什么情况下可以追究被执行人的刑事责任？

律师意见

我国刑法规定，被执行人、协助执行义务人、担保人等负有执行义务的人对人民法院的判决、裁定有能力执行而拒不执行，情节严重的，以拒不执行判决、裁定罪处罚。不履行调解书、支付令、仲裁裁决、公证债权文书的执行裁定，也可构成拒不执行判决、裁定罪。当被执行人出现了法律规定的情节构成拒不执行判决、裁定罪的，作为申请执行人，可以通过什么途径维护法律尊严及自身权益呢？

意见一：由人民检察院向人民法院提起公诉。

我国刑事案件一般都由公安机关或者人民检察院进行立案侦查。因此，申请执行人可以向公安机关提交控告材料，由公安机关决定是否准予立案。人民法院也可以向公安机关移送拒不执行判决、裁定罪的线索，由公安机关决定是否予以立案。

立案后公安机关对案件进行侦查，侦查终结符合移送起诉条件的，向检察机关移送审查起诉，再由检察机关向法院提起公诉，法院审理后作出判决。

意见二：由申请执行人进行自诉。

《最高人民法院关于审理拒不执行判决、裁定刑事案件适用法律若干问题的解释》将拒不执行判决、裁定罪的追诉模式由以往的单一公诉模式改为公诉、自诉并行模式。

自诉人提起拒不执行判决、裁定罪自诉案件的条件有二：一是负有执行义务的人拒不执行判决、裁定，侵犯了申请执行人的人身、财产权利，应当依法追究刑事责任；二是申请执行人须曾经提出过控告，而公安机关或者人民检察院对负有执行义务的人不予追究刑事责任。申请执行人或代理人须在诉讼时效内，向执行法院所在地的基层人民法院提交刑事自诉状及相关证据材料。

案例评析

郭某拒不执行判决、裁定罪二审案*

2015 年 6 月 13 日，因民间借贷纠纷，法院判决被告人郭某偿还杨某欠款人民币 200 万元及利息。同年 12 月 1 日，杨某向人民法院申请强制执行，执行法院裁定查封、扣押、冻结郭某及其保证人张某价值相当于 3 539 322.74 元及利息的财产。执行过程中，郭某多次以妻子的名义接收工程欠款共计 285 000 元，并未向法院进行申报，还将其中部分款项用于归还其私人借款。2017 年 11 月 20 日，郭某经通知主动到案，被采取取保候审强制措施。在取保候审期间，郭某经公安机关传唤未到案，后被抓获归案。郭某到案后多次向执行法院缴交部分执行款。

一审法院认为，被告人郭某作为被执行人，隐藏、转移财产，对人民法院的判决、裁定有能力执行而拒不执行，情节严重，其行为已构成拒不执行判决、裁定罪。郭某到案后如实供述自己罪行，依法可以对其从轻处罚。法院判决被告人郭某犯拒不执行判决、裁定罪，判处有期徒刑一年六个月。

---

* （2019）闽 06 刑终 437 号刑事裁定书。

法条链接

《中华人民共和国刑法》

第三百一十三条　对人民法院的判决、裁定有能力执行而拒不执行，情节严重的，处三年以下有期徒刑、拘役或者罚金；情节特别严重的，处三年以上七年以下有期徒刑，并处罚金。

单位犯前款罪的，对单位判处罚金，并对其直接负责的主管人员和其他直接责任人员，依照前款的规定处罚。

《最高人民法院关于审理拒不执行判决、裁定刑事案件适用法律若干问题的解释》

第一条　被执行人、协助执行义务人、担保人等负有执行义务的人对人民法院的判决、裁定有能力执行而拒不执行，情节严重的，应当依照刑法第三百一十三条的规定，以拒不执行判决、裁定罪处罚。

第二条　负有执行义务的人有能力执行而实施下列行为之一的，应当认定为全国人民代表大会常务委员会关于刑法第三百一十三条的解释中规定的"其他有能力执行而拒不执行，情节严重的情形"：

（一）具有拒绝报告或者虚假报告财产情况、违反人民法院限制高消费及有关消费令等拒不执行行为，经采取罚款或者拘留等强制措施后仍拒不执行的；

（二）伪造、毁灭有关被执行人履行能力的重要证据，以暴力、威胁、贿买方法阻止他人作证或者指使、贿买、胁迫他人作伪证，妨碍人民法院查明被执行人财产情况，致使判决、裁定无法执行的；

（三）拒不交付法律文书指定交付的财物、票证或者拒不迁出房屋、退出土地，致使判决、裁定无法执行的；

（四）与他人串通，通过虚假诉讼、虚假仲裁、虚假和解等方式妨害执行，致使判决、裁定无法执行的；

（五）以暴力、威胁方法阻碍执行人员进入执行现场或者聚众哄闹、冲击执行现场，致使执行工作无法进行的；

（六）对执行人员进行侮辱、围攻、扣押、殴打，致使执行工作无法进行的；

（七）毁损、抢夺执行案件材料、执行公务车辆和其他执行器械、执行人员服装以及执行公务证件，致使执行工作无法进行的；

（八）拒不执行法院判决、裁定，致使债权人遭受重大损失的。

第三条 申请执行人有证据证明同时具有下列情形，人民法院认为符合刑事诉讼法第二百一十条第三项规定的，以自诉案件立案审理：

（一）负有执行义务的人拒不执行判决、裁定，侵犯了申请执行人的人身、财产权利，应当依法追究刑事责任的；

（二）申请执行人曾经提出控告，而公安机关或者人民检察院对负有执行义务的人不予追究刑事责任的。

《最高人民法院关于拒不执行判决、裁定罪自诉案件受理工作有关问题的通知》

二、人民法院向公安机关移送拒不执行判决、裁定罪线索，公安机关决定不予立案或者在接受案件线索后 60 日内不予书面答复，或者人民检察院决定不起诉的，人民法院可以向申请执行人释明；申请执行人有证据证明负有执行义务的人拒不执行判决、裁定侵犯了其人身、财产权利，应当依法追究刑事责任的，人民法院可以以自诉案件立案审理。

三、公安机关接受申请执行人的控告材料或者人民法院移送的拒不执行判决、裁定罪线索，经过 60 日之后又决定立案的，对于申请执行人的自诉，人民法院未受理的，裁定不予受理；已经受理的，可以向自诉人释明让其撤回起诉或者裁定终止审理。此后再出现公安机关或者人民检察院不予追究情形的，申请执行人可以依法重新提起自诉。

（邢倩律师）

95 我名下仅有一套房子，法院可以强制拍卖吗？

律师意见

强制执行的目的是人民法院按照法定程序强制义务人完成其所承担的义务，以保证权利人的权利得以实现。部分被执行人以自己名下仅有一套房产，且无其他可被执行财产为由意图排除执行。

根据相关法律规定，当被执行人名下仅有一套房屋时，人民法院基于保护被执行人的生存权的考量，需要考虑被执行人的基本居住权，但是保护基本居住权并不等同于不能执行唯一住房。

（1）法院在执行过程中要保障被执行人的基本居住权，但居住权并非指被执行人必须有自己的房产，而是指被执行人有房屋居住。按照《最高人民法院关于人民法院办理执行异议和复议案件若干问题的规定》第二十条规定，当申请执行人能够按照当地廉租住房保障面积标准为被执行人及所扶养家属提供居住房屋，或者同意参照当地房屋租赁市场平均租金标准从该房屋的变价款中扣除五至八年租金的，法院一般会支持执行该债务人的唯一住房的请求。

（2）不得拍卖被执行人房产的条件是被执行人及其所扶养家属生活所必需的居住房屋，并非被执行人的唯一房产。部分被执行人名下虽然仅有一套房屋，但是其共同生活的配偶或者未成年子女等拥有房产，这些情形均可视为被执行人具有生活必需的居住房屋。

（3）部分被执行人名下房屋并非自己单独所有，或为夫妻共有财产（在此仅指涉案债务仅为被执行人一方债务的情况）或者与其他人共有，在这种情况下，即使房屋具有不可分割性，仍然可以在整体处分房屋后将共有人份额留出。

律师提醒：即使在债务人需要赡养或抚养一家老小且仅有唯一住房的情形下，如果符合条件的，人民法院仍可以执行该债务人的唯一住房。

案例评析

许某某与张某某执行异议案[*]

东丰县人民法院在执行许某某与被执行人张某某借款合同纠纷一案中作出（2018）吉0421执451号执行裁定书，对被执行人张某某所有的位于东丰镇北小区供热楼191栋住宅进行评估、拍卖。被执行人提出执行异议，认

---

[*]（2018）吉04执复45号。

为被执行人的工资已被查封冻结可以执行，但其唯一的住房不应被执行。东丰县人民法院审查后认为其异议理由不符合相关法律规定，裁定驳回异议申请。

复议申请人张某某复议提出，自己的工资已被法院冻结，日后将逐月偿还欠款，因此无必要执行其唯一的住房，造成被执行人无家可归的状况。

法院认为，复议人提出工资已被人民法院冻结日后逐月偿还，但实际上此案被执行人的工资属轮候状态，尚未得到实际执行。对于所提唯一住房被执行后无家可归的问题，相关法律已有明确规定，因此其异议理由并不成立。综上，复议申请人所提出的复议理由法院不予支持。法院裁定驳回复议申请人张某某的复议申请。

法条链接

《最高人民法院关于人民法院办理执行异议和复议案件若干问题的规定》

第二十条 金钱债权执行中，符合下列情形之一，被执行人以执行标的系本人及所扶养家属维持生活必需的居住房屋为由提出异议的，人民法院不予支持：

（一）对被执行人有扶养义务的人名下有其他能够维持生活必需的居住房屋的；

（二）执行依据生效后，被执行人为逃避债务转让其名下其他房屋的；

（三）申请执行人按照当地廉租住房保障面积标准为被执行人及所扶养家属提供居住房屋，或者同意参照当地房屋租赁市场平均租金标准从该房屋的变价款中扣除五至八年租金的。

执行依据确定被执行人交付居住的房屋，自执行通知送达之日起，已经给予三个月的宽限期，被执行人以该房屋系本人及所扶养家属维持生活的必需品为由提出异议的，人民法院不予支持。

（孟圆律师）

96 法院把我购买的房子当作被执行人的财产查封了，我该怎么办？

对于中国大多数的老百姓来说，房子就是家的依托，是生活及幸福的保障。尤其在很多一线城市，由于房价过高，一套房子可能需要耗尽几代人的财富积蓄。实践中，有部分购房者面临一个大"麻烦"，即买房后由于各种原因导致房屋还没有过户到自己名下，就被当成卖房人的财产被司法查封了。买房人应当如何处理此类情况呢？

如果购房者出现了上述情况，一定要积极联系查封房屋执行案件的承办法官，了解执行案件情况，积极提出案外人执行异议。那什么是案外人执行异议呢？通俗地讲，案外人执行异议是指在执行过程中，案外人对执行标的主张自己的权利时所提出的不同意见。执行程序开始后，如果案外人（执行程序以外的人）认为对法院所执行的标的自己有全部或部分的请求权，或认为执行可能影响自己的合法权益的，可以向法院提出案外人执行异议。案外人执行异议的目的在于保护案外人的合法权益，纠正已经执行的生效裁判文书在执行过程中出现的错误。

对于购房人能否排除执行，需要根据被执行人的具体类别区别对待。《最高人民法院关于人民法院办理执行异议和复议案件若干问题的规定》（以下简称《执行异议和复议规定》）第二十八条、第二十九条分别对普通被执行人及房地产开发企业进行了不同的规定。购房人排除执行的前提均是执行案件为金钱债权执行案件，但是《执行异议和复议规定》的第二十八条系普适性条款，适用于所有被执行人。而《执行异议和复议规定》的第二十九条却仅针对被执行人为房地产开发企业的情况，在适用第二十九条的情形下，对案外人的举证要求要小于第二十八条。笔者认为，适用上述两个条文时应主要注意以下问题。

要点一：如何定义"房地产开发企业"？

在司法实践中，部分购房人扩大解释了"房地产开发企业"的范围，认为只要是负责房屋改造、装修等工程的单位，都可被纳入"房地产开发企业"的范围。笔者认为，"房地产开发企业"的定义应当严格参照《房地产开发企业资质管理规定》第二条"本规定所称房地产开发企业是指依法设立、具有企业法人资格的经济实体"以及第三条"房地产开发企业应当按照本规定申请核定企业资质等级。未取得房地产开发资质等级证书（以下简称资质证书）的企业，不得从事房地产开发经营业务"的规定，对"房地产开发企业"的定义不应当作扩大化解释。最高人民法院于2019年11月29日发布的《关于审理执行异议之诉案件适用法律问题的解释（一）》（向社会公开征求意见稿）第十条关于消费者商品房买受人提起的执行异议之诉的处理方式，分别规定了"登记在被执行的房地产开发建设主体名下的商品房""登记在被执行的房地产开发企业名下的商品房"两种情况，这也从侧面说明了在法律没有明确规定的情况下，不应当对"房地产开发企业"作扩大解释。

要点二：如何理解"所购商品房系用于居住且买受人名下无其他用于居住的房屋"？

该条件的要点在于着重把握购房者的"居住需要"。一般情况下可以将买受人名下无其他居住房屋理解为在同一设区的市和县级行政区无其他用于居住的房屋。另外，也要结合购房人家庭成员人数、家庭结构具体情况具体分析。举例来讲，某购买人原有住房仅有20平方米，完全不能满足一家四口的居住需要，但是为了孩子上学，购买人短期内不能出售原房屋，那么在这种情况下，笔者认为，仍可理解为"购买人名下无其他用于居住的房屋"。当然，为了保护各方利益，也不能将买受人局限于"买受人本人"，如果与买受人共同生活的配偶、未成年子女名下有房屋且满足了家庭居住的条件的，可以将此类情况视为"已经具有居住用房"。

要点三：如何理解"非因买受人自身原因未办理过户登记"？

对于购房人因自身原因未办理过户的问题，应当结合具体案件具体分析。为保护购房人的物权期待权，一般情况下，只要购房人实施了向房屋登记机构递交过户登记材料，或向出卖人提出办理过户登记的请求等积极行为的，便可认定符合"非因买受人自身原因未办理过户登记"的条件。如果买受人没有此积极行为，其未办理过户登记有合理的客观理由的，也可认定为符合该条件。

案例评析

霍某某案外人执行异议之诉 *

某信托公司在执行案件中申请查封了被执行人华亿公司名下的 234 套房产，案外人霍某某以自己为其中 4 层 431 房屋的实际房屋所有权人为由提出异议，法院在执行异议阶段支持了霍某某的异议申请，后信托公司不服，提起案外人执行异议之诉。

北京市第三中级人民法院经一审审理认为，被执行人华亿公司作为建设单位实施的仅是装修工程，不能据此认定其为涉案房屋的开发企业，故本案不应当适用《执行异议和复议规定》第二十九条的规定，应当适用《执行异议和复议规定》第二十八条之规定认定"申请是否应当排除对房屋的执行"。本案中，根据查明的事实能够认定霍某某在法院查封涉案房屋之前即与华亿公司签订《北京市存量房屋买卖合同》并支付了全部购房款且已合法占有使用涉案房屋。关于未办理过户登记的原因，经查，涉案房屋具有商业用房性质，霍某某签订该房屋买卖合同时依法具备购房资格，也有过向华亿公司要求办理涉案房屋过户登记的积极行为，未办理房屋过户登记系因华亿公司逾期办理过户登记，北京市住房和城乡建设委员会等《关于进一步加强商业、办公类项目管理的公告》发布所致，双方因此签订的补充协议约定了限购新政实施后办理过户的补充条款，协议系双方真实意思表示，且并不违反国家法律法规的强制性规定。由此可见，霍某某有过向华亿公司要求办理过户登记的积极行为，未办理过户登记也有合理的客观理由，可以认定为"非因买受人自身原因未办理过户登记"。信托公司关于霍某某目前不具备购房资格，是因其自身原因导致未能办理过户登记手续的主张，证据不足，法院不予采信。

---

* （2019）京 03 民初 414 号。

法条链接

《最高人民法院关于人民法院办理执行异议和复议案件若干问题的规定》

第二十八条　金钱债权执行中，买受人对登记在被执行人名下的不动产提出异议，符合下列情形且其权利能够排除执行的，人民法院应予支持：

（一）在人民法院查封之前已签订合法有效的书面买卖合同；

（二）在人民法院查封之前已合法占有该不动产；

（三）已支付全部价款，或者已按照合同约定支付部分价款且将剩余价款按照人民法院的要求交付执行；

（四）非因买受人自身原因未办理过户登记。

第二十九条　金钱债权执行中，买受人对登记在被执行的房地产开发企业名下的商品房提出异议，符合下列情形且其权利能够排除执行的，人民法院应予支持：

（一）在人民法院查封之前已签订合法有效的书面买卖合同；

（二）所购商品房系用于居住且买受人名下无其他用于居住的房屋；

（三）已支付的价款超过合同约定总价款的百分之五十。

（孟圆律师）

97　我看法拍房的价格非常便宜，我可以购买吗？

律师意见

法拍房是指被人民法院在指定的拍卖平台公开拍卖，拍卖所得款用以清偿被执行人所欠债务的房产。相比于普通二手房，通常情况下法拍房一拍七折，二拍再打八折，这也是法拍房吸引众多关注的主要原因。但是购买法拍房仍然存在一些不可忽视的潜在风险，在购买法拍房时建议注意以下情况。

意见一：不迷信关系，不贪图便宜，谨防诈骗。

2017 年 1 月 1 日起施行的《最高人民法院关于人民法院网络司法拍卖若干问题的规定》规定，人民法院以拍卖方式处置财产的，应当采取网络司法拍卖方式。据此，公众都可以通过公开的网络途径查询法拍房信息，不存在所谓靠内部关系低价购买或者必须通过中介机构才能参与购买拍卖房的情况。因此如果有人告诉您，他有渠道可以低价购买法拍房。您可一定要当心了！

意见二：确认自己是否具备购房资格，竞拍成功后能否顺利办理过户。

目前，部分城市已将法拍房纳入了限购范围。以北京市为例，非京籍户口的买受人需要在北京连续交社保或者个税满五年才具有在京购房资格。因此买受人应确认所在城市法拍房是否已列入限购范围，如果已列入，那么需要判断自己是否已具备购房资格，如果不具备购房资格，即使拍卖成功，也不能完成过户。

意见三：房屋是否存在租赁或者其他居住人等占房风险。

我们常说的"买卖不破租赁"原则，是指在租赁合同有效期内，租赁物的所有权发生转移时，租赁合同对新的所有权人依然有效，新的所有权人不得要求承租人搬离，否则应当承担违约责任。如果法拍房已经存在租户，那么即使买受人获得了法拍房的所有权，原来的租赁合同也依然合法有效。

实践中，有的被执行人会与第三人伪造租赁合同，租期长达十几年；有的被执行人会让家中年迈的父母老人居住在房屋中，以涉案房屋是唯一住房为由对抗执行。为规避此风险，建议买受人在竞拍前，最好能够亲自前往房屋所在地进行实地考察，尤其应当查看房屋是否有以及可能有潜在的占房人，并向执行法官询问清楚。

意见四：房屋过户潜在高额税费。

据网络报道，河南省郑州市的杨某以 230 万元竞得一套法拍房，过户时却被告知该房屋上一次交易性质属于"直系亲属交易"，过户价款只有 500 元，而再次过户需要缴纳差价的 20%，也就是近 46 万元的个人所得税。随后，杨某以人民法院未就拍卖房产的前次成交价格进行调查且进行公示及个税应由原房主承担为由请求撤销本次网络司法拍卖，但最终未得到法院支持。[1]

普通的商品房买卖，除法律有规定外，税费负担可由买卖双方自行约定。但由于法拍房的特殊性，通常会在法拍房公告中写明全部税费由买受人承担。因此除了考虑购买价格，买受人还必须将其他潜在的税费计算在成本之内，最好能咨询专业人士计算购买成本。

意见五：买受人户籍无法迁入的风险。

有的买受人购买房屋是为了将户口迁入房屋所在地以便子女上学，但是如果原产权人不愿将户口从法拍房中迁出，法院、公安机关也没有强制其迁出的权力。因此竞买人可能会承担无法落户的风险，其购买目的也就无法实现了。部分法拍房在拍卖公告上会明确是否存在户口，但有时原产权人会利用时间差将户口又迁至房屋所在地，导致竞买人无法迁入户口，买受人应当谨慎对待这一问题，考虑好自身需要。

案例评析

刘某诉葛某民间借贷纠纷案*

刘某通过网拍取得位于某某新区国电家园某房屋的所有权。刘某认为此次房屋拍卖涉及的税费应由原开发商承担（此房屋由于在原开发商名下，应由原开发商交纳大约 40 万元的税费），不应由买受人承担。如原开发商不能承担税费，请求法院把全部房款退还给异议人刘某。

一审认为，该院拍卖裁定中的"税费由买受人承担"中的"税费"应当符合相关法律规定，驳回异议人刘某的执行异议。二审认为，根据已查明的事实，执行法院在网络司法拍卖平台拍卖涉案房产时，依据相关法律规定发布了拍卖公告，对标的物转让登记手续的办理、所涉及的税费及可能存在的物业费等欠费如何承担进行了明确的公示。当复议申请人决定参加竞价时，即表明其自愿接受了拍卖公告中的约定，应承担相应的后果。综上，复

---

〔1〕　网址：https://baijiahao.baidu.com/s？id = 15962758609222971 76&wfr = spider&for = pc，最后访问时间：2020 年 3 月 3 日。

＊　（2019）鲁 13 执复 148 号。

议申请人的复议请求不能成立，二审法院不予支持，遂驳回复议申请人刘某的复议申请。

《中华人民共和国民法典》

第七百二十五条 租赁物在承租人按照租赁合同占有期限内发生所有权变动的，不影响租赁合同的效力。

《最高人民法院关于人民法院民事执行中拍卖、变卖财产的规定》

第二条 人民法院对查封、扣押、冻结的财产进行变价处理时，应当首先采取拍卖的方式，但法律、司法解释另有规定的除外。

《最高人民法院关于人民法院网络司法拍卖若干问题的规定》

第二条 人民法院以拍卖方式处置财产的，应当采取网络司法拍卖方式，但法律、行政法规和司法解释规定必须通过其他途径处置，或者不宜采用网络拍卖方式处置的除外。

第三十条 因网络司法拍卖本身形成的税费，应当依照相关法律、行政法规的规定，由相应主体承担；没有规定或者规定不明的，人民法院可以根据法律原则和案件实际情况确定税费承担的相关主体、数额。

（蒲文昊律师）

98 法院判决公司还钱，我能申请法院强制执行"老板"的个人财产吗？

法官意见

在解答这个问题之前，我们必须明确公司是什么？按照《中华人民共和国公司法》的规定，公司是指企业法人，有独立的法人财产，享有法人财产权。公司以其全部财产对公司的债务承担责任。公司包括在中国境内设立的有限责任公司和股份有限公司。由此可见，个人独资企业、合伙企业、个体工商户等都不是公司，如果涉及这些主体作为被执行人的执行案件，能否申请强制执行"老板"的财产应另当别论，比如对于个体工商户的执行就能直接执行经营者的财产。本问题里的"老板"仅指公司的法定代表人。

如果法院已经判决公司需要还钱的，我们能否申请法院强制执行"老板"的个人财产呢？这主要取决于以下三个条件：一是公司的财产是否足以清偿债务。如果公司有足够的财产，法院当然直接执行公司的财产。二是"老板"是不是公司的股东。如果"老板"仅是法定代表人而非公司股东之一，法院对"老板"只能采取限制高消费的措施，比如禁止其乘坐飞机等限制高消费措施，一般情况下不能强制执行"老板"的个人财产。说到底，公司是公司，"老板"是"老板"，二者在法律地位上是完全独立的。三是是否符合法律规定的可以追加的几类情形。根据《最高人民法院关于民事执行中变更、追加当事人若干问题的规定》，申请执行人可以申请追加抽逃出资的股东、未缴纳或未足额缴纳出资的股东、未依法履行出资义务即转让股权的股东承担责任。如果作为被执行人的一人有限责任公司，股东不能证明公司财产独立于自己的财产的，申请执行人申请追加该股东为被执行人也会获得法院的支持。

案例评析

申请执行人陈某某申请追加王某某为被执行人案[*]

被执行人某公司因拖欠申请执行人陈某某工资款，申请执行人陈某某向重庆市江津区人民法院申请强制执行。在执行过程中，被执行人某公司经审查无可供执行的财产。因被执行人是一人有限责任公司，申请执行人陈某某向法院申请追加该公司法定代表人王某某为被执行人。

法院查明，某公司系一人有限责任公司，股东、法定代表人均为王某某。法院在办理陈某某申请执行某公司劳动争议一案时，未查到被执行人某公司有可供执行的财产，且某公司已停止经营。截至 2018 年 9 月 3 日，某公司尚欠陈某某工资 1885 元及迟延履行期间的债务利息。法院遂作出

---

[*]（2018）渝 0116 执异 122 号。

（2018）渝 0116 执 2685 号执行裁定书，终结该案本次执行程序。法院于 2018 年 9 月 17 日以另案按照王某某提供的地址向其发出举证通知书、传票，指定本案举证期限至 2018 年 10 月 8 日届满，通知王某某于 2018 年 10 月 9 日上午 9 时 30 分参加听证。法院另以短信方式将上述举证期限和听证时间通知王某某。王某某逾期未向法院提交证据和书面意见，亦未参加听证。

法院认为，根据法律规定，申请执行人申请追加一人有限责任公司股东为被执行人的，应由申请执行人证明被执行人系一人有限责任公司，且被执行人财产不足以清偿生效法律文书确定的债务。被执行人的股东如反对申请执行人的请求，应证明公司财产独立于自己的财产。本案申请执行人陈某某已完成举证责任。被执行人王某某逾期未向法院提交证据和书面意见，亦未参加听证，应视为其已放弃权利。法院最终认定王某某不能证明公司财产独立于自己的财产，故陈某某的追加申请符合法律规定，法院依法予以支持。依照《最高人民法院关于民事执行中变更、追加当事人若干问题的规定》第二十条的规定，裁定追加第三人王某某为（2018）渝 0116 执 2685 号案件的被执行人。被执行人王某某应在本裁定生效之日起 7 日内向申请执行人陈某某清偿债务 1885 元及迟延履行期间的债务利息。逾期不履行上述义务，法院将依法强制执行。

法条链接

《最高人民法院关于民事执行中变更、追加当事人若干问题的规定》

第十七条 作为被执行人的营利法人，财产不足以清偿生效法律文书确定的债务，申请执行人申请变更、追加未缴纳或未足额缴纳出资的股东、出资人或依公司法规定对该出资承担连带责任的发起人为被执行人，在尚未缴纳出资的范围内依法承担责任的，人民法院应予支持。

第十八条 作为被执行人的营利法人，财产不足以清偿生效法律文书确定的债务，申请执行人申请变更、追加抽逃出资的股东、出资人为被执行人，在抽逃出资的范围内承担责任的，人民法院应予支持。

第十九条 作为被执行人的公司，财产不足以清偿生效法律文书确定的债务，其股东未依法履行出资义务即转让股权，申请执行人申请变更、追加该原股东或依公司法规定对该出资承担连带责任的发起人为被执行人，在未依法出资的范围内承担责任的，人民法院应予支持。

第二十条 作为被执行人的一人有限责任公司，财产不足以清偿生效法律文书确定的债务，股东不能证明公司财产独立于自己的财产，申请执行人申请变更、追加该股东为被执行人，对公司债务承担连带责任的，人民法院应予支持。

（韩世勇法官）

99 法院对案件决定"终结本次执行程序"，意味着法院不再执行了吗？

律师意见

相信有很多申请执行人在与执行法官沟通的时候，有一个比较头痛的问题就是案件的程序性问题，因为申请执行人不明白这些程序到底是什么，以及这些程序会对自己的执行案件带来什么样的法律后果。比如在执行过程中很常见的一个问题就是，法院决定对执行案件予以"终结本次执行程序"了，此时申请执行人该怎么办呢？"终结本次执行程序"是不是意味着法院就不再执行案件了呢？答案是否定的。

"终结本次执行程序"其实是执行实施类案件的一种暂时性结案方式，其有着明确、严格的适用条件，"终结本次执行程序"并非意味着执行案件的实质性终结。终结本次执行程序之后，执行法官仍会做与该案件相关的很多工作，作为申请执行人，也大可不必担心案件就此终了。那么，终结本次执行程序后，申请执行人还能做什么呢？

第一，终结本次执行程序后，申请执行人发现被执行人有可供执行财产的，随时可以向执行法院申请恢复执行。执行法院经核查属实的，应当恢复执行。也就是说，终结本次执行程序后，对被执行人财产是可以再恢复执行的，这是"终结本次执行程序"结案方式与其他彻底结案方式的最大不同之处。

第二，执行过程中，执行法院可以依申请执行人申请或依职权采取查封、扣押、冻结等控制性措施。终结本次执行程序后，申请执行人仍可以向执行法院申请延长查封、扣押、冻结的期限，执行法院会依法办理相关手续。这意味着执行措施手段不因终结本次执行程序而被停止适用。

第三，终结本次执行程序后，当事人、利害关系人可以申请变更、追加执行当事人，符合法定情形的，执行法院也会支持变更、追加执行当事人。另外，执行法院会定期通过网络执行查控系统查询被执行人的财产，如果发现了被执行人有可供执行的财产，也会恢复执行程序。

案例评析

乔某与陈某民间借贷纠纷执行案*

乔某与陈某因借贷产生纠纷，诉至某区人民法院。法院经审理作出民事判决书，判令陈某返还乔某借款本金 31 700 元及案件受理费 593 元，保全费 370 元，公告费 600 元。后因陈某未履行生效法律文书确定的义务，乔某向法院申请强制执行。在执行过程中，因被执行人无可供执行的财产，申请执行人同意终结本次执行程序，法院裁定终结本次执行程序。后申请执行人要求申请恢复执行，法院经审查，于 2017 年 5 月 10 日立案恢复执行。

法条链接

《最高人民法院关于严格规范终结本次执行程序的规定（试行）》

第九条 终结本次执行程序后，申请执行人发现被执行人有可供执行财产的，可以向执行法院申请恢复执行。申请恢复执行不受申请执行时效期间的限制。执行法院核查属实的，应当恢复执行。

终结本次执行程序后的五年内，执行法院应当每六个月通过网络执行查控系统查询一次被执行人的财产，并将查询结果告知申请执行人。符合恢复执行条件的，执行法院应当及时恢复执行。

第十条 终结本次执行程序后，发现被执行人有可供执行财产，不立即采取执行措施可能导致财产被转移、隐匿、出卖或者毁损的，执行法院可以

---

* （2017）苏 1291 执恢 136 号。

依申请执行人申请或依职权立即采取查封、扣押、冻结等控制性措施。

第十六条　终结本次执行程序后，申请执行人申请延长查封、扣押、冻结期限的，人民法院应当依法办理续行查封、扣押、冻结手续。

终结本次执行程序后，当事人、利害关系人申请变更、追加执行当事人，符合法定情形的，人民法院应予支持。变更、追加被执行人后，申请执行人申请恢复执行的，人民法院应予支持。

《最高人民法院关于执行案件立案、结案若干问题的意见》

第六条　下列案件，人民法院应当按照恢复执行案件予以立案：

……

（三）执行实施案件以裁定终结本次执行程序方式报结后，如发现被执行人有财产可供执行，申请执行人申请或者人民法院依职权恢复执行的；

……

（邢倩律师）

刑事类纠纷

100　**不满 14 周岁的人犯罪也需要承担刑事法律责任吗？**

律师意见

我国刑法规定应当负刑事责任的年龄是 16 周岁。但是，已满 14 周岁不满 16 周岁的人，如犯故意杀人、故意伤害致人重伤或者死亡、强奸、抢劫、贩卖毒品、放火、爆炸、投放危险物质罪这八种罪行的，也要负刑事责任。

同时，根据《中华人民共和国刑法修正案（十一）》的规定，已满 12 周岁不满 14 周岁的人犯故意杀人、故意伤害罪，致人死亡或者以特别残忍手段致人重伤造成严重残疾，情节恶劣，经最高人民检察院核准追诉的，应当负刑事责任。另外，根据《中华人民共和国刑法》第十七条第五款的规定，因不满 16 周岁不予刑事处罚的，司法机关和政府可以责令其家长或者监护人加以管教，并且在必要的时候，也可以由政府收容教育。

需要强调的是，第十三届全国人民代表大会常务委员会第十四次会议对《中华人民共和国未成年人保护法（修订草案）》进行了审议，并于2019年11月1日面向社会征求意见，该法第一百零七条规定："对于具有不良行为、严重不良行为以及因未达法定年龄而不予行政或者刑事处罚的未成年人，依法适用教育矫治措施。"

由此可见，即使未满14周岁的未成年人，也应当遵纪守法，否则也要承担相应的法律责任。

案例评析

蔡某某故意杀人案

2019年10月20日19时许，辽宁省大连市公安机关接到报警，沙河口区发生一起故意杀人案，受害者琪某（女，10岁）被害身亡。接警后，市公安局经连夜工作，于当日23时许，在走访调查中发现蔡某某（男，2006年1月出生，案发时13岁）具有重大作案嫌疑。到案后，蔡某某如实供述其杀害琪某的事实。依据《中华人民共和国刑法》规定，加害人蔡某某未满14周岁，未达到法定刑事责任年龄，故依法不予追究刑事责任。但是，公安机关依据《中华人民共和国刑法》第十七条第四款之规定，按照法定程序经上级公安机关批准，于2019年10月24日依法对蔡某某予以收容教养。同时，受害者的家长已经聘请律师提起民事诉讼。

依据《中华人民共和国刑法修正案（十一）》第一条之规定，"已满十二周岁不满十四周岁的人，犯故意杀人、故意伤害罪，致人死亡或者以特别残忍手段致人重伤造成严重残疾，情节恶劣，经最高人民检察院核准追诉的，应当负刑事责任"。《中华人民共和国刑法修正案（十一）》的生效时间为2021年3月1日，也就是说，如果在2021年3月1日之后，已满12周岁不满14周岁的未成年人在犯故意杀人、故意伤害罪，致人死亡或者以特别残忍手段致人重伤造成严重残疾，情节恶劣的情形下，经最高人民检察院核准追诉也可能被追究刑事责任。

法条链接

《中华人民共和国刑法》

第十七条 已满十六周岁的人犯罪，应当负刑事责任。

已满十四周岁不满十六周岁的人，犯故意杀人、故意伤害致人重伤或者死亡、强奸、抢劫、贩卖毒品、放火、爆炸、投放危险物质罪的，应当负刑事责任。

已满十二周岁不满十四周岁的人，犯故意杀人、故意伤害罪，致人死亡或者以特别残忍手段致人重伤造成严重残疾，情节恶劣，经最高人民检察院核准追诉的，应当负刑事责任。

对依照前三款规定追究刑事责任的不满十八周岁的人，应当从轻或者减轻处罚。

因不满十六周岁不予刑事处罚的，责令其父母或者其他监护人加以管教；在必要的时候，依法进行专门矫治教育。

第十七条之一 已满七十五周岁的人故意犯罪的，可以从轻或者减轻处罚；过失犯罪的，应当从轻或者减轻处罚。

《公安部关于对不满十四岁的少年犯罪人员收容教养问题的通知》

近年来，一些地方公安机关请示我部，对不满十四岁的少年犯罪人员是否适用收容教养。经研究并征得全国人民代表大会常务委员会法制工作委员会同意，现通知如下：

我国《刑法》第十四条〔1〕第四款规定，对犯罪人"因不满十六岁不处罚的，责令他的家长或者监护人加以管教；在必要的时候，也可以由政府收容教养"，此处"不满十六岁"的人既包括已满十四岁犯罪，应负刑事责任，但不予刑事处罚的人，也包括未满十四岁犯罪，不负刑事责任的人。《未成年人保护法》第三十九条的规定不是修改《刑法》。对未满十四的人犯有杀人、重伤、抢劫、放火、惯窃罪或者其他严重破坏社会秩序罪

---

〔1〕《公安部关于对不满十四岁的少年犯罪人员收容教养问题的通知》的发布时间为1993年4月26日，当时规定刑事责任年龄的《中华人民共和国刑法》条款是第十四条，现在已经变更为第十七条（2020年修正）。

的，应当依照《刑法》第十四条的规定办理，即在必要的时候，可以收容教养。

（王璞律师）

101 法律上如何认定重婚罪？

律师意见

基于国情，我国婚姻制度实行一夫一妻制。但是随着社会经济的发展，以及人们思想观念的巨大变化，现实生活中存在着形形色色的婚外情、婚外恋。这些社会现象对个人、家庭和社会都造成了极大的危害，这些行为甚至可能触犯刑法，构成重婚罪。

具体而言，重婚行为是指重婚者同时存在两个或两个以上的婚姻关系，这些婚姻关系之间具有时间上的重叠性。我国刑法规定，有配偶而重婚的构成重婚罪。如果在婚姻关系存续期间，丈夫与非配偶的其他女性住在一起，是否构成重婚罪？妻子又该如何保护自己的权益？

意见一：婚姻关系存续期间，丈夫与其他女性以夫妻名义同居生活的，构成重婚罪。

重婚罪最典型的表现形式是一方与配偶登记结婚后，又与他人登记结婚，意味着其同时拥有两段法律婚姻。在婚姻关系存续期间，丈夫与其他女性以夫妻名义同居生活的，其前婚为法律婚姻，后婚为事实婚姻，也构成刑法上的重婚罪。在现实生活中，对"以夫妻名义同居生活"的认定存在一些争议。"以夫妻名义同居生活"一般是指有配偶的人与他人举行结婚仪式的；或者有配偶的人虽未与他人举行结婚仪式，但以夫妻相称或者对外以夫妻自居的。而常见的"一夜情"等行为没有达到这一认定标准，难以归入此范畴。因此"住在一起"是否符合"以夫妻名义同居生活"的认定，成了重婚罪定罪量刑的关键。

夫妻一方在另一方与他人同居期间需要注意收集对方"以夫妻名义同居"生活的证据，比如，微信聊天记录、生活照片、监控录像、非婚生子女的出生医学证明等证据，该类证据对追究对方的刑事责任和请求民事赔偿，均可提供有力保障。

意见二：被害人可以直接向法院起诉要求追究重婚者的刑事责任。

一般刑事案件由公安机关立案侦查，但是重婚罪属于我国刑事诉讼法规定的自诉案件类型，即"被害人有证据证明的轻微刑事案件"类别。所以被害人可以选择向公安机关报案，在公安机关不立案侦查、检察院不提起公诉的情况下，可以直接向人民法院提起诉讼，维护自身合法权益。同时也可以选择直接向人民法院起诉，追究重婚者的刑事责任。

案例评析

自诉人李某某诉被告人徐某某、被告人魏某某重婚罪

自诉人李某某与被告人徐某某于 1997 年 3 月 7 日登记结婚，并育有婚生女。2005 年起，被告人徐某某以工作忙为由经常不回家，开始与魏某某在其他小区以夫妻名义共同生活，并于 2008 年 8 月 25 日生有一女徐小某。另，2017 年 11 月 3 日，李某某与徐某某在某区人民法院经调解离婚。自诉人李某某就本案直接向人民法院提起了刑事诉讼。在庭审中，李某某出示了离婚调解书、录音光盘及文本、车辆信息查询单、不动产登记中心查档说明、徐小某的出生医学证明以及 DNA 检测报告等证据以证明两名被告人以夫妻名义共同生活的事实。

一审法院认为：魏某某明知徐某某有配偶，在徐某某与李某某婚姻关系存续期间，两被告人以夫妻名义对外共同生活，并生育一女，其行为均已构成重婚罪。一审判决被告人徐某某犯重婚罪，判处有期徒刑六个月；被告人魏某某犯重婚罪，判处拘役四个月。

两名被告人认为现有证据只能证明二人有婚外情，不能证明二人以夫妻名义共同生活，不能证明二人构成重婚罪。故两名被告人提起上诉。

二审法院以同样的理由认定被告人徐某某和魏某某的行为均已构成重婚罪。鉴于徐小某系未成年人，且一直跟随魏某某生活，从有利于未成年健康成长的角度出发，对被告人魏某某改判拘役四个月，缓刑一年；对徐某某维持原判，判处有期徒刑六个月。

法条链接

《中华人民共和国刑法》

第二百五十八条　有配偶而重婚的，或者明知他人有配偶而与之结婚的，处二年以下有期徒刑或者拘役。

《中华人民共和国刑事诉讼法》

第二百一十条　自诉案件包括下列案件：

（一）告诉才处理的案件；

（二）被害人有证据证明的轻微刑事案件；

（三）被害人有证据证明对被告人侵犯自己人身、财产权利的行为应当依法追究刑事责任，而公安机关或者人民检察院不予追究被告人刑事责任的案件。

《最高人民法院关于适用〈中华人民共和国刑事诉讼法〉的解释》

第一条　人民法院直接受理的自诉案件包括：

……

（二）人民检察院没有提起公诉，被害人有证据证明的轻微刑事案件：

……

4. 重婚案（刑法第二百五十八条规定的）；

……

本项规定的案件，被害人直接向人民法院起诉的，人民法院应当依法受理。对其中证据不足，可以由公安机关受理的，或者认为对被告人可能判处三年有期徒刑以上刑罚的，应当告知被害人向公安机关报案，或者移送公安机关立案侦查。

……

（李沛芩律师）

102　有人打我，我打回去，是"正当防卫"吗?

律师意见

2016年，从网上曝光的"山东辱母案"（于某故意杀人案）开始，随着法学界、司法界以及广大网民的发声，人们开始广泛关注正当防卫。而2018年的江苏昆山街头持刀杀人案被定性为正当防卫，可以说是对以往司法实践中僵化理解正当防卫的一次纠偏，说此案具有划时代意义也不为过。

判断一个行为是否属于正当防卫，要看它是否符合正当防卫的构成要件。按照司法实务界的通说，正当防卫应当符合五个条件，这五个条件缺一不可。第一，从防卫起因上看，必须存在现实的不法侵害，此为正当防卫的前提条件，即没有不法侵害就不可能有正当防卫；第二，从防卫时间上看，不法侵害必须正在进行；第三，从防卫意识上看，防卫人认识到不法侵害正在进行且防卫行为是为了保护国家、公共利益、本人或者他人的人身、财产和其他权利免受侵害；第四，从防卫对象上看，必须针对不法侵害者本人进行防卫；第五，从防卫限度上看，必须没有明显超过必要限度，没有造成重大损害。

是否构成正当防卫，是一个具体规范判断，下面将举例说明何为正当防卫。

（1）有人打我，我就打他，把他打伤了，这算"正当防卫"吗?

在日常生活中，我们经常遇到这样的情况，甲乙两个人发生口角，甲先动手打了乙一下，乙就还手打甲一下，一来二去，随后两个人打在一起，造成乙将甲打成轻伤以上的结果。笔者在这里提醒一下各位读者，在司法实践中，通常这样的案件会被作为斗殴予以处理，而斗殴不是正当防卫。如果斗殴造成了轻伤、重伤、死亡的结果，可能会成立故意伤害罪或者故意杀人罪。当然，这仅指一般情况，现实生活千变万化，具体案件的具体情况各不相同，必须做具体的分析，并非均用斗殴来处理类似案件。

（2）"我"和有矛盾的甲在路口相遇，"我"看见他手里拿着一块板砖向"我"走来，以为他要打"我"，"我"就冲过去将甲打倒在地，在厮打过程中，造成甲重伤。后经查明，甲拿板砖只是为了砸核桃，并非要伤害

"我"。"我"的行为是否成立犯罪？

"防卫人"以为存在不法侵害，但事实上没有不法侵害，此类情况的法律术语叫作"假想防卫"。值得注意的是，假想防卫不是正当防卫，假想防卫符合过失犯罪构成要件的，按照过失犯罪处理。上述案件即是典型的假想防卫，"我"基于错误的认识将甲打成重伤，具有过失，应该以过失致人重伤罪判处刑罚。

（3）"我"和甲有矛盾，甲趁"我"不注意，在背后偷袭"我"，将"我"打得鼻青脸肿后逃跑，"我"气疯了，拼命追上甲，狠狠揍了甲一顿，造成甲两根肋骨骨折，经法医学鉴定属于轻伤二级，"我"构成正当防卫吗？

此种情形不能成立正当防卫。正当防卫的构成要件之一是不法侵害正在进行，甲对"我"确实进行了不法侵害，但是他打"我"一顿就逃跑了，意味着不法侵害已经结束，"我"对甲的殴打已不再具有防卫性质，而属于报复行为。法律禁止公民个人的私人报复。针对甲对"我"的殴打行为，"我"该如何寻求救济呢？"我"应该向公安机关报案，用法律的手段保护自己的合法权益，若甲将"我"打成轻伤以上，则甲构成故意伤害罪，依法应受刑罚处罚，若不构成轻伤，则公安机关会根据治安管理处罚法对甲进行行政处罚，同时，"我"也可以向法院起诉，请求法律判令甲对我进行民事赔偿。

（4）王小甲是村中一霸，经常欺负"我"，"我"天天想"教训"他，但"我"怕偿命怕坐牢，偶然听说正当防卫不负法律责任，"我"计上心来，故意骂王小甲是个怂包，让他打我，"我"拿事先准备好的菜刀将他砍死。"我"构成正当防卫吗？

这种为了侵害对方，故意引诱对方对自己实施不法侵害，进而以正当防卫为借口侵害对方的行为，属于防卫挑拨，而防卫挑拨不是正当防卫，符合相关犯罪构成要件的，依法按相应的犯罪追究刑事责任。之所以这样规定，是因为"我"先有了犯罪故意，同时因为我的先前行为——故意挑衅，引起了王小甲的侵害行为，"我"的挑衅行为也是犯罪的一部分，所以不能成立正当防卫，在此案件中，"我"成立故意杀人罪。

（5）"我"抓住了在我家偷东西的小偷，把他打残了，这构成正当防卫吗？

我们知道，行使防卫权不仅是为了防止人身遭受损害，也是为了防止财产遭受不法侵害，那么对于在"我"家正在对"我"的财产实施不法侵害的小偷，"我"当然有防卫权，但是把他打残，是否构成正当防卫呢？关键在于"我"的防卫行为是否超过了必要的限度。如果小偷在被"我"发现后，没有对"我"进行攻击，仅仅是想逃跑，那么将其打残，就超过了必要的限度，"我"成立故意伤害罪。但是，如果小偷在发现"我"之后，不是或不仅仅是想要逃跑，还对我实施了暴力，严重危及了我的人身安全，那么我在防卫的过程中将其打残，成立正当防卫。提醒大家需要特别注意的是：通常情况下，相较于对财产和人身权益的保护而言，刑法更注重保护人身利益。

案例评析

张某与李某正当防卫案 *

2017年11月2日13时许，张某到金某家收购牛，正在谈价钱的时候李某也来收购牛，李某就对张某说，"只要我在这，这牛你买不走"，后二人发生口角，李某先用石头掷张某后又拿着石头追打张某，张某将李某按倒在地上，二人在厮打过程中，李某肋骨受伤，司法医学鉴定中心鉴定李某的损伤程度为轻伤二级。

本案中，李某宣称"只要我在这，这牛你买不走"，并掷石头击打张某，符合正当防卫的起因要件，即存在现实的不法侵害，张某之所以将李某按倒在地，正是因为李某的击打行为；李某对张某持续实施击打行为，也就是说，张某将李某按倒在地的时候，李某并没有实际上停止对张某的击打，符合正当防卫的时间要件，即不法侵害正在进行；张某的防卫行为针对的是李某本人，即不法侵害者本人，符合正当防卫的防卫对象要件；张某之所以将李某按倒在地，是为了防止李某再次用石头击打自己，具有防卫意识；尽管张某的防卫行为造成了李某轻伤二级的损害，但李某用石头击打张某在前，其行为可能造成的损害要远远高于轻伤的后果，投掷石头可能引发张某

---

* （2018）冀08刑终116号。

受伤甚至死亡的危险，这种危险与轻伤的结果相比，显然没有超过必要的限度。其实对于"是否超过明显的必要限度"一般要进行利益的衡量，在法律上将其称作"法益衡量"。所以，张某的行为成立正当防卫，依法不需要负刑事责任。

法院依法判处张某系正当防卫，不构成犯罪。

法条链接

《中华人民共和国刑法》

第二十条第一款　为了使国家、公共利益、本人或者他人的人身、财产和其他权利免受正在进行的不法侵害，而采取的制止不法侵害的行为，对不法侵害人造成损害的，属于正当防卫，不负刑事责任。

（刘冠男律师）

103 我去古玩市场买和田玉，事后发现老板说的"难得一见的和田玉"是假的，我能告他诈骗吗？

律师意见

诈骗是指以非法占有为目的，用虚构事实或者隐瞒真相的方法，骗取数额较大的公私财物的行为。如果古玩市场老板明知他所出售的和田玉是假的，还以和田玉的名义进行销售，那么就涉嫌构成诈骗罪。

和田玉是一种名贵玉石，2017年中华人民共和国国家质量监督检验检疫总局和中国国家标准化管理委员会制定的《珠宝玉石　鉴定》（GB/T 16553—2017）将和田玉归为天然玉石，属于软玉的一种，由透闪石、阳起石等矿物组成。现在和田玉变得越来越稀缺，市场上和田玉鱼龙混杂、真假难辨，所以在购买和田玉时一定要谨慎，不能贪图便宜而上当受骗。对此，律师建议可以让商家出示玉石的检测证书，并在国家珠宝玉石质量检验检测中心网站（http://www.ngtc.com.cn/）输入证书编号进行真伪确认。

如果要控告他人出售假和田玉，控告人需要提供相应证据，一般要由有鉴定资质的机构（例如各地的珠宝首饰质量监督检验中心）依据《珠宝玉石　鉴定》（GB/T 16553—2017）等规定和程序进行真伪鉴定。一旦公安机关确认其所购玉石属于假和田玉，就会立案侦查并抓捕售假者。

案例评析

宋某、吴某诈骗罪案*

2016年7月初，被告人宋某与吴某等人经过预谋，驾车携带一批仿古玻璃制品到天津市，打算以仿古玻璃制品冒充和田玉行骗作案。7月17日上午，在天津市红桥区某市场，吴某装作买家假装要购买和田玉，宋某用仿古玻璃制品佯装向吴某出售，被害人杨某见状，即信以为真。随后被害人杨某以人民币70 000余元的价格从宋某处购得"和田玉"12件。当日下午被害人杨某发现被骗后报警。

2016年10月20日公安机关经侦查，在天津市北辰区一旅店将宋某和吴某抓获归案。同时，在吴某所驾车辆内查获仿古玻璃制品若干件（与被害人杨某所购"和田玉"外观雷同）。经天津市宝石检测中心鉴定，送检的从被害人杨某处提取的12个雕件露出部分材料均为玻璃。法院最终以诈骗罪判处宋某和吴某三年有期徒刑并处罚金。

法条链接

《中华人民共和国刑法》

第二十五条 共同犯罪是指二人以上共同故意犯罪。

二人以上共同过失犯罪，不以共同犯罪论处；应当负刑事责任的，按照他们所犯的罪分别处罚。

第六十四条 犯罪分子违法所得的一切财物，应当予以追缴或者责令退赔；对被害人的合法财产，应当及时返还；违禁品和供犯罪所用的本人财物，应当予以没收。没收的财物和罚金，一律上缴国库，不得挪用和自行处理。

---

* （2017）津0106刑初123号。

第二百六十六条　诈骗公私财物，数额较大的，处三年以下有期徒刑、拘役或者管制，并处或者单处罚金；数额巨大或者有其他严重情节的，处三年以上十年以下有期徒刑，并处罚金；数额特别巨大或者有其他特别严重情节的，处十年以上有期徒刑或者无期徒刑，并处罚金或者没收财产。本法另有规定的，依照规定。

（王璞律师）

常见法律文书，轻松解决法律难题

　　第三部分汇总了常见法律文书。在处理法律难题时，必然要使用法律文书，本部分收录了八个最为常见的法律文书模板［民事起诉状（民间借贷）、民事答辩状（民间借贷）、民事上诉状、民事撤诉状、申请书、授权委托书（个人）、遗嘱、借条］，供大家使用。

　　由于篇幅所限，不能一一附上所有法律文书的详细模板。根据法律咨询工作实践，主编团队总结了常见的法律文书并加以汇总，本书列明了不同领域的法律文书名称，包括常用诉讼文书，交通事故和解、赔偿协议、婚姻协议、债权转让协议、遗嘱继承协议、租赁合同、担保合同、借款合同、赠与合同、劳动合同、保管合同、技术合同等，供大家参考。

　　为了解决大家对法律文书的需求，赠送每位购书者法律文书列表中的三份法律文书模板。所赠法律文书均为 Word 文档。如有需要，请联系作者。

扫一扫，我帮您

微信号：15600600681

常见法律文书模板

1. 民事起诉状（民间借贷）

原告：<u>(列明性别，民族，出生日期，职业，住址，身份证号码，电话)</u>。
被告：<u>(列明性别，民族，出生日期，职业，住址，身份证号码，电话)</u>。

诉讼请求：（列明请求事项）

1. 请求依法判令被告_____立即清偿欠款本息合计_____元并按照本金_____元、月利率____%承担自_____年_____月_____日至全部清偿之日的利息。

2. 由被告承担诉讼费用。

事实和理由：

_____年_____月_____日，被告_____与原告签订借款合同，从原告处借款人民币_____元，约定借款期限为_____年，月息为_____%，此款到期后经原告多次催讨，至今未予清偿。被告拖欠清偿的行为已经侵犯了原告的合法权益，为此诉至法院，望依法裁决。

此致
_____人民法院

起诉人：_____
年　　月　　日

2. 民事答辩状（民间借贷）

答辩人：<u>(列明性别，民族，出生日期，职业，住址，身份证号码，电话)</u>。

对_____人民法院_____号（写明当事人和案由）一案的起诉，答辩如下：

理由一：我们签订的借款合同是受原告胁迫签订的，_____。

理由二：原告出借时扣了砍头息____元，实际出借款只有____元。

理由三：我已经还款____元，_____。

证据和证据来源，证人姓名和住所：

……

此致
_____人民法院

答辩人：_____
年　　月　　日

3. 民事上诉状

上诉人（原审被告）：(列明性别，民族，出生日期，职业，住址，身份证号码，电话)。

被上诉人（原审原告）：(列明性别，民族，出生日期，职业，住址，身份证号码，电话)。

上诉人_____因与_____民间借贷纠纷一案，不服_____人民法院_____年_____月_____日作出的_____号民事判决/裁定，现提起上诉。

上诉请求：

1. 请求撤销_____人民法院作出的_____号民事判决书第××项；

2. 一、二审诉讼费用由被上诉人承担。

上诉理由：_____（写明不服判决的事实和理由）_____。

此致
_____人民法院

上诉人：_____
年　　月　　日

4. 民事撤诉状

申请人：（列明性别，民族，出生日期，职业，住址，身份证号码，电话）。

申请人因_____号___（写明当事人和案由）____一案，于_____年_____月_____日向你院提起起诉，业经你院立案受理，现因当事人双方达成和解协议特此申请撤回起诉，请予准许。

此致
_____人民法院

申请人：_____
年　　月　　日

5. 申请书

申请人：（列明性别，民族，出生日期，职业，住址，身份证号码，电话）。

被申请人：（列明性别，民族，出生日期，职业，住址，身份证号码，电话）。

请求事项：

请求查封/扣押/冻结被申请人_____的___（写明保全财产的名称、性质、数量、数额、所在地等）　，期限为_____年___月___日（写明保全的期限）。

事实和理由：

1. 写明案件情况（包括案件案号，当事人信息）。

2. 写明紧急情况（如果不保全财产将被转移等）。

3. 写明需要保全的财产（财产的名称、性质、数量、数额、所在地、期限等）。

4. 写明申请人提供何种担保（目前多为保险公司保函）。

此致

_____人民法院

申请人：_____

年　　月　　日

6. 授权委托书（个人）

委托人：_____

联系方式：_____

受委托人：_____　　电话：_____

工作单位：_____　　职务：_____

受委托人：_____　　电话：_____

工作单位：_____　　职务：_____

现委托上列委托人在我方与_____纠纷一案中，作为我方诉讼代理人。

受委托人的代理权限：一般授权代理。代为立案、调查取证，开庭陈述事实和理由，代签法律文书，参加辩论、调解，领取诉讼文书等一般授权。

委托期限为：至本案本次起诉一审终结。

委　托　人：＿＿＿＿＿＿＿
受委托人：＿＿＿＿＿＿＿
年　　月　　日

7. 遗　嘱

立遗嘱人：<u>（列明性别，民族，出生日期，职业，住址，身份证号码，电话）</u>；

遗嘱执行人：<u>（列明性别，民族，出生日期，职业，住址，身份证号码，电话）</u>。

见证人1：<u>（列明性别，民族，出生日期，职业，住址，身份证号码，电话）</u>。

见证人2：<u>（列明性别，民族，出生日期，职业，住址，身份证号码，电话）</u>。

为家庭和睦，减少纠纷，本人于＿＿＿＿＿＿年＿＿＿＿＿＿月＿＿＿＿＿＿日在＿＿＿＿＿＿市＿＿＿＿＿＿区立下本遗嘱，对本人所拥有的财产、权益等作出如下处理：

一、财产情况

本人目前拥有的主要财产和权益包括但不限于：

财产一：（房产）位于＿＿＿＿＿＿市＿＿＿＿＿＿区＿＿＿＿＿＿路＿＿＿＿号＿＿＿＿＿＿室的房产1处，房产证号：＿＿＿＿＿＿＿，内部装修及物品情况：＿＿＿＿＿＿＿；

财产二：（股权）本人目前拥有＿＿＿＿＿＿公司＿＿＿%的股权。公司基本情况：企业法人营业执照注册号为＿＿＿＿＿＿＿，法定代表人：＿＿＿＿＿＿，注册资本人民币＿＿＿＿＿＿万元；

317

财产三：（债权）债务人_____（身份证号：_____），因___于___年___月___日向本人借款人民币____元，并签订编号为_____的借款合同，约定利率为___%/年，约定于_____年_____月_____日向本人连本带息一次性进行偿还，担保人为_____；

财产四：（存款）本人目前在_____银行开设账号为_____的_____账户，账户中共有存款人民币_____元；

……

二、财产继承

本人去世之后，包括但不限于上述所列举的本人届时实际拥有的全部财产及权益由以下人员以个人名义继承：

继承人1：姓名：_____；性别：___；出生日期：_____年_____月_____日；身份证号码_____，与本人关系：_____；继承的财产与份额包括：_____。

继承人2：姓名：_____；性别：_____；出生日期：___年____月___日；身份证号码_____，与本人关系：_____。

继承的财产与份额包括：_____。财产一由继承人1继承_____%、继承人2继承_____%。

财产二、财产三由继承人1继承。

财产四由继承人2继承。

如继承人继承遗产时有配偶的，继承人所继承财产和权益与其配偶无关，均为继承人的个人财产。

本人去世之后，本遗嘱前述列明的_____作为遗嘱执行人，代为执行本遗嘱。执行人出于诚实、信用、勤勉义务执行本遗嘱且经继承人同意所发生的一切合理费用均由继承人承担。

本遗嘱一式_____份，一份交_____，一份交_____。

本人在此明确，订立本遗嘱期间本人神志清醒且就订立该遗嘱未受到任何胁迫、欺诈，上述遗嘱为本人自愿作出，是本人内心真实意思的表示。本人其他亲属或任何第三人均不得以任何理由对继承人继承本人全部遗产及权益进行干涉。

（以下无正文，为相关人员签字、按手印页及附注页）

立遗嘱人（签字、捺手印）：＿＿＿＿＿＿＿＿　日期：＿＿＿＿＿＿

遗嘱执行人（签字、捺手印）：＿＿＿＿＿＿　日期：＿＿＿＿＿＿

见证人1（签字、捺手印）：＿＿＿＿＿＿＿＿　日期：＿＿＿＿＿＿

见证人2（签字、捺手印）：＿＿＿＿＿＿＿＿　日期：＿＿＿＿＿＿

8. 借　条

为＿＿＿＿＿＿（借款原因），今收到＿＿＿＿＿＿（身份证号：＿＿＿＿＿＿）以＿＿＿＿＿＿＿（微信转账/支付宝转账/银行卡转账/现金）的方式出借的人民币＿＿＿＿＿＿（大写）元（小写：＿＿＿＿＿元），借期＿＿＿个月，月利率＿＿＿%，＿＿＿借款人承诺于＿＿＿＿年＿＿＿月＿＿＿日时一并还清本息。如到期未还清，愿按月利率＿＿＿%计付逾期利息。借款人偿还借款的顺序为先偿还利息后偿还本金，即未偿还完毕全部本息时，已经偿还的数额视为优先对利息的偿还。借款人保证按期归还借款，如果不能按期归还借款，借款人承担出借人追讨该借款的差旅费、律师费、诉讼费等实现债权的全部费用。连带责任保证人愿与借款人负连带返还本金、利息和追讨该借款的差旅费、律师费、诉讼费等责任，并放弃先诉抗辩权。

出借人及连带责任保证人在本合同上签字即表示充分理解并同意本合同的所有条款。

借款人：＿＿＿＿＿＿　身份证号码：＿＿＿＿＿＿＿＿＿＿　联系电话：＿＿＿＿＿＿＿。

出借人：＿＿＿＿＿＿　身份证号码：＿＿＿＿＿＿＿＿＿＿　联系电话：＿＿＿＿＿＿＿。

担保人（连带保证责任）：＿＿＿＿＿＿　身份证号码：＿＿＿＿＿＿＿＿＿＿联系电话：＿＿＿＿＿＿＿。

年　　　月　　　日

附：借款人、担保人的身份证（复印件）

法律文书列表

1. 常用诉讼文书

（1）民事起诉状

（2）民事起诉状（案外人提起执行异议之诉）

（3）民事起诉状（申请执行人提起执行异议之诉）

（4）民事答辩状

（5）民事上诉状

（6）申请书（申请回避）

（7）复议申请书（申请对驳回回避申请决定复议）

（8）申请书（申请延长举证期限）

（9）申请书（申请通知证人出庭作证）

（10）申请书（申请鉴定）

（11）申请书（申请诉前证据保全）

（12）申请书（诉前或者仲裁前申请财产保全）

（13）申请书（申请先予执行）

（14）申请书（申请缓交、减交或者免交诉讼费用）

（15）申请书（申请不公开审理）

（16）申请书（申请证明判决书或者裁定书的法律效力）

（17）申请书（申请公示催告）

（18）执行异议书（对财产分配方案提出异议）

（19）再审申请书

（20）证据保全申请书

（21）先予执行申请书

（22）国家赔偿申请书（向人民法院赔偿委员会申请国家赔偿）

（23）刑事自诉状

（24）复议申请书

（25）刑事附带民事诉状

（26）行政起诉状

（27）行政上诉状

2. 交通事故和解、赔偿协议

（28）一般性赔偿协议书

（29）交通事故一次性赔偿协议

（30）交通事故和解协议书

（31）交通事故当事人自行协商协议书

（32）交通事故赔偿具体细目

（33）交通事故赔偿协议书（撞伤）

（34）交通事故赔偿协议书（死亡）

（35）人身损害赔偿协议书

（36）民事和解协议书

3. 婚姻协议

（37）夫妻忠诚协议

（38）夫妻分居协议

（39）夫妻离婚协议

（40）夫妻共同债务声明

（41）婚内协议

（42）婚前协议

（43）婚前房屋财产约定协议

（44）孩子抚养权变更协议

（45）离婚协议书

（46）婚内财产协议

（47）解除同居关系协议

4. 债权转让协议

（48）一般个人债权转让协议书

（49）三方债权转让协议

（50）债务金额确定及还债和解契约书

（51）债权债务抵偿协议

（52）债权债务转让协议

（53）债权转让协议（个人）

（54）债权转让协议（公司）

（55）债权转让协议（含担保）

（56）债权转让协议书

5. 遗嘱继承协议

（57）夫妻共同遗嘱

（58）律师见证遗嘱程序及见证书

（59）律师遗嘱见证书

（60）律师遗嘱见证告知书

（61）房产遗嘱（简易版）

（62）起草遗嘱告知书

（63）遗嘱（公证版本）

（64）遗嘱见证律师谈话笔录

（65）遗赠协议

（66）遗赠赡养协议

（67）放弃继承声明书

（68）继承声明书（法定继承）

（69）继承声明书（遗嘱继承）

（70）赡养协议

（71）房产赠与协议（父母赠与子女）

（72）收养协议书

6. 租赁合同

（73）房屋租赁合同

（74）出租车租赁合同

（75）办公用房租赁合同

（76）厂房（仓库）租赁合同

（77）场地租赁合同

（78）宾馆电脑租赁合同

（79）店铺租赁合同

（80）店铺转让合同

（81）店面转让合同

（82）房地产租赁契约

（83）房屋合租合同

（84）房屋委托租赁协议

（85）房屋承租居间合同

（86）车库租赁合同

7. 担保合同

（87）担保合同（个人简易版）

（88）担保合同（第三方公司担保）

（89）专利权质押合同

（90）专卖店加盟保证书

（91）保证书（不可撤销）

（92）保证合同

（93）借款担保合同

（94）包商履约委托保证合同

（95）定期存单抵押书

（96）小区停车场承包保证合同

（97）小额贷款保证合同

（98）投标委托保证合同

（99）投标银行保证书

（100）抵押借款合同

（101）抵押协议书

（102）抵押合同

（103）抵押担保合同

（104）抵押权设定契约书

（105）抵押贷款合同

（106）担保协议书

（107）担保服务合同

（108）标准保证担保合同范本

（109）第三方担保合同

（110）药品质量保证协议

（111）融资担保合同（互相担保）

（112）解除担保协议

（113）财产抵押书

（114）财产抵押合同

（115）贷款保证书

（116）贷款到期通知单

（117）车辆担保合同

（118）连带保证协议

（119）连带责任保证担保借款合同

（120）银行贷款保证合同

8. 借款合同

（121）个人简易借款协议

（122）个人住房公积金借款合同

（123）个人借款合同

（124）个人借款合同（民间借贷）

（125）个人房产抵押借款

（126）个人抵押借款合同

（127）个人消费借款合同

（128）固定资产借款合同

（129）固定资产技术改造借款合同

（130）国家助学借款合同

（131）房产抵押借款合同

（132）技术改造借款合同

（133）一般还款协议

9. 赠与合同

（134）不动产赠与协议

（135）不动产赠与协议（附赡养义务）

（136）不动产赠与合同

（137）不动产赠与契约书

（138）不动产附负担赠与契约

（139）农村房屋赠与协议

（140）动产赠与合同

（141）定期性赠与契约书

（142）定期赠与合同

（143）房地产赠与协议

（144）房屋所有权赠与合同

（145）房屋赠与协议书

（146）房屋赠与合同

（147）捐赠合同

（148）父母房屋赠与协议

（149）社会捐赠合同

（150）财产赠与合同

（151）车辆赠与合同

（177）货物保管合同

（178）车辆保管合同

（179）个人档案委托保管协议

（180）产品保管合同

（181）人事档案保管协议

（182）仓储保管合同

（183）商品保管协议

12. 技术合同

（184）技术服务合同

（185）技术开发（合作）合同

（186）技术开发（委托）合同

（187）技术转让（技术秘密）合同

（188）技术转让（专利权）合同

（189）技术转让（专利申请权）合同

（190）技术转让（专利实施许可）合同

（191）网络建设技术服务合同

（192）委托技术开发合同

（193）项目可行性研究技术合同